本书系湖南省社科基金项目"疫情防控常态化下外语网络空间教学行为生态优化研究"（20YBA039）研究成果。

外语网络空间教学行为生态优化研究

胡立　著

九州出版社
JIUZHOUPRESS

图书在版编目（CIP）数据

外语网络空间教学行为生态优化研究／胡立著 . —
北京：九州出版社，2023.6
ISBN 978 - 7 - 5225 - 1885 - 5

Ⅰ. ①外… Ⅱ. ①胡… Ⅲ. ①外语教学—网络教学—
教学研究 Ⅳ. ①H09

中国国家版本馆 CIP 数据核字（2023）第 101591 号

外语网络空间教学行为生态优化研究

作　者	胡　立　著
责任编辑	李　品
出版发行	九州出版社
地　址	北京市西城区阜外大街甲 35 号（100037）
发行电话	（010）68992190/3/5/6
网　址	www. jiuzhoupress. com
电子信箱	jiuzhou@ jiuzhoupress. com
印　刷	三河市龙大印装有限公司
开　本	710 毫米×1000 毫米　16 开
印　张	12. 75
字　数	209 千字
版　次	2023 年 9 月第 1 版
印　次	2023 年 9 月第 1 次印刷
书　号	ISBN 978 - 7 - 5225 - 1885 - 5
定　价	58. 00 元

前　言

　　"线上教学"模式已有成为教学"常态"的趋势。在这种新常态下，教师在进行外语课程的教学时需要利用网络教学平台，根据语言教学的特点和学生互动性学习的需求，最大限度撬动学生自主学习的时间，激发学生自主学习的积极性。教师可以通过学习平台为学生推送合适的教学视频，为学生的语言学习提供充分"养料"。同时，丰富的课程资源也给教师的教学带来了冲击与挑战。外语教师在传授语言知识时，如何利用网络教学平台，完成课程教学的使命？在已经实施的外语网络空间教学过程中存在哪些问题？影响外语网络空间教学效果实现的因素是哪些？如何利用"线上教学"的优势，转变学生的学习行为？这些都是外语教师在网络空间教学中需要解决的现实问题。

　　在以网络空间教学平台为媒介的数字化教学中，教育技术不应成为实施数字化教学的壁垒，而应该为教师数字化教学和学习者个性化学习提供良好适宜的环境。如何将教学理念与教学技术进行深度融合，顺应"面向未来"的教育目标，满足数字时代的个性化教学；如何完善网络空间教学设计，实现教学设计—教学行为分析—教学处方开设新的教学设计的良性循环，均为教师和教学管理者应当思考的问题。

　　本书在这一研究背景下，通过调查分析与问卷访谈，结合省级"线上线下混合式一流本科课程"建设的实践经验开展课堂观察与教学分析，从教育生态学的视角出发，审视外语网络空间教学中存在的各种教学行为和学习行为，并运用教育生态学原理，对于影响网络空间教学效果和学生学习效果的因素进行分析，力求探索优化网络空间教学行为的路径。

　　教师教学行为是教师教学理念、教学经验、教学方法的集中体现。通过课堂观察发现：教师教学行为影响学生的学习行为和学习效果。"翻转课堂"模式下的教师行为呈多样化、动态性、生成性等特点。教师的教学设计行为、教学资源上传行为影响学生网络学习参与度。教师的提问行为、小

1

组活动行为、教学组织行为影响教学过程中学生主体性的发挥。教师的教学评价行为影响学生自主学习的积极性。教师的提问、讲授、交流与沟通行为不同程度地帮助学生产生趋近行为、凝视行为、探索行为、静听行为和研读行为。

学习行为是学生学习态度、学习方法、学习过程和学习效果的集中体现。学生在学习知识技能、价值塑造过程中的一系列行为，影响其学习效果。在"翻转课堂"教学模式下，学生的课前预习、课中参与问题回答与讨论，以及课后学习任务的完成会影响其学习效果。

高校英语教学中，教师行为、学生行为和课堂生态环境相互作用形成教学行为生态系统。课堂环境、校园文化环境、教师理念和教学习惯决定教师行为。学生的学习行为受校园文化、个人学习认知态度与师生交流等方面的影响。只有在课堂教学中使课堂理念与教育技术"共生"，使教师和学生行为之间的反馈系统开放、流通，才能实现教师行为与教学效果的平衡。

21 世纪的今天，"教学目标精准化、教学准备精准化、教学过程精准化、教学评价精准化"的混合式教学模式成为网络教学的必然选择。我们需要反思在网络空间教学"常态"和大规模在线学习"非常态"基础上，全面重构网络空间教学的"新常态"。

本书围绕外语网络空间教学的生态现状，分析网络空间教学生态的影响因素，精准把握学生的心理现状，巧妙运用现代教育技术弥补线上课堂中的交流缺失，提高教师的"教学存在感"和学生的"学习获得感"，坚持"基于学生学习效果的教育"的实现路径。

目　录

第一章 绪 论

网络平台教学是高校教学随教育信息化时代发展的必然趋势，它突破时间和空间的限制，为学生自主学习、合作学习、探究式学习提供交互空间。在开放式的网络学习空间，学生获取学习资源的方式发生改变，网络学习形式也多样化。在信息技术与教育教学进入融合创新的新阶段，教师利用教学空间开展教学的程度不一。教师在开展网络教学的过程中，并未形成对网络教学行为进行数据分析的意识，在教学设计中并未形成"教学行为设计—教学行为分析—教学处方—开设新一轮教学设计"的良性循环，资源的针对性推送也有待优化，教师在教学设计中需要更加关注教学的整体设计与深度运用。因此，在推动网络教学效果的优化中，需要关注影响教师不适应网络教学或网络教学效果不佳的关键要素，使网络教学平台发挥最大优势，促进学生学习方式的转变。在经历了"停课不停学"这一"非常态化"网络教学之后，网络平台教学成为当前高校教学的常态。随着国家"金课"建设的推进，线上线下混合式课程建设也进入新的发展阶段。我们可以从网络教学中出现的各种"异化"现象，分析目前存在的问题，找准线上线下混合式课程建设的着力点和突破口，从而提高网络空间教学的效率，建设和谐的网络空间教学生态。

第一节 问题的提出

一、教育信息化进程加快

教育部提出"十三五"期间争取基本建成"人人皆学、处处能学、时时可学"，与国家现代化发展的总体目标相适应的教育信息化体系。教育信息化的发展将面临新的任务和要求，进入深化应用与融合创新的新阶段。2012 年，教育部印发的《教育信息化十年发展规划（2011—2020 年）》提出："重点推进信息技术与高等教育的深度融合，促进教育内容、教学手段和方法现代化，创新人才培养、科研组织和社会服务模式，推动文化传承创新，促进高等教育质量全面提高。"其中明确提出人才培养模式创新已普遍开展，主要维度是信息技术与教学深度融合的教学模式、方法、内容创新应用情况。①

2016 年，教育部颁布《教育信息化"十三五"规划》，对如何创新空间应用模式规划提出鼓励学生应用网络学习空间进行预习、作业、自测、拓展阅读、网络选修课等学习活动，养成自主管理、自主学习、自主服务的良好习惯，要实现学生学习过程、实践经历记录的网络学习空间呈现，并依托网络学习空间逐步实现对学生日常学习情况的大数据采集和分析。② 空间教学模式从服务课堂学习拓展为支撑网络化的泛在学习。信息技术与教育教学的融合发展，也从服务教育教学拓展为服务育人的全过程。

随着"互联网 + 教育"进程的加快，人工智能、大数据技术的介入，教育形态的变化和教学生态环境的变革，教与学的方式也发生改变。在加快教育信息化的进程中，各高校教育信息化的应对程度不一，教师已经具备运用现代技术开展教学的能力，各类教学平台也融入教育教学中，但是学科教育特色并没有得以彰显。2018 年 4 月，教育部发布《教育信息化 2.0 行动计划》，该计划提出教育信息化需要"全面提升师生信息素养，推动从技术应用向能力素质拓展，使之具备良好的信息思维，适应信息社会发展的要求，应用信息技术解决教学、学习、生活中问题的能力成为必备的基本素质"。

二、网络教学已进入深度融合新时代

随着网络教学的进一步运用，网络教学已经经历了"以技术为主的单向传递"的时代、"以教学论为主导的双向互动"时代、"以网络教学论为主导的全方位"时代。随着大数据技术在教育领域的发展，即将进入"以数据分析为主导的立体化"时代。以数据分析、教学运用、"教学处方"开设等为载体的教学行为、学习行为、教学管理行为将发生各种变化。

---

① 教育部：《教育部关于印发〈教育信息化十年发展规划〉（2011—2020 年）的通知》，中华人民共和国教育部，http: //www. moe. edu. cn/publicfiles/business/htmlfiles/moe/s3342/201203/xxgk_133322. html。

② 教育部：《教育部关于印发〈教育信息化"十三五"规划〉的通知》，中华人民共和国教育部，http: //www. moe. gov. cn/srcsite/A16/s3342/201606/t20160622_269367. html。

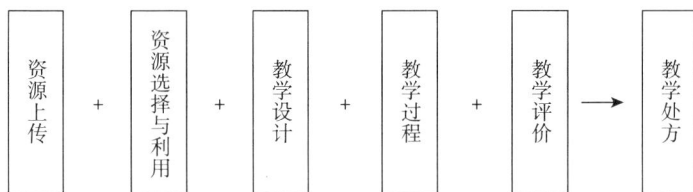

图 1-1　以网络教学论为主导的空间教学模式

如图 1-1 所示，以往空间教学呈现"任务链"的模式，教师将各个任务分配给学生去完成，并对学习任务进行检测并评价，最后根据学生的学习情况开设"学习处方"。而在信息化教学模式下，随着大数据分析思维的不断推进，网络教学形成一个"生态圈"，如图 1-2 所示。

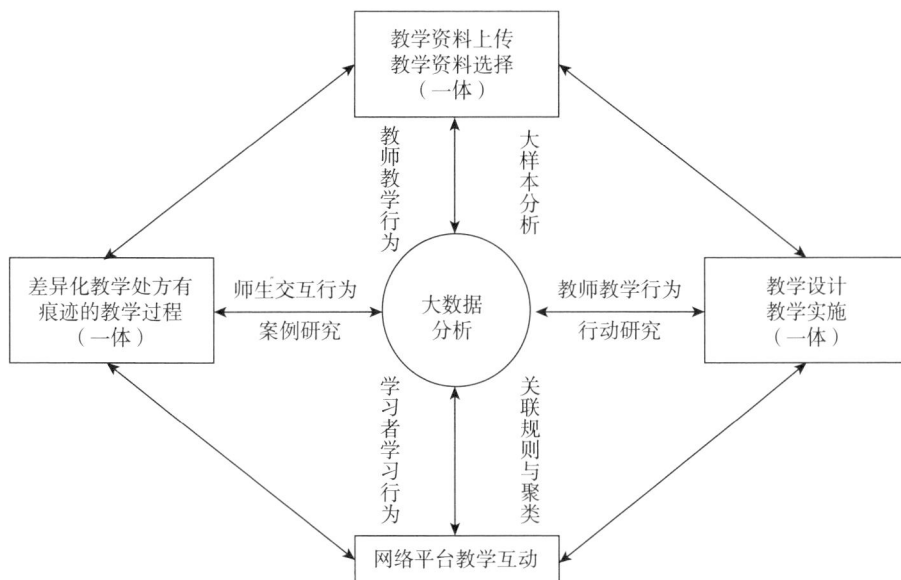

图 1-2　网络教学生态圈示意图

三、网络教学平台的多样化

新科技革命使人们的生产模式、价值观念发生变化，利用互联网思维和信息技术来开展高等教育改革，增强技术革命的"获得感"，树立"质量至上""学生为中心"的信息化教学理念成为推动高校教师教育教学革命的重要任务。近些年来，随着信息技术与教育教学进入深度融合创新的新阶段，许多教学平台，如 Kahoot、UMU、雨课堂、微助教、学习通等，得到广泛运用。每个平台都有各自的特色功能，教师可以根据课程需要采用不同教学平台。然而，有的教师使用教学平台是出于"行政要求"，还有一些教师"象征性"使用平台开展教学，并不对使用情况、教学情况进行反思。甚至有的教师还停留在海量数字资源上传的"初级阶段"，导致教学空间存在"僵尸资源"，还有些教师因"教育技术"的障碍，使其空间成为"僵尸空间"，运用空间时也存在资源堆积、课程设计缺乏等问题。因此，部分教师在网络教学中，并未形成"教学设计—教学行为分析—教学处方—新一轮教学设计"的良性循环。实际上，教师应将"线上"与"线下"教学有机融合起来，使用网络教学平台辅助教学，提升教学效率，这种"合乎需求"的目的性才能使得教师能够自觉运用教学平台开展课程教学。

第二节　研究目的与意义

一、研究目的

教育信息化在经过一系列改革之后，人们开始反思新问题：信息化教学怎样才能不使"信息化"只是一种外在要求，而成为教师们课程教学开展的内在需求；教师们该如何从教学资源上传、教学设计、教学实施、教学评价、教学处方开设的各个阶段真正落实，深化以"面向应用"为核心的高校课程改革；哪种网络学习平台更符合自身课程需求；如何高效利用教学平台，使平台教学成为课程教学改革的"助力"工具；如何让平台教学成为教师的内生需求，而不是"自上而下"的"行政要求"；怎样让教师有"我要用"的主动性，而不是"要我用"的被动应付？网络教学平台的数据分析为平台教学使用提供了帮助。其中，运用数据思维发现学习者行为与教师教学行为具备"相关性"。本书通过网络教学平台数据分析来探讨高校英语网络空间存在的问题，创新教学模式，开发优质教学资源，并评价教学效果。通过数据分析寻找教师的教学行为、学习者的学习行为与网络空间的教学效果之间的关系，以发现"不同类型"学习者学习英语的不同方式的可能规律，为信息化时代如何实现"一个尺寸适合一个人"的网络空间教学模式提供实践指导。

二、研究意义

从理论意义来看，本研究属于语言教学研究，拓宽了语言教育的研究广度，从教育生态学的视角，研究网络空间教学环境下的英语空间教学行为（教师的"课前""课中""课后"的教学行为与学习者的聆听行为、阅读行为、记忆行为、表达行为），有助于推进网络空间教学模式、英语学习者的自主学习能力和教师差异化教学的研究，拓宽"网络空间教学模式"的研究边界。

本研究成果，从应用价值来看，一是有利于英语个性化教育，为网络空间教学环境的优化提供"学习证据"，通过"让数据说话"来促进网络空间教学行动；二是数据分析结果可为教学管理及决策部门加快推进学生自主学习建设提供决策依据；三是基于生态学视角，网络空间教学优化策略是信息化环境下整合教学资源、改善教学设计、优化教学模式的迫切需要，是实现"十三五"期间信息化建设目标的具体体现。

第三节　研究现状

国内外关于网络教学的研究多从数据挖掘来思考教育领域的问题，这一视角又主要集中在学生自主学习、网络教学模式等方面。能具体落实到空间教学资源建设、英语教学思考上的也有一些，但从教育生态学视角对教师的教学行为进行思考和探究仍有待深入开展。国内外研究集中表现在以下几个方面。

一、关于学生空间自主学习的研究

随着教学空间的深入拓展，有关数字化时代利用教学空间实施教学的研究多集中在学生自主学习能力的培养上，国外的研究注重用大数据来分析如何实现学生个体需求的教学目标。Schsnberger（2014）等认为，大数据能实现符合学生个体需求的定制化教学的目标；Colin（2016）提出大数据分析可以运用于学习者的能力、学习行为、可预测性的学习问题和培养学习者的认知方面。Elboubekri（2017）认为，融合数字化媒介的跨文化教学，能够提升学生的英语学习动机和效果。学者肖乐和李雯瑾（2015）认为，在以世界大学城空间为依托的网络空间里，为学生设计不同的英语学习环境，能提高大学生的英语学习能力。刘娟[1]以大学城云平台为载体，以翻转教学理论为依据，从课程理论知识构建、课程教学成效、课程

---

[1]　刘娟：《基于云平台的翻转课堂教学模式研究》，《中国成人教育》2016年第8期。

翻转教学模式可持续发展等方面展开研究。索格飞、迟若冰[1]认为，混合式教学比较成功地实现了大学生的跨文化交际能力与英语应用能力的提升。

二、有关空间教学资源建设的研究

网络空间教学资源建设，是实施网络空间教学的重要环节。目前，相关研究主要集中在网络空间重要性以及具体学科中教学资源建设与应用上。Hylen（2006）分析了开放教育资源在运用过程中面临的挑战；Littlea John 和 Margaryan（2006）介绍了旨在支持共享与重新使用教学与学习资源的"学习对象库"；杨丽波（2011）认为，空间教学资源建设中，存在片面追求资源数量、设备资源不足、学生适用空间教学能力差等问题；谢泉峰和段怡（2016）提出，在空间资源建设中，必须加强网络空间课程的生成性教学资源建设。王朝霞、王俊美（2021）从实证研究的角度，探索线上线下混合式的教学模式，以及如何利用现代技术探索研究适合其课程教学的网络教学资源。赵琳（2021）通过对具体课程的实例研究，探索网络教学资源与课堂教学相结合的教学改革新模式，并提出在网络资源建设中，需要将实际问题中的应用知识融入课堂教学，以差异性教学为观测点，不断完善网络教学资源的建设，实现教学改革、激发学生学习主动性。付帅、许春玲[2]以高校在线教学的可持续发展作为立足点，探讨大数据背景下的网络在线教学模式，从高校人才培养模式、网络教学资源开发、在线教学实施和教学效果评价等多方面加以剖析，研究网络课程教学资源在教学改革中的重要作用。吴子衡等（2020）从学科的视角，分析构建多元化网络教学资源库的思想认识与引领问题，通过对网络教学资源库建设的思考，提出了网络教学资源库未来改进和发展的方向，使所构建的教学资源库能有利于学生自主掌握专业知识，并适应"疫情"时期和"后疫情"时代的教学应用，思考未来教学改革的新方式。

三、有关网络空间教学模式的研究

关于空间教学模式的研究，集中在"翻转课堂"等混合式教学模式上。

---

[1] 索格飞、迟若冰：《基于慕课的混合式跨文化外语教学研究》，《外语界》2018 年第 3 期。
[2] 付帅、许春玲：《大数据时代网络课程建设与人才培养模式的研究》，《电脑知识与技术》2021年第 1 期。

Mitra（2005）提出了自组织学习理论，他认为学习者完全可以借助网络等教学资源营造没有成年人介入的自组织学习环境。"翻转课堂"模式就是现代信息技术支持下的自组织学习。Fulton（2012）认为，在教学实践中引入"翻转课堂"模式，既能顺应信息化时代教育发展的趋势，也能为学生的学习创造便利。Harvi 和 Chris（2002）对混合教学模式的内容和形式进行了探索。Purnima（2002）主要探索了混合教学的应用模式；David（2019）、Masters 和 Michael（2019）认为，基于体感的应用与课堂的整合使学生的学习经历更活跃、更快乐。许瑛（2016）对网络空间的高职英语"翻转课堂"教学评价，如何建立高职英语教育教学运行机制，完善"翻转课堂"教学质量监控体系进行了探索；谢志平（2016）认为，大数据引发课堂教学模式发生改变，要转变课堂教学模式，就要顺应大数据时代的发展。潘炳超（2014）采用准实验研究的方法，以教学程序为实验变量进行教学实验，研究发现，"翻转课堂"有利于激发和维持大学生的学习动机、培养大学生自主学习与合作学习能力。周晓玲、刘燕梅[1]认为，"翻转课堂"可以使学习者真正实现自主学习、合作学习和个性化学习，改变学习者之间的差距，提高学生的学习成绩。叶玲等[2]认为"智慧""翻转课堂"突出了师生的互动交际，能有效增强学生的跨文化交际能力，因此有助于实现大学英语教学的目标。周平[3]认为，教师要学会一些学习活动的组织策略，掌握必要的现代信息技术，能在学生知识建构的过程中发挥"脚手架"作用，方便学生获取资源、处理信息、运用知识，实现知识的深度内化，提高学习效率。齐军[4]认为，教师如能在"翻转课堂"教学过程中给予学生恰到好处的鼓励与评价，在讨论式课堂中的互动会更有成效，学生用英语表达的欲望会明显增强。邵一川等（2020）阐述了利用人工智能分析课堂行为助力教学改革的探索。覃潘燕（2018）、马瑞（2019）认为，打造人工智能技术与混合式教学深度融合、可持续的、良性互动的生态链，能提高应用型人才培养效率。

---

[1] 周晓玲、刘燕梅：《大学英语翻转课堂教学模式的实验研究》，《广西师范大学学报（哲学社会科学版）》2016 年第 5 期。

[2] 叶玲等：《"互联网＋"时代大学英语翻转课堂的研究与实践》，《外语电化教学》2017 年第 3 期。

[3] 周平：《基于现代教育技术的翻转课堂及其理论基础溯源》，《外语电化教学》2015 年第 3 期。

[4] 齐军：《美国"翻转课堂"的兴起、发展、模块设计及对我国的启示》，《比较教育研究》2015 年第 1 期。

四、有关大学英语课堂教学生态的研究

（一）课堂教学生态的理论研究

莱瑟和范达姆（Leather & Dam，2003）认为，语言是说话者和社会网络构成的共同体，语言的学习主要依靠学习者与环境的交互，包括空间的、社会的和文化的交互。唐悦（2012）认为，生态化大学英语课堂教学，应充分体现自然、真实的交际行为，克服"一言堂"，吸收每位学生参与语言交际，使真实的交际行为的各个生态因素都发挥作用。郑艳（2016）认为，生态化英语课堂就是把英语课堂作为一个系统，研究其整体性、平衡性、动态开放性与可持续性，以促进教师、学生和环境之间的协调、和谐共生。刘长江[①]研究了大学英语课堂的生态结构、功能和特征，并分析了信息化语境下大学英语课堂生态存在的失衡现象。他认为重构大学英语课堂生态必须坚持生态性、系统性、人本性和有效性原则，发挥信息技术作为主导因素的引领作用、控制课堂生态中的限制因素、调整课堂生态因素的生态位等来规避课堂环境构建中的花盆效应、保持课堂生态的活水效应等方法，优化课堂生态结构和功能。洪常春[②]认为，人工智能将在语言学习者的个体差异分析、量身定制的学习内容、多元立体的教学媒体、教师角色，以及多维动态的形成性评估等方面大有可为。

（二）英语课堂教学行为生态的研究

奥尔古热恩（Algozzine，1986）通过对课堂中教学行为的观察，认为教师没有根据课堂类型采取不同的教学行为。Fulton（2012）认为，在教学实践中引入"翻转课堂"模式既能顺应信息化时代教育发展的趋势，也能为学生的学习创造便利。张钰泽（2017）借助课堂观察手段来评价英语课堂的教学行为，论证了课堂观察对于提高教学质量的重要性。多勒和庞德（Doyle and Ponder，1977）从生态的视角分析了课堂环境的复杂性，同时指出了课堂环境对教师行为的影响。沃克（Walker，1985）认为，教师的社会行为标准和期望是课堂生态的决定因素，并探讨了教师对学生的期望反过来对教师本身行为、课堂环境和学生学习产生的影响。雷丹和柳华妮[③]从生态的角度对外语教师在复杂的教育教学环境中的地位和作用进行了分析。林春

[①] 刘长江：《信息化语境下大学英语课堂生态的失衡与重构》，上海外国语大学博士学位论文，2013，第124页。
[②] 洪常春：《人工智能时代大学英语生态教学模式构建研究》，《外语教学研究》2018年第12期。
[③] 雷丹、柳华妮：《外语教师角色与教师生态位研究》，《外语电化教学》2015年第2期。

惠（2014）认为，英语教师作为课堂教学的设计者、实践者，承担着多种生态角色，其教学行为都影响着课堂教学的质量及效果。陈实（2018）探索了"教学行为三层次分析模型"，分析了课堂行为观察在不同学科和不同观察者之间的跨越与融合。①

通过梳理国内外相关研究的学术动态，可以看出国内外学术界有关网络技术在教育教学领域的研究取得了不少研究成果，现有文献为本书奠定了研究基础，但是在教育领域中的应用仍不够深入。其局限在于：一是在研究视角上集中于探讨空间教学应用实践，而对如何运用大数据思维创新空间教学模式关注不够；二是在研究层次上，注重空间教学的实践研究，关于如何通过数据分析对网络空间教学行为进行调整的理论建构还不够；三是在研究内容上探讨新时代背景下的教学改革，而没有做到"用数据说话"。因此，本研究关注高校网络空间英语教学，在教师网络空间教学行为研究的基础上，对网络空间教学行为（教师的教学行为、学习者的学习行为、师生之间的互动行为）展开现象探索与原因分析，找寻教学行为与教学效果相关性的规律。

第四节 理论基础及核心概念界定

一、理论基础

本书从教育行为生态学和生态语言学的视角，对大学英语教师教学行为和学习者学习行为进行考察。

（一）教育的行为生态

教育生态学也研究教育的行为生态。它与自然界生物的行为生态有相同之处，都可以用 S－R（刺激－反应）原理来解释。教育过程中，人的行为都可以由外部生态因素刺激引起。教育的行为生态受思想、观念、规范、目标、意志、情绪等的支配和驱使。

教育的行为生态分为个体行为生态和集群行为生态。由于个人受社会压力与群体压力的影响，会产生符合社会要求与群体要求的行为与理念，不仅在行动上会表现出来，而且会改变原来的观点，放弃原来的意见。学生在学习过程中，会出现"从众行为""模仿行为"以及"自我评价行为"等。

---

① 陈实：《课堂教学行为研究——基于教学行为三层次分析的视角》，科学出版社，2018，第84页。

在集体活动中，个人容易受"情绪感染"，产生"模仿行为"等。

（二）生态语言学

1972 年，美国语言学家 E. Haugen 提出"语言生态"概念，他将语言生态定义为"语言与环境之间的相互关系"①。自 20 世纪 90 年代开始，生态语言学开始成为语言学的分支。生态语言学认为，任何语言系统的产生与发展都与其环境因素密切相关。人们在语言社会交往过程中，必定受语言交际环境的影响，语言交际随着环境的变化而变化。生态语言学视域下的外语教学观认为，外语学习的过程是学习者的知识和经验与环境交互作用的过程，环境因素在外语学习过程中发挥着重要的作用，② 能否正确处理学习者与各环境因素之间的关系直接影响着外语教学的结果。③

二、核心概念界定

（一）教学行为

教师的教，像学生的学一样，是由一系列行为来实施和完成的，甚至其复杂性往往超过学习行为。④ 在教学行为生态子系统中，网络空间教学行为包括了教师的"教"的行为、学习者"学"的行为、师生之间的交往行为。教学行为根据不同的角度，可以划分为不同的行为。从教学的流程来划分，教师的教学行为包括观测行为、设计行为、分析行为和评价行为等。教师的行为包括"课前"教学行为、"课堂"教学行为和"课后"教学行为。从具体的行为特征来看，教师的教学行为包括镇静行为、启迪行为、讲授行为、辅导行为、沟通与交流行为。本研究中主要根据网络空间的教学特点，将教师的教学行为分为课前教学行为、课中教学行为、课后教学行为，具体包括教师的教学设计行为、教学资源上传行为、讲授行为、提问行为、小组活动行为、教学组织行为、课后互动行为、课程评价与反思行为。

（二）学习行为

学习是一项复杂的行为活动，常常综合了许多行为。学习行为不仅是一种内在的思维活动，还是一种外部的行为表现。学习者的学习行为，从宏观上而言，受家庭环境、学校环境、社会环境影响。而从微观上来看，学习者

---

① E. Haugen, *The Ecology of Language*, Stanford: Stanford University Press, 1972, p325.
② 朱云翠：《生态语言学视域下的大学英语教学研究——基于吉林省三所大学的探索》，上海外国语大学博士学位论文，2015，第 50 页。
③ 左焕琪：《英语课堂教学的新发展》，华东大学出版社，2007，第 84 页。
④ 吴鼎福、诸文蔚：《教育生态学》，江苏教育出版社，2000，第 248 页。

的行为与课堂生态环境密切相关。各种各样的"问题行为"或"不良行为"可以在教师、同学的影响下得到不同程度的纠正。从广义上讲，学习行为包括感知与认知行为、意识与非意识行为、保持行为、渴求行为、沟通行为、竞争行为。从英语学习的角度来划分，学习者的学习行为包括阅读行为、聆听行为、记忆行为、表达行为（口语表达与书面表达）。而从"翻转课堂"教学模式来划分，学习者的行为可以划分为"课前"学习行为、"课堂"学习行为和"课后"学习行为。具体而言，包括"课前"预习行为、"课堂"互动行为、"课后"反思行为。

（三）师生交往行为

师生交往行为，既有课堂教学活动中线下面对面的交往行为，也包括师生网络空间线上的互动与交流。无论是课堂教学的师生互动情况还是线上的交往，其主体都是教师与学生，学生的学习行为和教师的教学行为中都包括互动行为。因此，本研究主要从教师的教学行为和学习者的学习行为两个方面进行数据分析与考察。具体而言，包括师生互动、生生互动、师师互动。师生之间通过教学空间突破时空的限制，最大限度调节学生的学习投入。空间教学的开放性和互动性，使得生生之间的交流时间和空间更加灵活，课堂教学活动得以延伸，使学生能够在课堂上进行深入交流。网络空间平台中不仅包括日常教师间的"显性互动"，还包括教学理念的变化、情感态度的体验等"隐性互动"。

第五节　研究思路与方法

一、研究思路

本研究属于实证研究，基于已获截面数据，首先建立大学英语教学行为观测指标，发放大学英语教学行为生态现状调查问卷（教师版和学生版）对教师教学行为和学习者学习行为进行分析，发现混合式教学的主要问题；接着采取行动研究的方法，以所任教的教学班级作为案例研究的对象，运用"超星泛雅"学习平台开展混合式教学改革，从教学设计、教学实施、教学评价等方面全方位实施"翻转课堂"教学。

以学期为单位不断进行教学反思，以学年为单位对学生的学习兴趣度、满意度、学业成绩提高幅度等方面进行评价，在梳理学生在网络空间留下的"学习痕迹"及学生课堂表现等数据的基础上，总结学生的学习轨迹，学习行为特征对学习者学习效果的影响要素；最后根据实验结果，探索教师的教学行为与学生的学习行为及师生之间交互行为对教学效果的影响，从如何开展教学设计、优化教学实施管理、完善教学评价等方面探讨如何建构大学英语混合式教学生态模式。

二、研究方法

本研究主要采取实证研究方法。有关理论依据及国内外相关研究，主要采用文献调研及研讨；有关湖南省高校大学英语课堂生态的现状分析及影响因素分析，主要采用调查法与访谈法；在 C 高校英语教学现状的研究过程中，主要采用的是行动研究方法，通过对照组与实验组的情况与效果进行对比分析。该研究采取问卷调查与教师、学生访谈相结合的方法，发现混合式教学过程中的共性问题。教师的行动研究方法，能收集到混合式教学过程中的个性问题，通过教学平台和课堂观察的记录，教师可以收集到一手资料，为教师的教学与研究工作开展提供保障。

（一）调查法

本研究的主要调查对象为湖南应用型本科院校的在校大一学生及《大学英语》任课教师。在应用型本科院校大学英语教学行为生态的现状调查中，选取 C 高校大二、大三学生进行跟踪调查。调查分为两次，第一次是2019 年 6 月，2179 名学生和 101 位教师参与了调查。第二次是 2020 年 3月，对大学英语网络教学情况进行了再次调查，6554 名学生和 204 位教师参与了调查。在问卷调查的基础上，通过描述性的统计方法对大学英语网络教学现状进行分析。通过卡方（交叉）分析了解教学效果、学习效果之间的差异性，并通过相关性研究和线性回归分析找寻影响教师教学效果和学生学习效果的影响因素。

（二）访谈法

定量研究，让研究者了解事物的普遍情况，但是数据背后的深层次的、个性化的心理现象与问题，需要通过深度访谈，深入了解他们的更"本真的"观点与看法。前期研究对 C 高校学生进行了问卷调查，在对部分学生的访谈中发现：目前，网络教学中存在学生自主学习性不强，学生为了应付老师要求而去"刷资源"，网络空间教学在实施过程中出现了一些失衡。通过与其大学英语教师的访谈发现：网络空间教学有其自身的优势，但在资源建设、课程评价等方面出现许多"瓶颈"，每个教师、每个专业的学生都有各自的特点，教师的教学行为需要根据学生学习情况、专业特质等进行调整。本研究主要基于湖南省六所高校的 2018 级 2179 名学生进行问卷调查，并对其中 50 名学生进行了深度访谈，根据研究的不同进度与实践需要，对 2017 级部分学生通过 QQ、微信等方式进行了英语学习状况的跟踪调查。在分析第二次大规模问卷调查的基础上，本研究对湖南省 6 所应用型本科院校教师开展了深度访谈。

（三）行动研究法

行动研究方法可以通过教师在教学实践中的感受，发现教学中存在的问题，网络学习平台不仅记录了教师教学设计、课程评价，也记录了学生的学习过程。在平台记录的基础上，教师在行动研究过程中观察学生在大学英语课堂或课后的学习情况、学生在其他课程上的群体表现，观察学生的学习、业余生活方式等。教师与学生保持积极的联系，对部分学生从入学开始进行了在校观察、大一后访谈、大二的跟踪调查，通过动态考察的方式来了解其学习状况与环境影响的关系。在行动研究过程中，本研究对教师的教学行为进行课堂观察记录，主要记录教师的提问行为、课堂组织行为、学生的课堂表现行为，以及课堂物理环境和人文环境。

总之，本研究在分别对高校学生和大学英语教师进行问卷调查的基础上，通过描述性统计分析了目前大学英语教师教学行为和学生学习行为的现状，采取独立样本 T 检验的方法判断各影响因素对学习效果的影响，采取交叉（卡方）分析教学效果和学习效果的差异关系，采取相关性分析和线性回归分析影响教学效果和学习效果的主要因素。在定量分析的基础上，结合访谈法，从个案出发，力图揭示个案材料所呈现的内在逻辑。

三、拟解决的关键问题

本研究尝试从教育生态学这一新视角，结合高校英语一线教师教学体验，通过对网络空间教学环境下如何建立和谐高效的生态化外语课堂，为高校公共外语教学提供一种新的研究思路，利用学习过程的动态性及学习心理的创新性开展"教"与"学"。通过探索网络空间教学环境下的教学活动与课堂教学环境之间的关系，解决高校英语教学中出现的问题，指导教师更有效地帮助学生提高学习语言和运用语言的能力，发掘学生的学习潜能，提高学生的学习能动性，进一步促进教育信息化的可持续发展。具体而言，包括以下几个方面。

1. 教师在运用网络教学平台开展混合式教学的过程中存在哪些问题？在混合式教学过程中，教师的哪些行为能帮助学生优化聆听行为、表达行为、阅读行为、记忆行为？随着人工智能化的发展，大学英语教师的哪些教学行为具有"不可替代性"？教师的不同行为变量对学生学习效果的影响是否显著？

2. 学生在利用网络平台学习的过程中，存在哪些问题？学生的聆听行为、表达行为、阅读行为、记忆行为存在哪些不足？影响学生这些行为的"关键因素"是什么？通过改变影响这些行为的环境能否提高学生的学习效率？

3. 高校英语教学中采取的混合式教学模式其教学效果怎样？教师教学行为与教学效果、学生的学习行为与学习效果的相关性要素有哪些？混合式教学模式下的教学评价结构、评价方式是否满足当前网络空间教学的需求？如何构建科学的网络空间教学评价体系？

4. 在混合式教学环境创设中，还存在哪些问题？高校英语网络空间教学生态存在哪些方面的失衡？如何在"互联网＋"信息化环境下，构建可持续发展教学模式，优化学生的学习生态环境？

四、研究设计

2019 年 6 月，本研究通过 101 名高校英语教师和 2179 名大一新生的问卷调查，对网络教学中的主要问题进行分析。2020 年 3 月，在"停课不停学"期间，对教师网络教学行为和学生的学习行为进行了再次调查。教师问卷内容包括基本情况、网络教学期间的使用情况和网络教学中存在的主要问题，学生问卷内容包括课程学习的基本情况、网络学习期间的参与情况和学习过程中遇到的主要问题。在第一次问卷调查中，参与问卷的 101 名教师均为湖南省"大学英语"课程的任课教师，通过数据分析发现，"经常使用"网络教学平台开展教学的教师为 35.64%，"总是使用"的教师占 1.98%。在"停课不停学"期间，鉴于教师"全员参与"网络教学这一情况，本研究再次针对高校英语教师发放了网络教学情况调查问卷。教师问卷内容主要包括网络教学过程中教师采取的网络教学形式、教学内容、教学过程的安排、网络教学过程中出现的问题、学生的参与情况、网络教学评价、网络教学效果、网络教学期待，并设计了开放性问题，搜集网络教学过程中的意见或建议（具体问卷详见附录二和附录三）。学生问卷内容主要包括学生网络学习参与状态、网络学习过程中存在的问题、网络学习效果、网络学习评价、网络学习期待等，并设计了开放性问题，了解学生网络学习中普遍存在的问题，了解学生的意见或建议（具体问卷详见附录一和附录四）。

第六节　主要内容与结构

一、主要研究内容

近几年来，随着智慧教学进程的加快，如何打造"金课"，远离"水课"，成为教育信息化时代教师职业发展的必经之路。随着信息化教学改革的推进，各种数字化教学平台引入高校课堂，一些教师产生了对数字化学习模式的恐惧情绪，一些教师在网络平台建课后迅速陷入"有想法却不愿意行动"的境地，还有些教师抱怨学生自主学习能力差，但大部分的教师已经意识到网络平台教学的重要性，正在不同程度地推进数字化教学。在"大学英语"的教学过程中，教师通常用到的是平台教学的互动性功能，而对于系统"建课"，许多教师表示太麻烦了于是没有坚持，还有的教师抱着"等学校要求必须这么做再说"的拖延态度，有的教师则开始进行"整合资源—分工合作"全面铺开数字化教学。

基于平台教学的已有现状，本研究主要从数字化平台教学中存在的一些问题入手，研究教师教学行为的改变对学习者学习效果的影响，从而试图构建数字化教学的生态模式。本研究主要以"学习通"平台和 UMU 平台为例，主要研究内容如下。

1. 教师教学行为生态现状调查

网络学习空间的宏观设计，比如教学资源建设与网络空间教学的建构，网络学习模型等方面已经取得一定进展，网络平台的搭建也越来越能满足教学实际需求，然而具体落实到教师教学行为与学生学习效果的研究较少。对此，本研究从教育生态学的角度出发，对教师教学行为与网络课堂教学环境进行问卷调查，了解目前大学英语网络教学行为的生态现状。

2. 教师"教"的行为

影响教师教学行为的因素是多方位的，既有学校宏观政策环境的影响，又有教师教学理念、教学方式、教学内容以及教学评价等要素的影响，也受学生集体学习风气、校风和学校活动等方面的影响。本研究在教师教学生态行为现状调查的基础上，从学校物理环境、教师"教"的行为和学生"学"的行为方面来分析教师教学行为与学生学习效果的关系。从教师教学行为的存在方式来看，教师"教"的行为可以分为"显性"教学行为和"隐性"教学行为。"显性"教学行为即教师在教学过程中"教学以及辅助教学的行

15

为"和"教学管理"行为。本研究中有关教师"教"的行为主要是从网络空间教学的特点来划分，包括课前教学行为、课堂教学行为和课后教学行为。

3. 学习者"学"的行为

学习者"学"的行为是指学习者在学习过程中倾听、提问、表演、讨论、合作、评价等一系列课内外学习活动。学习者"学"的行为包括学生的个体学习和学生的群体学习。根据英语学习的特点，学生英语学习行为包括"阅读行为""聆听行为"和"表达行为"。本研究中，根据网络空间的学习特点，学习行为包括课前学习行为、课堂学习行为和课后学习行为。

4. 教师教学行为生态模式的构建

本研究以 UMU 和"超星泛雅"网络教学平台为例，分析研究网络教学平台教学过程中教师和学生各种行为。实例表明，教师在数字化环境下，通过不断优化教师教学行为，为改变学生学习行为创设优良环境，帮助学生提高自主学习能力。

二、组织结构

本研究首先阐述了网络空间教学行为研究的重要意义和相关研究现状，接下来的章节安排如下：第二章阐述高校英语网络空间教师教学行为的现状；第三章分析高校英语网络空间教学中学生英语学习行为的现状；第四章针对网络教学使用过程的存在问题，从生态学视角分析其影响要素；第五章根据网络教学运用案例情况，进行高校英语空间教学模式的构建，提出"后疫情"时代网络空间教学行为优化的路径；最后对研究进行总结，并提出下一步研究工作的展望。

第二章　高校英语教师空间教学行为

目前，高等教育无法满足社会大众对优质教育资源的迫切需求，公平而有质量的教育与目前教育生态现状之间存在不同程度的不平衡。

课堂教学创新是当前"全面提高人才培养质量"的时代要求，教师使用网络空间教学平台开展教学是适应当前科技发展的一种需求。当教育教学形态发生改变时，传统教学课堂下的被动学习以及规定时间完成规定任务已经无法满足教学的需要。教师若只讲课，不去了解学生的学习情况，个性化教学也无从谈起。在信息化教学转变过程中，教师在使用新技术手段开展教学的过程中无法增强其"获得感"，就没有使用新技术的冲动，只是一种被动应付。尽管教师有信息化教学的意识，可在实际过程中存在各种各样的现实矛盾。随着网络空间教学平台的出现，教学过程和学习过程在平台得以全程体现，教师可以通过统计分析学生的学习情况，及时了解其学习动态。网络教学平台的过程性学习数据为学习的过程性、阶段性评价提供"学习证据"。

第一节　概　述

在网络教学或混合式教学成为"常态化"的趋势下，教师在利用网络平台开展教学的过程中，需要更多地关注学生在学习平台留下的"学习痕迹"，为教学设计提供参考。同时，学生在学习平台的各种学习行为也成了教师对课程评价的"学习证据"。以网络教学平台为技术支持的网络空间教学，使得教师的教与学，师生之间、生生之间，关系发生变化，因此在教学设计、教学组织、教学评价等方面也随之发生变化。

一、平台使用基本情况

网络教学平台，能为学生提供优质的教学资源，能留下学生的"学习痕迹"，为教师进行教学分析留下"学习证据"。2019年组织的问卷调查中，参与调查的 101 名大学英语教师中，35.64% 的受访教师表示"经常使用"，36.63% 的受访教师表示"偶尔使用"，"总是使用"的占 1.98%，表示"从不使用"和"很少使用"的受访教师分别占 2.97% 和 22.77%（图 2 - 1）。

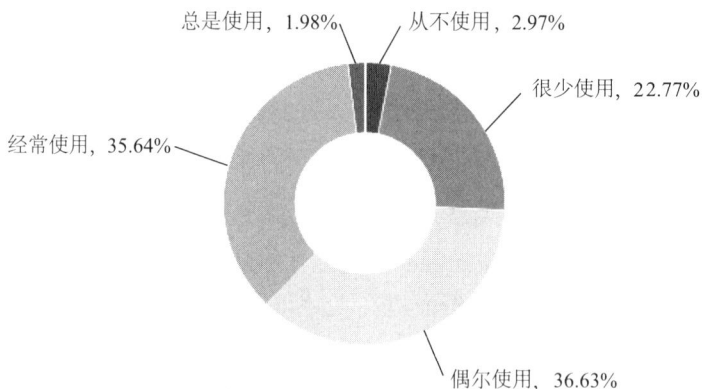

图 2 - 1　运用网络教学平台开展教学的情况（$n = 101$）

在"停课不停学"期间，C 高校的"大学英语"课程，关于网络教学，学校规定，"可以采取灵活多样的教学方式组织学生进行学习，但是要以学校网络教学平台为集结联系点"，明确要求任课老师在平台建课。在院系执行文件过程中，也强调"要在平台建好班级，有基本的建课信息，公布教学信息，留作业等基本信息"。2020 年 2 月 17 日是该校的正式开课日期，通过网络教学平台搜索"大学英语"课程的建课情况，共搜索到 39 条建课信息，其中"大学英语（一）"和"大学英语（二）"自建课程 27 条，其他 12 条（信息均为"教学示范包内容"）。其中涉及此学期课程的"大学英语（二）"有 21 条。该教研室共有 22 位教师，21 位教师参与建课[1]，仅有 1 位教师未在"学习通"平台建课。[2]

表 2 - 1　C 高校大学英语（二）建课信息表

教师	点击量	建课时间	教师	点击量	建课时间
T1	0	2020 - 02 - 15	T4	0	2020 - 02 - 14
T2	0	2020 - 02 - 15	T5	67	2020 - 02 - 13
T3	3	2020 - 02 - 14	T6	76	2020 - 02 - 12

---

① 2020 年 2 月 17 日通过超星泛雅"学习通"平台数据统计。

② 2020 年 6 月 18 日该教师建课。

教师	点击量	建课时间	教师	点击量	建课时间
T7	8	2020 – 02 – 12	T15	13676	2019 – 3 – 13
T8	6	2020 – 02 – 12	T16	420	2018 – 10 – 31
T9	11	2020 – 02 – 11	T17	702	2018 – 10 – 31
T10	441	2020 – 02 – 10	T18	0	2019 – 02 – 12
T11	667	2020 – 02 – 09	T19	0	2019 – 02 – 13
T12	2275	2020 – 02 – 07	T20	365	2018 – 10 – 31
T13	381	2019 – 3 – 13	T21	428	2018 – 10 – 31
T14	85412	2019 – 3 – 13			

从表 2 – 1 中可以看出，该课程教师的网络建课时间在开学前临时建课的，占 70%。进一步了解，该校 1 月 29 日发布"延期开学的通知"，要求教师做好开学准备，组织补考学生的线上答疑。2 月 1 日开展线上"停课不停学"信息化教学能力提升网络教学培训，尤其是学校网络教学平台操作指南培训。2 月 6 日，学校对建课等内容进行群内交流、答疑。2019 年 3 月 13 日进行该校第二批网络教学平台培训，2018 年 10 月 31 日进行该校第一批网络教学平台培训。在培训后建课的 5 位教师中，有 2 位教师参与网络平台教学，其他 3 位网络教学空间有上传资料，但未在教学中开展"线上线下混合式"教学。

网络教学平台经历了从"自发使用"到大环境引起的"被动使用"，随着线上线下混合式教学的推进，网络教学平台也将成为信息化时代课程教学改革的"内生需求"。而如何利用网络教学平台的优势，结合外语课程的学习特点，实现线上与线下的高效融合是高校英语教师未来需要探索的重点。

二、教学基本情况

对于语言学习而言，学生是学习主体，教师发挥主导作用，为学生语言学习创设从语言输入到语言输出的环境。在课堂教学观察中，我们不难发现，教师教学行为发生某种程度的"异化"：教师过度依靠教育技术，PPT 播放主导着教师的教学；以学生为主导的课堂演变成学生自主学习、分角色扮演以及学生小组展示的"自由空间"，而教师不加以管理；教师过分注重教学形式的多样化、在线化，而弱化了实体课堂中的讲解与互动交流。教学是一个动态生成的过程，教师在教学过程中常遇到教学设计"预设"外的问题，这时教师就需要调整原有教学行为。

通过观察课堂教学发现，有的"大学英语"教师在教学中采取多种方法，组织学生开展情境式学习、对话式讨论和合作型学习，对学生听、说、读、写、译等方面进行综合训练。受学生原有学习基础、对待公共课科目的学习态度、学习时间、课时量等多方面因素的影响，期末考试时，在"教考分离"的标准化试卷考试中学生的成绩并没有得到明显提高。这时教师的教学行为受考试制度的影响会发生一定程度的"异化"。有的教师采用严格的课堂教学规范和课堂评价制度，而学生本着"考试目的论"原则，公选课时尽量不选这些老师的课，导致要求严格的教师可能会遭遇课程无人选择的尴尬境地。过于严格的教学管理导致学生的行为产生惯性，限制了学生行为的发展；过于宽松的教学管理让学生行为呈松懈状态，不利于良好学习习惯的养成。

"大学英语"教师在教学中常发现，学生对于公共课的积极性相对较低。当教师设计问题、发起提问、组织课堂自主学习任务时，常遭遇学生应答率低、甚至冷场的现象，课堂气氛较为沉闷；教师习惯按照教学流程与预设实施课堂教学，超出"预设"的生成性问题出现的机会较少，呈现出学生自主学习积极性不高、低层次互动较多等问题。在课堂观察中发现，教学导入、讨论部分互动较多，阅读、听力、写作课的课堂上，学生课堂练习时间较多，教师对于课堂表现的观察与组织较少，真正达成"翻转课堂"效果的较少。新时代大学生自主意识较强，当学生有质疑时，教师仍以"知识权威"的姿态面对学生，教师的行为仍是以支配性行为为主，限制了学生思维的发展。在教学中，教师仍不能脱离教学目标的导向，单向性指令较多，学生自主思考的空间较少，不能达成"教学相长"。

本章主要针对信息化教学中"翻转课堂"模式下"课前—课中—课后"教师教学行为的现状开展研究。本章的主要内容安排如下：第二节详细介绍课前教学行为的情况；第三节主要介绍平台教学过程和课堂观察过程中教师的教学行为；第四节主要介绍课后教学行为现状。

第二节　课前教学行为

"翻转课堂"模式下的课前教学行为，也是教学行为中的重要一环。它在具体课堂观察中不易被直接考量，但是课前教学行为直接影响课堂教学实施的效果。课前教学行为主要包括教师教学设计和教学资源上传等行为。课前教学行为是教师教学资料准备投入、认知投入与情感投入的综合体现，具体体现在教师教学设计和教学资源上传行为中。

一、教学设计行为

教师教学设计是一种隐性行为。教师教学设计行为是教师教学理念、教学经验、专业技能的综合体现，教师在充分分析学生学习情况、教学内容的情况下，才能进行有效的教学设计。"翻转课堂"模式下的教学设计，是教师在上传教学资源、收集教学问题的情况下进行的精准设计。课前教学设计应有明确的学习目标达成的指向性：教学设计是否能达到教学目标、是否能促进学生的积极参与；教学环节是否完整且符合学生学习特点；教学过程中将采取何种手段、以何种方式呈现；教学时间该如何分布；"课前—课中—课后"的问题设置如何分布等。网络空间教学或者是"停课不停学"期间在线教学的设计，与常态教学相比，需要根据学生的学习特点安排教学进度、教学节奏。在不能面对面交流的网络课堂中，要设计留白时间，设计更多的及时互动。

（一）整体状况

大学英语课堂生态系统中，学生语言输入与语言输出之间是否协调，取决于教师教学设计与实施过程中语言环境的创设。在进入信息技术与教学深度融合的阶段，个性化教学设计成为信息化教学的核心。教师有效把握教学行为规律，是教师教学设计与教学实施的主要目标。教师进行教学设计时，需要根据学生"原生态"的学习情况开展有针对性的教学准备。在教学实施过程中，学生的各种"聆听行为""表达行为"等具有无序性，教师需要在这种无序的行为中，找到其有序性的规律，采用有针对性的"提问""讲授""启迪""交流与沟通""指导""镇静"等一系列语言、非语言行为。[①]

当教学活动中出现出一些不良学习行为时，教师就需要思考是否是教学设计中出现了问题。正如教师在访谈中回答关于"您的课堂上是否经常出现学生学习兴趣不高，学习激情不够，学生玩手机，或者课堂沉默现象呢？遇到这种情况，您通常是怎么做的？"等问题所提到的那样。

教师1：遇到这种情况，主要是课前设计出了问题。课前设计需尽量基于学生实际学习情况。学生课前能自主预习，课堂上能跟上，就不会沉默。但是会有部分学生课前功课做得不好，课堂上就只能沉默了。

教师2：遇到学生不能积极参与课堂教学活动，或者看到学生在玩手机

---

① 胡立：《基于翻转课堂的高校英语教师教学行为分析》，《重庆科技学院学报（社会科学版）》，2019 年第 1 期。

时，总感觉心里不是滋味。学生不能积极配合的那堂课，上完以后，就觉得特别难受，会课后跟其他老师沟通，到底问题出在哪里？下节课我该怎么调整？遇到学生不是很积极的时候，我会临时调整教学活动，把学生从玩手机中"拉"回来。要真正让学生积极参与，还是需要花一些时间、动一些脑筋的。

教师在课堂教学设计中，并没有考虑学生能力培养的整体效应，没有处理好教师"日常教学""教学科研"与学生能力之间的相互制约、相互依存、共同发展的关系。[①] 这种教学行为无形中挤占了学生的课堂生态位，抑制了学生的个性化成长。教师在实施"翻转课堂"教学中，盲目采取信息技术手段，而没有根据学生特点和不同知识点的需求进行"精准教学设计"。学生在信息技术包装下的"翻转课堂"中并未融入语言情境，语言建构环境输入不够，从而导致语言产出与时间投入的不匹配。学生的语言能力发展受到课堂语言环境这个"花盆"的限制，无法适应课外的语言交流环境。大学英语的教学目标，从听、说、读、写、译五个方面对学生语言知识技能、跨文化交际能力及学习策略提出了明确要求。而教师在教学设计中，跨文化交际的内容融入不够，很难使学生达成"在与来自不同文化的人交流时，能够处理好与对方在文化和价值观等方面不同而产生的问题"的教学目标。

在平台教学使用方面，47.4% 的受访教师在"停课不停学"之前从未或者很少使用平台开展线上教学，26.6% 的受访教师偶尔使用，经常使用的教师占 20.83%，总是使用的教师占 5.2%。在网络教学实施方面，开展过网络教学，且操作熟练的教师仅占 9.4%，36.46% 的受访教师表示"几乎没有开展过"。教师虽然基本具备网络教学操作的能力，但是网络课程教学设计等方面的准备还不充分。譬如，许多教师在没有拥有足够多的课程资源的情况下就开始投入网络教学。

在网络教学过程中，网上教学的真正意义没有达成。学校教学管理部门规定，要求教师按课表上课。然而，教师们在没有适应平台、准备不充分的情况下，把面授课堂"生搬硬套"进直播平台，违背了线上教学的初衷。在这个阶段，教师应加强大学生自主学习能力的培养。教学组织形式大致分以下几类：一是线上直播型，将面授课堂搬到线上直播的占42.7%。二是学生自主型，教师负责发放资料给学生，学生自学的占

[①] 胡芳毅、王宏军:《从"任务链"到"生态圈"：大学英语教学的生态建构》，《外语教学》2019 年第 3 期。

15.4% 。三是发放教师自己录制的相关教学资源与在线答疑,这种形式占 19.27% 。四是学生去教材配套资源平台进行自主学习,教师在规定时间内检查学生的学习进度,这种形式占 17.71% 。没有开展网络教学或几种形式都未用上的占 4.7% 。无论是哪种形式的教学,大都只是将面授课堂形式转为线上,在教学设计上并未改变,导致教学互动设计、网络教学组织与管理等方面存在问题。

(二)观察与发现

在观察课堂教学中发现,新手教师在教学设计中花费时间越长,越能在教学过程中合理把握教学时间和教学进度。熟练教师的教学设计更紧凑,教学时间安排更合理。新手教师习惯用同一模式开展课堂教学,而熟练教师则根据具体需要进行"适时翻转"。通过对教学设计与学生英语水平进步程度的交叉(卡方)分析数据进行统计研究,发现学生英语水平提高的程度与教师在教学设计与教学过程的安排呈现出 0.01 水平显著性(chi = 55.940, p = 0.000 < 0.01)。详细情况如表 2 – 2 所示。

表 2 – 2 教学设计与学生英语水平进步程度交叉(卡方)表($n = 2179$)

题目	名称	一年大学英语课程结束,您认为英语水平			总计
		和以前差不多	有一点进步	有很大进步	
教学设计与教学过程的安排	总是注重循序渐进,有层次性,有创新	322 (33.30%)	395 (36.64%)	63 (47.01%)	780 (35.80%)
	根据学生实际及时调整教学设计和进度	289 (29.89%)	409 (37.94%)	39 (29.10%)	737 (33.82%)
	有一定的设计与安排,偶尔有创新	212 (21.92%)	167 (15.49%)	13 (9.70%)	392 (17.99%)
	有一定的设计与安排,但没有创新	75 (7.76%)	53 (4.92%)	3 (2.24%)	131 (6.01%)
	没什么设计与安排,比较平淡,没有创新	31 (3.21%)	21 (1.95%)	6 (4.48%)	58 (2.66%)
	其他	38 (3.93%)	33 (3.06%)	10 (7.46%)	81 (3.72%)
总计		967	1078	134	2179
$\chi^2 = 55.94$ P = 0.000**					

通过表 2 – 2 百分比对比差异可知,认为"有很大进步"的学生选择"总是注重循序渐进,有层次性,有创新"的比例为 47.01% ,会明显高于平均水平 35.80% 。

在"停课不停学"期间,教师基本上能适应信息化手段,具备信息化教学设计与组织的能力。许多教师在没有拥有足够多的课程资源的情况下就开始投入网络教学。66.18% 的受访教师认为"基本具备"组织网络教学的能力，15.69% 的受访教师表示"完全具备"，"不具备"或者"差距较大"的受访教师分别占 7.35% 和 9.80%，表示"差距很大"的受访教师占 0.98%（见图 2 - 2）。

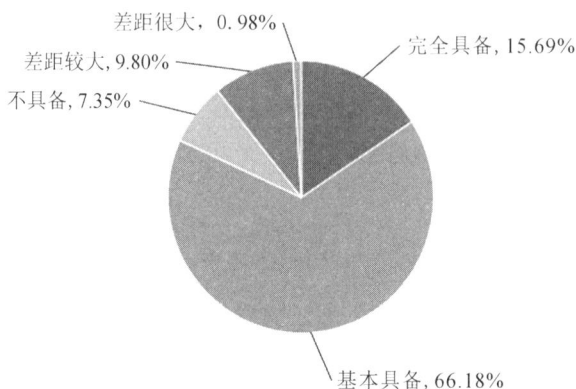

差距很大, 0.98%
差距较大,9.80%
不具备,7.35%
完全具备,15.69%
基本具备,66.18%

图 2 - 2 "停课不停学"期间教师网络教学能力的情况（$n = 204$）

在教学方法的选择上，不同教学经验的教师会采取不一样的方法。在教学设计中，教师需要及时了解学生的需求，并不断改进教学方法才能达到好的学习效果。本研究利用卡方检验（交叉分析）研究从事大学英语教师教龄与教学方法的选择方面的关系。研究发现，教师教龄与教学方法的选择呈现出显著性（$p < 0.05$），具体情况如表 2 - 3 所示。

表 2 - 3 教龄与教学方法交叉（卡方）表（$n = 101$）

题目	名称	您从事大学英语课程教学的教龄					总计
		1 ~ 5 年	6 ~ 10 年	11 ~ 15 年	16 ~ 20 年	20 年以上	
教学方法的选择	积极采用现代教学理念，虚心征求学生意见，不断改进教学方法	12 (70.59%)	14 (66.67%)	13 (56.52%)	13 (56.52%)	16 (94.12%)	68 (67.33%)
	比较注意教学方法，但很少征求学生意见	5 (29.41%)	5 (23.81%)	10 (43.48%)	10 (43.48%)	1 (5.88%)	31 (30.69%)
	使用传统教学方法，不征求学生意见	0 (0.00)	2 (9.52%)	0 (0.00)	0 (0.00)	0 (0.00)	2 (1.98%)
总计		17	21	23	23	17	101
$\chi^2 = 16.450$ $p = 0.036^*$ $p < 0.05^{**}$ $p < 0.01$							

从表 2-3 可知，"从事大学英语课程教学的教龄"与"教学方法的选择"呈现出 0.05 水平显著性（chi = 16.450，p = 0.036 < 0.05），通过百分比对比差异可知，教龄在 20 年以上的教师选择"积极采用现代教学理念，虚心征求学生意见，不断改进教学方法"的比例为 94.12%，会明显高于平均水平 67.33%。教龄在 11~15 年的教师选择"比较注意教学方法，但很少征求学生意见"的比例为 43.48%，会明显高于平均水平 30.69%。教龄在 16~20 年的教师选择"比较注意教学方法，但很少征求学生意见"的比例为 43.48%，会明显高于平均水平 30.69%。

教师无论是直播还是在线答疑，都会出现教师主讲，且无法得知屏幕另一端的学生学习情况的尴尬情境，教师进行课程设计时，需要将互动行为具体化，例如：对于没有问题的同学，要求回答"1"，更容易得到学生的回应。在直播课堂，当教师提问："大家还有什么问题，有问题的同学请提出或者按'举手'按钮"时，大部分学生只会保持沉默。

因此，教师应该不断进行教学反思，根据具体问题进行调整、优化。在教学设计时根据知识点需要进行不同"翻转"教学设计，学生在自主学习过程中未解决的问题在课堂教学中需要帮助其解决，将传统方式与"翻转"模式有机结合。有效的教学设计不仅能激发学生自由参与讨论、提出自主学习中遇到的问题，还能够让学生在教师设计的课堂活动中不知不觉运用所习得的词汇、语言与文化。

二、教学资源上传行为

教学资源的准备与上传，是网络空间教学中教师重要的"准备投入"。生态化课堂更加关注课堂中师生的成长，重视学生日常生活的教学意义。[①]因此，教学内容需要指向师生普遍关注的语言材料。互联网为英语教学提供了海量的教学资源，如果教师不对网络平台的教学资源进行合理设计，并根据资源启用数据进行分析，很可能导致在线资源成为"僵尸资源"。教师上传何种资源、上传的时间，都影响资源的被启用程度。资源的利用率一方面可以反映出学生课后自主学习的程度，另一方面可以为教师后续的资源建设和教学设计提供参考。

在优质资源共享的教育信息化时代，教师若能根据学生的学习特点和学习基本情况，为学生推送合适的资源，学生就不需要花费更多的时间和精力

---

① 李森、王牧华、张家军：《课堂生态论：和谐与创造》，人民教育出版社，2010，第 308 页。

去寻找资源，这样便能极大地提高学习者的学习效率。教师上传资源后，若学生没有及时浏览，资源就容易成为"僵尸资源"。英语学习材料丰富，从VOA、BBC新闻，到英文电影、学习视频等语言材料都可以成为英语学习资源。以"外向型"学习动机为主的"大学英语"学习者，在英语学习上花费时间较少。因此，选择适合学生学习的精品资源尤为重要。在信息化时代下，网络为广大师生提供了许多优质资源，教师除了推荐名师课程资源、学习材料外，还需要逐步培养学生自主搜索、选择适合自己的资源的能力。

在"停课不停学"期间，教师发布的学习资源主要为课程内容 PPT 和视频资源等。详细情况如表 2 - 4 所示。

表 2 - 4　教师发布学习资源响应率和普及率汇总表（$n = 204$）

资源内容	响应		普及率（$n = 204$）
	n	响应率	
视频资源	150	24.79%	73.53%
音频资源	114	18.84%	55.88%
课程内容 PPT	155	25.62%	75.98%
学生过级考试相关的资料	50	8.26%	24.51%
作业或者测试题	129	21.32%	63.24%
其他	7	1.16%	3.43%
汇总	605	100.00%	296.57%
拟合优度检验：$\chi^2 = 175.605$　$p = 0.000$			

针对各选项选择比例分布是否均匀，可使用卡方拟合优度检验进行分析。从表 2 - 4 可知，拟合优度检验呈现出显著性（chi = 175.605，p = 0.000 < 0.05），意味着各项的选择比例具有明显差异性，可通过响应率或普及率具体对比差异性。具体来看，视频资源、音频资源、课程内容 PPT 以及作业或者测试题等四项的响应率和普及率明显较高。

通过学生调查发现，"精品课程资源"和"任课教师录制"的视频资源最受学生欢迎。详细情况如图 2 - 3 所示。

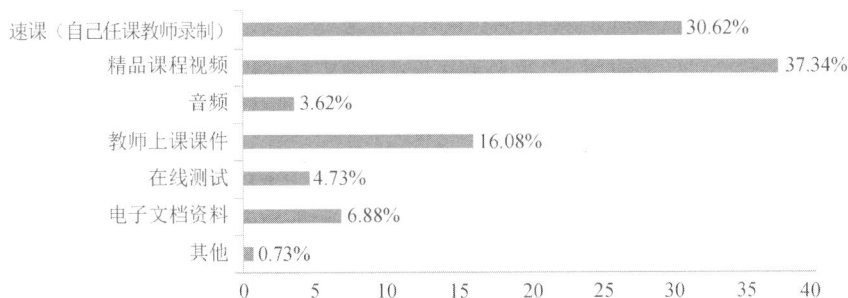

速课（自己任课教师录制） 30.62%
精品课程视频 37.34%
音频 3.62%
教师上课课件 16.08%
在线测试 4.73%
电子文档资料 6.88%
其他 0.73%

图 2 - 3　最受学生欢迎的学习资源类型分布图（ $n = 6554$ ）

由图 2 - 3 可知，"最希望看到哪种类型的学习资源"分布来看，样本大部分为"精品课程视频"，共有 2447 个，占比为 37.34% 。另外速课（自己任课教师录制）样本的比例是 30.62% 。因此，教师上传资源时，可以根据资源的重要程度，设置该资源是否为"任务点"，学生是否要完成全部内容的 50% 或该内容的 70% 。当发现学生存在"刷资源"的现象时，教师还可以在学习平台中设置"防拖拽""防窗口切换"等。为检测学生是否认真学习，还可以通过"弹幕"设置与学习资源相关的内容对学生学习情况进行检测（见图 2 - 4）。

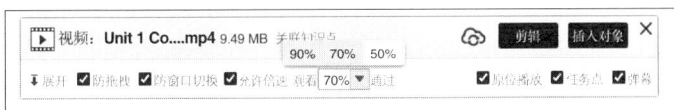

图 2 - 4　学习平台视频设置

在"停课不停学"期间，教师发布的资源主要是与"疫情相关"的学习资源，2019 级 4 个班章节视频完成情况如表 2 - 5 所示。

表 2 - 5　2019 级学生章节视频完成率统计表

班级	100%	99% ~ 80%	79% ~ 60%	59% ~ 20%	19% ~ 1%	0%	平均完成率（%）
2019SJ01	37 人	0	0	0	0	2	94
2019SJ02	39 人	0	0	0	0	1	97
2019DS01	41 人	0	0	0	0	0	100
2019DS02	36 人	0	0	0	0	0	100

与 2018 级 4 个班视频资源启用情况对比，在教学中发布学习内容相关视频，视频学习完成情况占平时成绩的 20% ，平时成绩占总成绩的 50% ，因此平均完成率高。2018 级在课前发布学习内容相关视频，作为学生自主学习材料，完成视频要求的成绩占平时成绩的 10% ，平时成绩占总成绩的

30% 。结课后完成情况如表 2 - 6 所示。

表 2 - 6　2018 级学生章节完成率统计表

班级	100%	99% ~80%	79% ~60%	59% ~20%	19% ~1%	0	平均完成率（%）
2018XG01	0	0	0	0	13	28	5
2019XG02	0	0	0	0	7	31	3
2019JK01	0	0	0	0	14	24	6
2019JK02	0	0	0	0	17	28	6

通过资源启用的样本分析发现，与教师课堂讨论相关的资源，启用程度高，而补充性、知识拓展性的课后资源，启用率低。若资源启用在平时成绩考核中占比较高，学生完成情况会更好。在课堂观察中发现，学生更喜欢与生活贴近、与日常交际相关、与学生实际水平相当的资源。在写作教学课堂观察中发现，学生对于教师上传的同班级或其他班级学生写作中出现的错误十分感兴趣，而教师上传的范例作文和同学中的高分作文的浏览频次明显要低得多。教师应更深入了解新生代大学生的兴趣点，并将这些生活中的学习元素融入教学素材中。当教师不告知学生会统计浏览资源情况时，资源的被浏览率在一段时间内呈下降趋势，而当教师将学生学习状态的统计数据告知学生，并在课堂教学中适时启用上传的教学资源时，资源的被浏览率和被浏览时长显著上升。因此，教师可以充分把握学生特点，盘活教学资源，使学生的学习资源更加真实化、生活化，并将课后资源进行有效利用，逐步引导学生养成自主学习的习惯。

第三节　课中教学行为

教师在教学过程中对教学课堂行为的管理、观察与分析是无时不在的动态过程。教师的"提问""讲授""启迪""交流与沟通""指导"以及"镇静"等一系列语言、非语言行为，对学生的学习行为会产生不同程度的影响。有效教学不仅能达成教学目标、提高学生学习能力，还能促进教师教学反思和专业成长。教师在教学实施中如何讲授、如何提问、如何开展小组学习活动、如何组织开展讨论以及如何维持课堂教学秩序等都是教师教学行为的具体表现。课中教师行为是教师教学风格的直观体现。

一、讲授行为

在课堂教学中，学生习惯于沉默、聆听与思考，教师常常要为如何调动学生积极性而伤透脑筋。① 我们不难看到诸如这样的英语课堂生态：学生只需完成课前线上提问，课堂上听老师讲解疑问，偶尔回答教师提出的一些问题。这样的课堂生态导致仅有部分学习基础好的学生参与课堂，而大部分学生学习获得感差。

在"大学英语"课堂教学观察中发现，许多教师采取项目式教学方法，布置学习任务，让学生发言，忽略了教师本身的讲授行为。教师该"讲"多少，什么样的学习内容需要老师"讲"，"讲"的方式怎样更好，这都需要教师在教学设计中对教学目标给予明确的定位，哪些需要讲授，哪些是学生在体验中自我建构获得，哪些问题需要学生课后进一步思考，教师教学活动的开展是由教学目标的"精度"决定的。

在对于"在英语课堂上，您开展的主要课堂活动"的调查中，教师"解释课文""讲解语法"两种行为的普及率分别为 64.36% 和 40.59%，"口语训练或练习""听力训练或练习""翻译训练或练习"三种以学生为主的行为普及率为 51.49%、62.38%、58.42%，均超过了 50%。详细情况如表 2-7 所示。

表 2-7 课堂开展活动响应率和普及率汇总表 （n = 101）

教学活动	响应		普及率 （n = 101）
	n	响应率	
解释课文	65	14.25%	64.36%
讲解语法	41	8.99%	40.59%
口语训练或练习	52	11.40%	51.49%
听力训练或练习	63	13.82%	62.38%
翻译训练或练习	59	12.94%	58.42%
写作训练或练习	28	6.14%	27.72%
看电影或开展游戏活动	20	4.39%	19.80%
开展小组活动	38	8.33%	37.62%
课后习题讲解	24	5.26%	23.76%
听写或随堂检测	20	4.39%	19.80%
角色扮演或情境模拟练习	21	4.61%	20.79%
讲解四级模拟试卷	23	5.04%	22.77%
其他	2	0.44%	1.98%
汇总	456	100%	451.49%
拟合优度检验：$\chi^2 = 132.364$ p = 0.000			

① 徐淑娟：《大学英语生态教学模式建构研究》，科学出版社，2016，第 83 页。

针对多选题各选项选择比例分布是否均匀，使用卡方拟合优度检验进行分析。从表 2 - 7 可知，拟合优度检验呈现出显著性（chi = 132. 364，p = 0. 000 < 0. 05），意味着各项的选择比例具有明显差异性，可通过响应率或普及率具体对比差异性。具体来看，解释课文、讲解语法、口语训练或练习、听力训练或练习以及翻译训练或练习等 5 项的响应率和普及率明显较高。

而在这些教师认为需要改进的教学活动中，运用得较多的"解释课文""讲解语法""口语训练或练习"的普及率分别为 38. 61%、26. 73%、25. 74%。教师运用得较少的"开展小组活动"和"角色扮演或情境模拟练习"普及率为 30. 69% 和 26. 73%，在需要改进的学习活动中响应率排名为第二和第三。具体情况如图 2 - 5 所示。

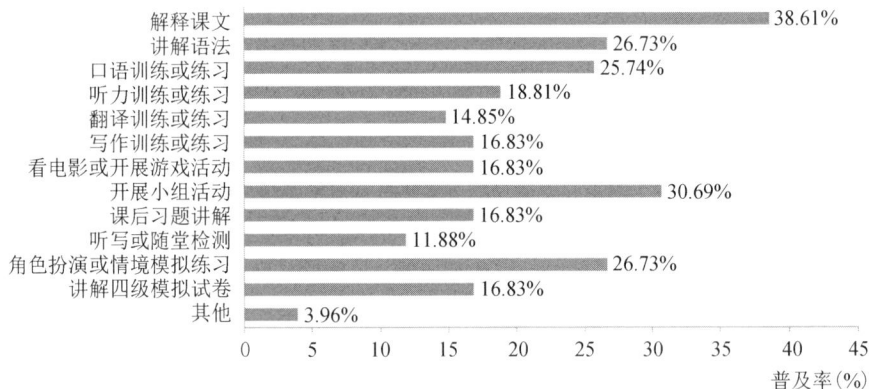

图 2 - 5　需要改进的教学活动情况图（n = 101）

针对多选题各选项选择比例分布是否均匀，使用卡方拟合优度检验进行分析。拟合优度检验呈现出显著性（chi = 48. 172，p = 0. 000 < 0. 05），意味着各项的选择比例具有明显差异性，可通过响应率或普及率具体对比差异性。具体来看，解释课文、讲解语法、口语训练或练习、开展小组活动以及角色扮演或情境模拟练习等 5 项的响应率和普及率明显较高。

由以上"采用最多的课堂活动"和"最需要改进的课堂活动"对比发现，教师的讲授行为采用最多，也是教师自我感觉需要改进的课堂教学行为。过多的讲授，势必会导致以学生为主的"小组活动""情景模拟"等教学活动减少。

在学生认为最有效的学习活动中，"课堂合作小组展示""角色扮演或情境模拟练习""开展游戏和竞赛""利用多媒体课件,教师讲解词汇和语法"等4项的响应率和普及率明显较高(见图2-6)。

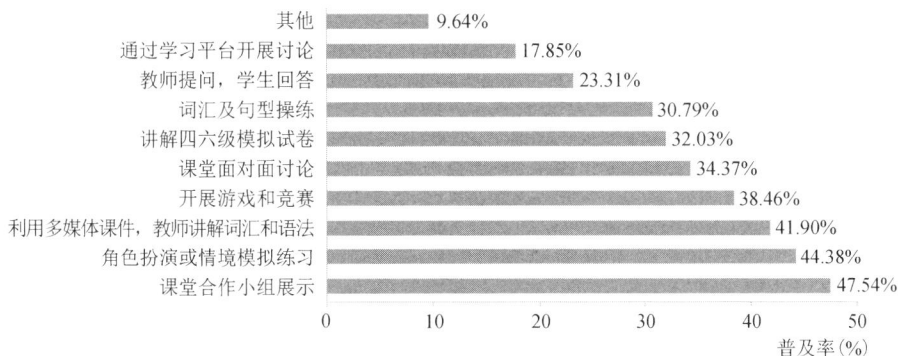

图2-6 学生认为有效的学习活动情况普及率图

针对多选题各选项选择比例分布是否均匀,使用卡方拟合优度检验进行分析。拟合优度检验呈现出显著性(chi=896.239,p=0.000<0.05),意味着各项的选择比例具有明显差异性,可通过响应率或普及率具体对比差异性。

在大规模网络教学情况下,教师教学活动中普及率最高的是"利用多媒体课件,教师讲解词汇和语法",占48.79%,其次是"词汇及句型操练",普及率为38.07%,"角色扮演或情境模拟练习"和"讲解四六级模拟试卷"的普及率分别为34.39%和31.34%(见图2-7)。

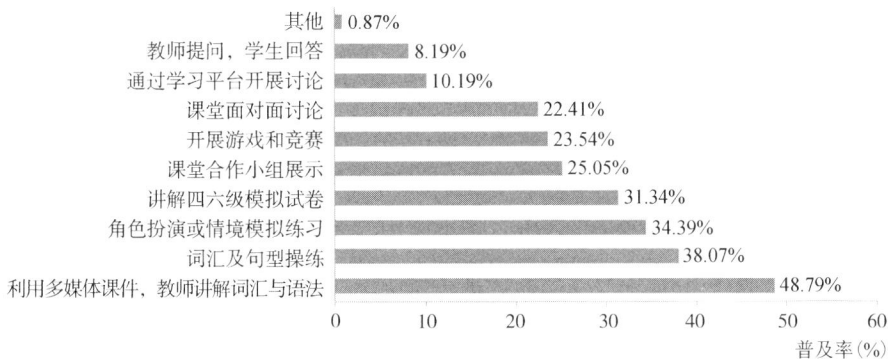

图2-7 "停课不停学"期间教学活动普及率图

在对于"您对目前大学英语学习最不满意的地方是什么?您有什么好的意见和建议?"的问卷调查中,学生对于教师讲授方面的意见如下所示。

31

学生 1：课堂枯燥，老师与学生互动较少，老师只站在讲台上讲，一般带不动课堂气氛。

学生 2：上课形式太单一、没有创新，老师讲课本上的知识多，课外的内容很少。建议老师可以多讲讲课外的知识，扩充学生的知识面，让学生更好地了解国外的文化，可以丰富一下上课的形式，多举行一些活动。

学生 3：老师在上面讲，大部分学生都没听，希望多进行一些互动。

学生 4：我认为老师应该多讲一些习题，告诉我们翻译方面应该注意的地方，写作文的时候，应该注意那些方面等。

学生 5：希望可以多讲解题技巧，而不是只讲答案。

学生 6：学生发言时间太多，没有太大效果。

通过学生的这些反馈意见来看，学生还是希望教师多"讲"。如果教师让学生"讲"，而不去精心设计、不去指导学生"讲"的内容、方式，容易让学生缺乏知识或技能的"获得感"，因此让学生觉得没有太大效果或者不适应教师的教学方法。

二、提问行为

教师以何种形式提问、何时提问，都直接影响学生的回答效果。教师提问的难易程度和提问频次决定了学生的思维能否得到有效开启。教师应充分把握学生的学习特点，进行提问设计。在课堂观察中发现，当教师提出"认知—记忆型"问题时，学生回答的积极性和正确率都较高，而当教师提出开放型问题时，学生基本属于被动回答，需要在教师引导下才能快速应答。当教师提问前先点名时，相比先提问再点名的方式，学生答问耗时较长，正确率较低。当教师让学生齐答或叫举手者答时，学生能积极回应，当教师选择叫不举手者答或随机点答时，班级气氛紧张，学生回答"不知道"的频次较高。当问题难度较大时，学生更不愿意主动回答，有的学生知道答案却不愿意举手，这时老师需要关注学生的"非语言信号"或引导学生积极尝试表达自己的想法。

若教师不对提问进行层次化设计，会导致答题人数与答题频次的不平衡：主动回答的学生集中在少数几个人，有的班级学生单节课的参与频次达 6 ~ 7 次，有的学生 10 节课以内的答题参与率为 0。当教师创设竞争性环境，鼓励大家抢答时，学生主动回答率明显提高。当教师在讲解完知识点，鼓励大家积极发问时，学生积极性较低，而当提出相关检测问题时，发现学生并未掌握该知识点。学生自主发现学习中问题的能力有待提升，教师需要创设不同教学环境激励学生参与课堂教学活动。

在课堂观察中发现，教师提问时间和提问类型影响学生回答率和积极性。教师多在课前"lead – in"部分提问参与度较高，"fast – reading"中"细节查找题"比"文章主旨"类型题目正确率要高。学生在教室中所处的位置不同，学生的积极活跃程度不同。英语基础较好的学生更愿意坐在教室前排或中间位置，他们更愿意参与课堂教学活动。而坐在教室边座或后排的学生参与教师提问的积极性较差。因此，在教学中，教师需要把握班级学生的特点，根据课堂教学情况变化适时、有效地提问，并设计不同类型和不同难易程度的问题，充分考虑"边缘学生"的学习特点。教师对于"开放型"问题的提出需要根据学生学情进行有层次的推进。

在教学活动中，当发现学生注意力不集中时，教师通过在教学平台中使用"选人"或者"抢答"方式，调动学生积极性。教师可以对学生的学习表现进行"评分"（见图2 – 8）。

图2 – 8　学习平台活动库

学生在"抢答"和"选人"环节中，在投屏状态下看到自己的表现能起到一定的激励或鞭策的作用。"选人"也是一种监督学生学习情况、增加师生之间互动的有效方式。

提问行为，不仅仅是指"是否提问""什么时候提问""对哪些人提问"，还包括"提什么难度的问题"。GY001教师在访谈中说，对于上课不认真的同学，要给予更多的提问机会，并且安排比较简单的问题，或者安排一些读单词或对话环节。

在对"您对目前大学英语网络学习最不满意的地方是什么"的调查中，学生反馈主要包括：希望教师提问，以监督学生不偷懒；当学生遇到问题时，希望能有平台给学生提问的机会。

学生1：建议老师多提问，让学生在线不偷懒。

学生2：有许多同学互动不积极，很少提问。我希望大家都能参与到这个课堂上来。

学生3：全是英文，而且没有什么提问，只是一直讲。

学生4：没有更详细的解释，没有互动平台进行提问。

在有关"您认为大学英语教师经常提问的学生"的调查中，倾向于选择课堂表现积极的学生的，占38.04%，"运用学习平台随机选人"的，占21.94%，如图2-9所示。

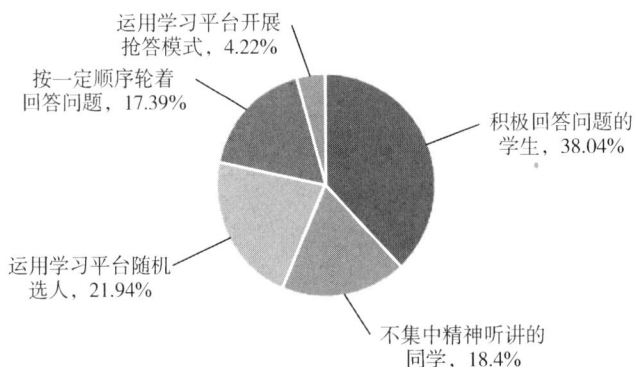

运用学习平台开展
抢答模式，4.22%

按一定顺序轮着
回答问题，17.39%

积极回答问题的
学生，38.04%

运用学习平台随机
选人，21.94%

不集中精神听讲的
同学，18.4%

图2-9　大学英语教师经常提问的学生情况图

从学生立场上看，在"您更倾向于大学英语教师采取哪种提问方式"的问卷中，希望教师能够"让学生自主回答"的占50.48%；希望教师"随机点答"的占23.68%；"叫举手者回答"和"叫不举手者回答"的比率分别为15.19%和1.51%，如图2-10所示。

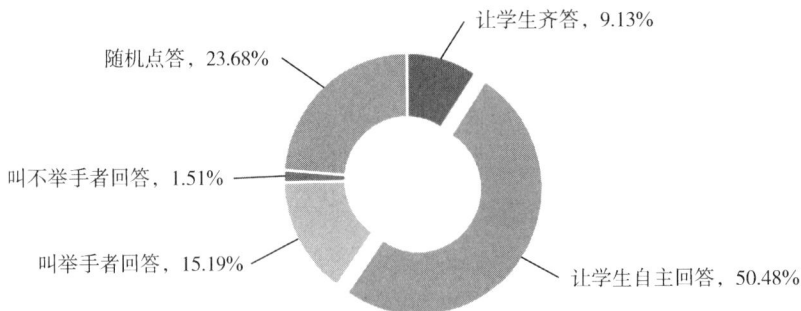

让学生齐答，9.13%

随机点答，23.68%

叫不举手者回答，1.51%

叫举手者回答，15.19%

让学生自主回答，50.48%

图2-10　学生希望的提问方式情况图

从两个图表数据可以看出，教师愿意"运用平台随机选人"的占21.94%，学生愿意教师"随机点答"的占23.68%。学生希望获得更多回答问题的权利，正如 S769 学生在对"大学英语教学不满意的地方"提出的意见："回答问题的人总是那一些人。抽取小组，让小组中的人来回答问题或许效果更好。"在网络教学期间，课堂讨论采取了"教师随机选人""学生抢答"等形式，被抽到的学生，若没有及时回应教师的提问，则被扣 2 分，若根本不在课堂，则被扣 5 分。及时回答并回答正确的，根据问题的难易程度加 2 ~ 5 分。积极主动参与抢答的学生，根据问题难易程度和回答情况，加 3 ~ 6 分。所有学生的参与情况，均在平台进行课堂积分统计。其统计结果表明：学生课堂互动差距较大，其具体分布情况如表 2 – 8 所示。

表 2 – 8 "停课不停学"期间课堂提问课程积分情况分析表

班级	最高分	最低分	300 分以上	300 ~ 201 分	200 ~ 100 分	99 ~ 60 分	59 ~ 0 分	负分
2019SJ01	434	– 47	2	6	5	4	12	10
2019SJ02	321	– 39	3	1	5	6	20	5
2019DS01	426	– 63	3	2	7	7	15	7
2019DS02	131	– 58	0	0	3	4	20	9

由表 2 – 8 可知，不同班级，学生参与教师提问和主动回答问题的积极程度，差异较大；同一班级内部也存在较大差异。有的班级，学生课堂所得最高分为 434 分，有的班级学生仅为 131 分。在课堂观察中发现：直播课堂虽然有"举手"发言的功能，但学生更愿意在"讨论区"打字，而不愿意选择直接举手发言。

利用相关分析，研究经过一学年的"大学英语"课程，学生英语水平进步程度与教师经常提问的学生、课堂上同学们回答问题出错时老师的做法之间的相关关系，并使用 Pearson 相关系数表示相关关系的强弱。具体情况如表 2 – 9 所示。

表 2 – 9 英语学习进步程度与提问行为相关性情况表

"大学英语"课堂上同学们回答问题出错时，老师的做法	相关系数	0. 103 **
	p 值	0. 000
"大学英语"教师经常提问的学生	相关系数	0. 118 **
	p 值	0. 000
* p < 0. 05 ** p < 0. 01		

具体分析可知，一学年的"大学英语"课程结束后，学生英语水平进步程度与"大学英语"教师经常提问的学生、"大学英语"课堂上同学们回答问题出错时老师的做法之间的相关系数值，分别为 0.118 和 0.103，并且呈现出 0.01 水平的显著性，这说明学生的英语水平进步程度与这两项之间有着显著的正相关性。

总之，教师的"提问"行为，不仅仅只是随机提问，还需要教师精心设计问题，其主要目的是开发学生思维，帮助学生提高分析问题和解决问题的能力。

三、小组活动行为

美国著名学者、学习专家埃德加·戴尔 1946 年提出的"学习金字塔"理论中指出，小组讨论中学习内容的平均存留率是 50%，而"教授给他人"可以掌握知识的为 90%。如图 2－11 所示。

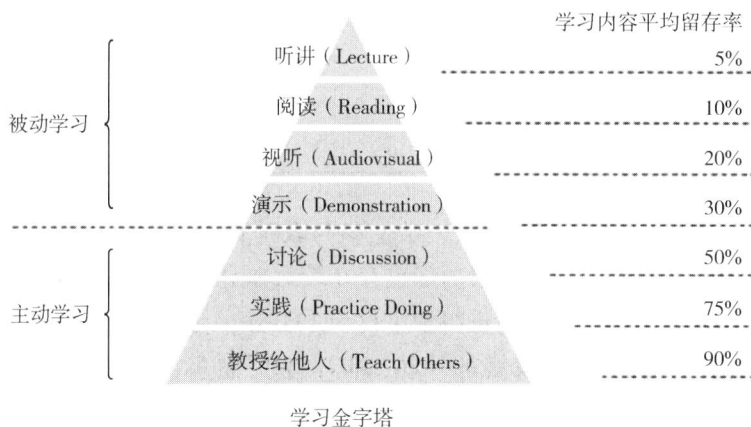

图 2－11　学习金字塔理论①

小组讨论，作为实现学生主动学习的路径之一，是"大学英语"教师经常采取的一种教学活动，在有关小组活动开展的调查中，56.44% 的受访教师表示"效果良好，经常进行"，认为"效果不好，很少采用"的占 28.71%，"学生不配合，效果很差"和"费时低效，没有采用过"的分别占 12.87% 和 1.98%（见图 2－12）。

① 资料来源：美国缅因州的国家训练实验室研究成果。由美国学者、著名的学习专家爱德加·戴尔 1946 年首先发现并提出。

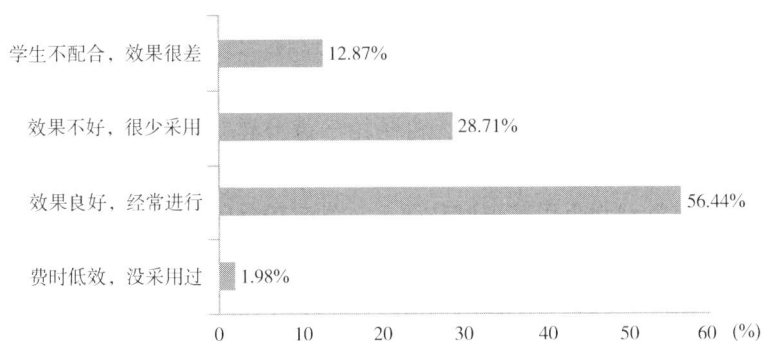

学生不配合，效果很差   12.87%

效果不好，很少采用   28.71%

效果良好，经常进行   56.44%

费时低效，没采用过   1.98%

图 2 – 12 小组活动效果情况图

在实际教学过程中，学生更习惯"老师讲课、学生记笔记""教师提问、学生回答"的传统模式，正如 C 校学生 LWY 所提到的：

因为我们班情况比较特殊，大家英语基础本来就一般，之前接触的比较简单，所以上课也不是很积极，很难适应这样的模式。很多同学就会放弃英语，因为觉得太难，也无从下手。毕竟现在不是高三，我早就意识到这一点，我也没办法像以前一样强迫大家做大量练习或者背记一些东西，想问问老师有什么好的建议吗？

在调查中发现，有的教师没有开展小组活动，学生认为需要适当增加小组活动，如下所示。

学生 1：希望可以再多增加课堂小组活动。

学生 2：没有良好的环境组建英语学习小组。

学生 3：不满意的地方就是内容单一不够生动；满意的地方就是有一些四级题很有意思，希望成立英语学习小组互相监督交流。

学生 4：课堂上学生相互用英语交流较少，希望可以组织小组讨论，让学生多用英语交流。

学生 5：多开展一些学习小组讨论，开发学生的独立思维能力。

学生 6：没有气氛，我希望可以设立些学习小组讨论一下，活跃气氛把大家带动起来。

小组活动行为是一种"明互动"行为。有效的小组活动行为能将学生课前的"质疑"或学习成果搬到小组活动中,帮助学生解决学习过程中的疑问。小组活动是否有效、小组成员的分配以及教师对小组活动的评价直接影响学生的学习效果。小组活动中,讨论后汇报时,英语学习基础好的同学参与频次更高。小组集体上台展示环节中,英语基础较差的同学,更愿意选择词汇解释、句子翻译等方式,口语表达较好的同学通常以句型拓展、情景剧表演、段落主题概括和发起提问等方式进行小组活动展示。小组活动参与人数多、活动形式丰富、展示频次多的小组在自主学习任务完成测试中,成绩明显优于小组活动配合不够的小组。

在小组活动后,教师对 JK0102 和 XG0102 班级学生小组展示的 20 个语言知识点进行了课堂检测。参与的九个组完成情况如表 2 - 10 所示。

表 2 - 10　学习小组任务完成情况

JK0102 组别	正确个数	本小组负责	XG0102 组别	正确个数	本小组负责
1	2	2	1	3	1
2	0	0	2	2	0
3	0	0	3	3	1
4	1	1	4	4	3
5	6	4	5	1	1
6	6	3	6	1	1
7	0	0	7	0	0
8	4	2	8	0	0
9	1	1	9	1	1
合计	20	13	合计	15	8

通过分析小组活动完成情况,JK0102 班两个组答题完成情况较好,积极参与抢答活动,且回答正确的问题属于本小组负责的部分。而在 XG0102 班有 5 道检测题被未参与展示的两个小组抢答成功。通过分析抢答成功的学生,这两个小组的成员在其他组展示时,积极参与互动,认真做笔记,因此有效掌握了检测内容。在开展小组活动的过程中,普遍存在一些问题。比如小组成员进行表演时,其他小组的学生没有认真关注。

学生 1:小组发挥作用不够。
学生 2:不满意的是互动性小组交流合作。

在小组活动中，教师的参与同等重要。如果教师完全"放羊式"让学生进行"小组活动布置—自主学习—课堂展示"，学生的知识疑难没有得到有效解决。教师应与学生共同参与，在这种共同参与的活动中，教师是一个学习者，而学习者也是一位教师，"无论是教师还是学生，越少意识到自己在那里施教或受教就越好"①。在实验组教学观察中发现，学生最初不适应"翻转课堂"模式下的自主学习，尤其是英语基础差的学生，当教师调整小组成员和小组活动内容难度后，学生在小组活动中的表现变化较大，期末测试成绩明显优于参照组学生。因此，教师要适时观察小组成员的学习情况，根据学生情况调整学习任务，根据学生需求灵活调整小组成员，让小组活动效果最大化。在以网络教学平台为依托的"翻转课堂"教学中，小组合作的过程和学习成果在平台得以展示，明确小组学习任务，可以减少小组成员"搭便车"的不良学习行为；多样化的小组学习任务，可以激发学生参与小组学习活动的激情；小组成员共同参与组内评价和组间评价，可以唤起学生"对自己学习行为负责任"的责任感。

"新手型"教师，在小组活动设计中，不易把握时间和教学节奏，常使小组讨论流于形式，造成教学时间的浪费。"熟练型"教师，更关注小组活动中的"暗互动"，在教会学生运用语言时，还能引起学生在思想、情感和思维上的共鸣，激发学生进入深层次学习与探索的兴趣。在小组活动中，"熟练型"教师能给予学生更多的眼神关注、手势等非语言交流，能巧妙、实时地对学生语言表达等方面给予鼓励、评价。

在"翻转课堂"模式下，许多教师采取了"项目式教学法"，将学习的主动权交给学生，让学生自主完成学习任务，然后以小组活动形式进行"课堂展示"，然而教师对其中的指导不够，学生感觉"学不到东西"。正如对于"'大学英语'教学不满意的地方"的调查中S699同学的意见：

小组讲解活动效果差，很少人认真听。讲解前，教师应该先把整篇文章过一遍，思考文章主要讲什么内容，才能使学生集中注意力，提高兴趣。

尽管小组互动存在不足之处，但对于加强小组成员的自主学习，有一定的推动作用。

---

① ［美］约翰·杜威主编：《民主主义与教育》，王承绪译，人民教育出版社，1990，第172页。

四、教学组织行为

教师的教学组织行为体现了教师的"认知投入"。教师何时进行讲解、怎样组织提问、何时组织小组活动、采取什么样的评价与反馈，都是基于教师对教学规律和课程设计的"认知"。大部分教师，认可并具有新型的教学理念，但在教学组织过程中表现出教学行为的"滞后"。① "以学生为主体"的教学观念，决定了教师和学生之间的是"学习伙伴"的关系，教师在信息化时代中不再是"知识的权威"。"线下的交流"中学生所展示出来的各自的兴趣、需要和观点，是教师教学组织的重要指标。面对面的课堂交流便成为师生共同探究知识、构建生命的意义与价值时不可替代的方式。

在信息化技术普及的大环境下，有的教师滥用多媒体开展课堂教学，PPT播放贯穿整个课堂，无形中挤占了学生独立思考的时间。学生逐步被排斥在课堂活动之外。信息化技术的过度使用，在一定程度上成为语言习得过程中的限制因素。英语教学需更加注重师生之间、生生之间的互动交流，使学生在互动中习得语言，形成一定的语言知识结构，并内化成自己的语言表达方式。高校教师忙于应付各种日常性"碎片化"事物，导致教师行为越来越偏离"本真"状态，教师无形中以一种"控制"的方式根据教学进度安排、管理着课堂教学活动。课堂教学的"成人"使命，由于有限的、外在的教学目的而在实际课堂中发生了某种程度的异化。②

教师的课堂教学组织行为，是教师教学设计的直接体现。教学组织中，教师的讲授行为、交流与沟通行为、提问行为持续的时长以及出现的频次，是教师教学理念的呈现方式。教师的教学组织行为与学生学习能力的提升具有相关性。在阅读教学中，教师阅读理念和教师阅读行为存在差异。在对学生阅读情况了解的基础上，教师指导学生开展阅读练习时，要注重阅读技巧的训练，学生对文章主题的把握、回答细节问题的正确率以及阅读速度。在听力教学前，教师注重听力技巧的训练，比"学生听—核对答案"的方式更有效。教师如何安排教学时间、如何进行课堂提问设计，有经验的教师比新手教师能更好驾驭课堂。

在课堂教学中，教师在课堂中的"生态位"影响学生的学习关注力。

---

① 王文丽：《教学理念与教学行为中"变"与"不变"的矛盾——西北地区大学英语教师课堂教学活动调查研究》，《当代教育与文化》2020年第12期。
② 胡立：《高校英语空间教学行为生态模式的构建》，《黑龙江工业学院学报》2018年第12期。

而运用"学习通"平台的投屏功能，改变了"边缘地带"学生和教室后排座位学生的物理生态位空间，教师通过"抢答""选人"等平台互动的开展，调动学生的学习积极性，通过"评分"等激励或惩罚型措施引导学生与老师"同步"（见图2-13）。

签到　问卷　抢答　选人　评分　活动库

图2-13　"学习通"平台功能菜单

教师以何种程度参与课堂教学活动，直接影响学生的学习效果。通过课堂观察发现，有的教师习惯以"词汇讲解—例句分析—学生英汉翻译句子"的方式进行英文单词的讲解，有的教师则习惯创设情境，让学生进行会话练习，并引导学生运用所学习的新词汇。"知识间的情境相关性越高，就越容易实现知识的迁移"①，语言学习和其他知识的习得一样，需要教师"提供刺激思维的种种条件，并且参加到共同的经验中去"，并且要"尽很大的努力使学生在有意义的情境中学习"，才能让学生在情景中习得语言与文化。当教师采取常规的词汇学习方式时，学生更倾向于"认真倾听—做笔记"模式，主动思考机会较少。当教师采取游戏、"情景剧表演"或"角色扮演"等方式时，课堂气氛更活跃，学生学习热情较高。

在教学过程的安排方面，37.75%的受访教师能够"根据学生实际及时调整教学速度或进度"，网络教学过程中，经常会遭遇网络卡顿或者学生互动不积极等情形，16.67%的受访教师会"根据学生实际，调整交流方式"，21.08%的教师能够做到"注重循序渐进，有层次性，有创新"。"按照课表完成教学任务"占受访教师的18.14%，4.41%的受访教师表示"没什么安排，主要通过平台监督学生学习情况"，如表2-11所示。

表2-11　"停课不停学"期间教学过程的安排情况表

教学过程安排	人数	百分比
注重循序渐进，有层次性，有创新	43	21.08%
根据学生实际及时调整教学速度或进度	77	37.75%
根据学生实际，调整交流方式	34	16.67%
按照课表完成教学任务	37	18.14%
没什么安排，学生有疑问就回答	3	4.47%

---

① 陆莉玲：《指向教学行为改进的课程分析》，《江苏教育研究》2018年第5期。

教师对课堂的组织，除了对教学课程的实际安排，还包括对学生学习中存在的问题的处理。在"翻转课堂"模式下，教师要求学生提前预习学习材料，但学生往往对于非硬性规定的任务或者作业完成情况不好，主动学习性不高。在教学过程中当学生遇到难题时，54.61%的受访教师是"让学生们共同讨论"，"教师直接讲解"和"让学生独立思考"分别占18.82%和17.53%，其具体情况如图2－14所示。

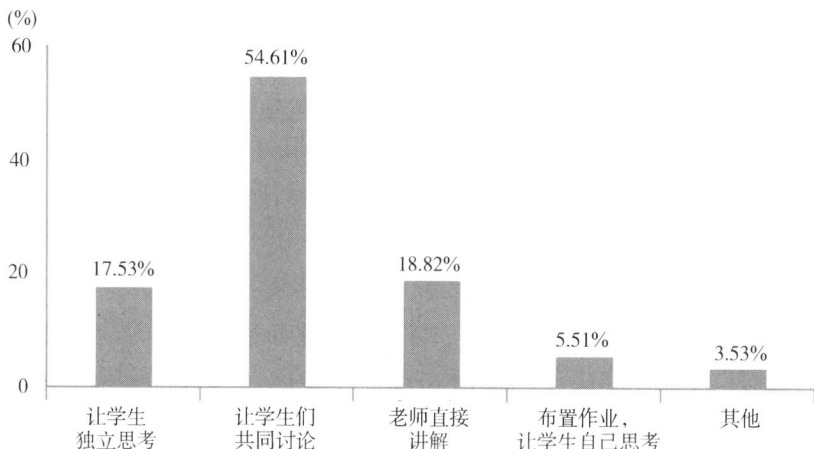

图2－14　教师处理学生疑问行为情况图

当学生在课堂出现错误时，参与调查的教师大多会"发言完毕后课上纠正""课堂集中讲评时一齐指出""立即打断进行纠正"的，分别占69.48%、12.21%和7.53%，仅有1.47%的教师会"不纠正"，"课后线上讲解"的占1.97%。7.34%的教师会"课后私下纠正"，如图2－15所示。

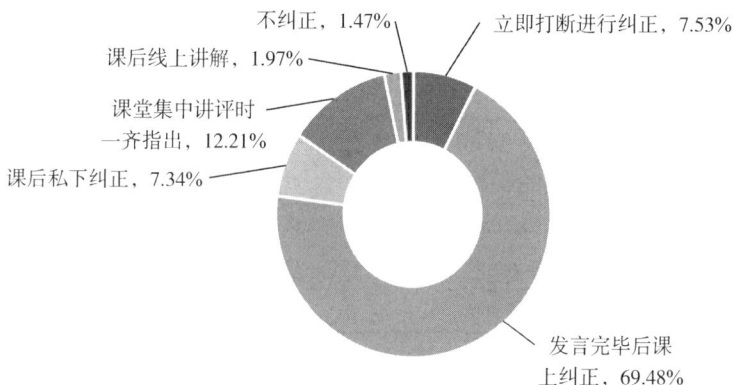

图2－15　教师的纠错行为情况图

当学生出现一些课堂沉默现象或者"不良行为"时，教师在课堂教学组织中需要积极加以干预。正如下述 CJ008 教师所采取的教学行为：

课堂沉默的现象也比较多。特别是一些观点交流、批判性思考的问题，学生往往有畏难情绪，或者不知道该怎么表达自己的观点。遇到这样的情况，我会引导他们，把问题分成更小的方面，或者给出一些合适的短语或词汇帮助他们进行自我表达，也可以给出一个例子供学生模仿。

尤其是在语言类课程教育中，学生互动不积极，课堂沉默现象尤为明显。在教学活动中，常出现一部分学生积极活跃，而另一部分学生则处于课堂活动"边缘地带"的现象。网络教学组织和"线下教学""翻转式教学"会存在一些差异，在教学组织中要充分考虑到学生的学习特点，否则会影响教学效果。在"停课不停学"期间，一些教师在没有拥有足够多的课程资源的情况下就开始投入网络教学。66.18% 的受访教师认为"基本具备"组织网络教学的能力，15.69% 的受访教师表示"完全具备"，"不具备"或者"差距较大"的分别占 7.35% 和 9.8%，表示"差距很大"的受访教师占0.98%（见图 2 – 16）。

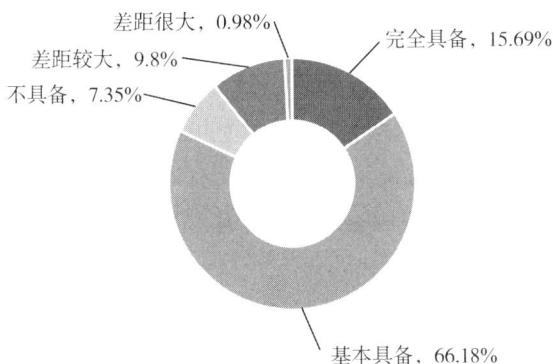

图 2 – 16 教师组织网络教学能力情况图

通过分析问卷调查发现，教师的教学效果与教师网络教学组织能力具有相关性，对教师教学效果、教师网络组织能力、学生参与度等要素进行线性回归分析，结果如表 2 – 12 所示。

表 2-12　教学效果线性回归结果表（$n=204$）

	非标准化系数		标准化系数	t	p	VIF
	B	标准误	Beta			
常数	1.745	0.163	—	10.701	0.000**	—
学生在网络教学期间参与度	0.219	0.091	0.274	2.414	0.020*	1.446
组织网络教学能力	0.208	0.064	0.316	3.245	0.002**	1.066
师生互动效果差	0.384	0.103	0.369	3.731	0.001**	1.095
学生适合目前网络教学方式占比	0.209	0.075	0.306	2.782	0.008**	1.361
D-W值：1.704　$R^2=0.599$ $F_{(4, 45)}=16.808$，$p=0.000$						

由表 2-12 可知，教师"认为自己具备组织网络教学能力"这一因素的回归系数值为 0.208（$t=3.245$，$p=0.002<0.01$），"您所任教的班级，学生适合目前的网络教学方式"的占比的回归系数值为 0.209（$t=2.782$，$p=0.008<0.01$），意味着"具备组织网络教学能力""适合学生的教学方式"这两项指标对教学效果产生显著的正向影响关系。

在长时间网络学习模式下，学生自控力差，"挂"在课堂，去干其他事情的情况时有发生，教师需要设计更多互动活动、游戏等激励机制，调动学生的学习积极性，减少网络学习的"孤独感"。教师无论在不在屏幕前，教师的教学努力要被学生"看见"，同时教师要能够"看见"学生的学习情况。[1]

在网络空间教学评价中，教师以"课堂互动"情况作为学生参与课堂活动的依据，积极主动参与学习活动的学生可以获得相应的课程积分。有的教师会根据学生活动完成质量给予区分，而有的教师不根据完成质量给予参与次数的奖励分数。在访谈中，FT047 学生认为，教师应当关注活动参与质量。

FT047：感觉课堂表现得好而得高分和不参与课堂互动的同学最后的得分差不多，降低了同学们的积极性，我觉得应该提高课堂互动的占比。老师应该更加关注学习活动完成质量。

当然，教师注重课堂教学互动，容易导致课堂教学活动出现"两级分

---

[1]　汪琼：《"教学存在感"及实现路径辨析》，《现代远程教育研究》2020 年第 3 期。

化"现象，正如 CY07 教师所提出的那样。

CY07：我觉得我一直比较注重学生课堂互动，毕竟大学英语学习的主要培养目标不只是帮助学生通过四级考试，而是需要锻炼学生语言表达能力，让学生能够有效进行跨文化沟通。我在课堂上教学活动开展得比较丰富，如投票、辩论、小组活动展示等，有时候让学生抢答，有时候通过平台选学生回答，可是最让我困惑的是，每次抢答的都是那几个平常各项学习任务都完成很好的学生，越是自主学习习惯不好，没有预习的学生，课堂互动越不积极，课后作业完成也总是错过最后提交时间。结果是有的学生课程积分好几百分，有的学生分数几乎为 0。我运用网络教学平台教学和其他互动教学工具也有好几年了，这是我最头疼的问题。

CY07 教师所提及的这种班级互动情况差异，确实是当前网络空间教学中存在的普遍问题。当一切学习活动量化成学习评价的分数时，学生之间的差距、班级之间的差距变得明显。课中教师的教学行为、各种教学活动的组织，决定了学生的学习参与行为。而在课程教学中，教师会不自然地形成随着自身经验积累而固化的一种思维定势，随着教学经验的增加，这种教学模式会固化，教师本身也觉得十分得心应手，只有教师不断对自身教学行为进行反思，并积极搜集学生的反馈信息，教师的教学才能最大限度发挥其应有效率。

第四节　课后教学行为

教师的课后教学行为，是课堂教学行为的延伸，课后教学行为的效果会影响下一次课堂教学的实施。教师在课后对教学过程中的教学行为进行反思，关系到教师教学方法的改进、教学设计的调整、学生学习效果的巩固等方面。"翻转课堂"教学模式下的教学评价，不仅要关注教师课堂教学的效果，更要关注教师课后教学行为对课堂教学效果的影响。教师在课后所花费的时间、精力与完成质量直接影响课堂教学行为和学生学习效果。

一、课后互动行为

网络教学平台是师生交互行为的"主阵地"，网络教学平台为师生之间互动提供了"交互可能"或"相互关系"。① "教师—学生—网络教学平台"之间不断变化、发展的关系，构建成师生互动生态环境。师生之间"只存在善意的论战关系，而没有屈从依赖关系"，而在现实课堂教学中，教师"独白"场面或者学生"沉默"现象不难见到。当师生关系的"疏离"成为一种教学常态，教师需要分析课堂上师生有效交流的次数，需要通过加强课内外交流获得反馈信息，不断调整教学计划，使自身教学更具备针对性。通过教学平台的教学互动，除了关注师生之间的互动，更多的是要关注生生之间的互动。教师根据学习者的各种学习行为和特征将学生进行分类，并根据不同类别的学生，跟踪他们在网络学习空间的行为，观测他们学习不同资源和具体知识点的顺序和效果，利用资源的时间点、访问资源的频次、学习的集中时间段、学习者语音或词汇出错频次等数据，来找寻学习行为与个性化学习效果之间的相关性，得出相关规律并对学习者行为进行概率预测与分析。教师从生生之间的互动内容，捕捉学生感兴趣的讨论话题，从生生之间的"活跃"时间发现学生学习的"黄金时间段"，并根据学生的这些情况适时推进学习进度。在课堂观察中发现，有的学生为了获得良好的过程性评价分数，课堂教学互动存在一定程度的"功利性"，教师应该根据教学互动的实际效果分析，尽量弱化"量化型"活动评价方式。师生之间积极、和谐的互动交流，尤其是生生之间相互交流、学习的过程中，学生无意识间习得了一些语言、知识与文化。这种"隐性"课程环境的创设，离不开学生学习的主观能动性。在学生与教师的人际互动中，若教师有意识将影响学生学习目标和学习效果的因素"明显化"，将学生意识不到的学习经验加以适当的控制和安排，② 就可以达到意想不到的"隐性"学习效果。

在作业布置环节中，学生提交作业的质量与教师对学生作业的评价指标有关。教师评价指标越详细，学生作业完成质量越好。教师的监督越到位、作业批改越仔细，作业反馈越及时，学生完成下一次作业越及时、完成效果越好。学生主动完成"选择性"或"提升性"等非规定性作业的积极性不高。因此，教师在布置作业任务时，应该根据学生实际水平布置"层次性作业"，并且需要对作业进行及时反馈（见表 2 – 13）。

---

① 黄国文、王红阳：《给养理论与生态语言学研究》，《外语与外语教学》2018 年第 10 期。
② 郑金洲：《教育文化学》，人民教育出版社，2000，第 310 页。

表 2-13　作业布置与英语水平进步程度的交叉（卡方）表

题目	名称	一年大学英语课程结束，英语水平			总计
		和以前差不多	有一点进步	有很大进步	
课后大学英语教师布置的作业对于学生加强课程的理解	作业的选择非常具有代表性，效果非常好	306（31.64）	380（35.25）	60（44.78）	746（34.24）
	一般选择课本上的练习，偶尔加入一些精彩好题，效果较好	502（51.91）	564（52.32）	42（31.34）	1108（50.85）
	选择比较随意，代表性不够强，效果一般	146（15.10）	116（10.76）	17（12.69）	279（12.80）
	非常随意，毫无根据，效果非常不理想	13（1.34）	18（1.67）	15（11.19）	46（2.11）
总计		967	1078	134	2179
$\chi^2 = 80.816$　$p = 0.000^{**}$					
大学英语教师能及时反馈和必要时讲评作业，指出共同存在的问题及其解决办法	总是这样	216（22.34）	254（23.56）	39（29.10）	509（23.36）
	经常这样	426（44.05）	584（54.17）	46（34.33）	1056（48.46）
	有时这样	292（30.20）	222（20.59）	35（26.12）	549（25.20）
	从未这样	33（3.41）	18（1.67）	14（10.45）	65（2.98）
总计		967	1078	134	2179
$\chi^2 = 69.571$　$P = 0.000^{**}$					

由表 2-13 可知，"学生英语水平提高程度"与"作业布置质量"呈现出 0.01 水平显著性（chi = 80.816，p = 0.000 < 0.01）。通过百分比对比差异可知，认为"有很大进步"的学生选择"效果非常好"的占比为 44.78%，会明显高于平均水平（34.24%）。"学生英语水平提高程度"与"教师作业反馈情况"呈现出 0.01 水平显著性（chi = 69.571，p = 0.000 < 0.01），通过百分比对比差异可知，认为"有很大进步"选择"总是这样"的占比为 29.10%，会明显高于平均水平 23.36%。认为"有一点进步"选择"经常这样"的占比为 54.17%，会明显高于平均水平 48.46%。认为"和以前差不多"选择"有时这样"的占比为 30.20%，会明显高于平均水平 25.20%。

课后互动除了作业布置与交流之外，还包括学生在学习平台对于教师发布的讨论题的活跃程度等。学生在遇到问题时，可以通过发起讨论来获得教师或同学的帮助。学生互动能促进学生之间的学习交流，但班级间的差异较大，英语基础较好的班级互动较为活跃，女生参与互动的活跃程度要稍高于男生。师生之间、学生之间课后有效互动时间对学生自主学习能力提高有较大帮助。在实验组班级，教师和学生从学期初到学期末几乎每天都有互动，通过教学平台和 QQ 群、微信群等方式进行交流、答疑，而对参照组班级采取常规方式，通过课代表传达作业信息、布置学习任务等。对比发现，频繁的交流和答疑，一方面能使师生关系融洽，学生对教师的情感迁移到学习任务完成上，课堂上课积极性更高。另一方面，师生之间的答疑能解决学生的疑问，极大地提高了学习效率。

二、课程评价与反思行为

（一）课程评价

在教学评价系统中，学校课程评价制度对教学主体（教师和学生）产生一定的影响。目前教学评价体制下，教学行政管理部门的"外部环境"占"控制地位"，教师决定课程评价的"课程权利"受限。"评"的工具性价值被不断强化，"教"的价值逐步被遮蔽或异化。[1] 大学英语教学评价中，终结性评价和单一化标准化试卷考核方式占主导地位，形成性测试及多样化考核方式并未得以有效实施。大学英语课程评价缺乏一个系统的教学生态评价体系，仅仅是以学习成绩作为主要的评价手段，是一种"一刀切"式的评价。[2] 在这种评价体制下，量化的分数成为衡量学生学习能力和教师教学水平的标签。学生表达能力、学生文化习得能力，学生运用语言解决专门领域问题的能力并未体现在静态化的、标准化的测试体系中。这种测试体系下教师的个性化教学与学生的个性化发展需求被"遮蔽"，长此以往会导致学生运用英语从事专业学习和研究的语言可持续发展能力不足，学生学习英语的兴趣和动力不够。教师的价值体现和学生的个性化需求被忽略则容易形成"为考而教，为考而学"的恶性循环。

学生1：期末卷子有些内容是书上的，感觉有点死记硬背，希望不考原题。不满意的是照着书教，更希望是那种书的主题但内容是新颖的。

---

① 郭丽君：《教育生态视阈下的高校教学评价问题研究》，《湖南农业大学学报（社会科学版）》2017 年第 8 期。
② 叶绘宇：《生态化教学视角下的基础英语教学现状思考》，《当代教育理论与实践》2016 年第 2 期。

学生2：口语教学几乎没有。听力教学时间有点太少，并且以考试为主，而不是日常用语。

学生3：只以考试为目的，并没有考虑到以后在生活中的实际应用。应该多加强学生的口语训练。

学生4：应该多一些实用型的学习而非为四六级或各种考试的学习。

学生5：以应付考试为目标，实用性不强。

学生6：最不满意的地方：应付考试，没有高效地学习英语。意见：多开展与英语有关的课外活动，提高学生学习英语的兴趣，引导学生高效学习英语。

基于网络学习空间的课程评价，是进阶式的过程性评价。学生的学习轨迹被系统记录下来，生成学生综合学习成绩。在大学英语教学过程中，根据系统平台"任务节点"设置，学生综合成绩构成如图2-17。

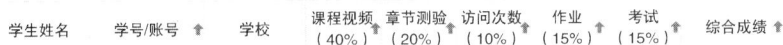

学生姓名	学号/账号 ↑	学校 ↑	课程视频 （40%）	章节测验 （20%）	访问次数 （10%）	作业 （15%）	考试 （15%）	综合成绩 ↑

图2-17　学习平台综合成绩构成

在"过程性"考核过程中，教师的"期末考试"考核应该淡化，在平常的学习中，通过"章节测验"等形式加强对学习效果的检测。尤其在"停课不停学"期间，网络教学进度与节奏需要通过对学生及时检测来掌控和调节。

学生：有的时候网络有点卡，老师讲得也太快了。老师细心讲解，专门用一段时间来给学生答疑，让学生复印一些资料，进行练习、考试。

在对"任课教师课堂教学评价"的分析中发现，在"教学环节完整""教学时间分配""教学方法"等方面，得到的分值较高，而普遍在"本学科前沿动态"方面存在不足。教师教学过程中互动多、气氛活跃的课堂更受欢迎。学生已经基本适应了"翻转课堂"教学模式，积极参与到自主学习活动中。课堂评价中，教师对学生行为评价频次较多，而"小组成员间互评"和"组间评价"较少。而且学生在对小组活动展示进行评价时，习惯采用"great""wonderful"等笼统性评价，并不对具体表现做详细描述，且通常以表扬性评价为主，较少指出待提高和改进之处。因此，教师在小组评价开展前，要对评价项目和标准进行详细描述，且在对学生以"肯定、激励性"评价基础之上，给予"提高性评价"，充分利用互评的机会提升学生的语言表达能力和思维能力。学生对于"翻转课堂"模式下的过程性考核认同度高，认为过程性评价更加公平、公正，能激励学生积极参与学习活动。研究显示，实验组班级期末测试成绩与学期初始成绩平均增幅比参照组高，表明学生在自主学习上花费时间与学习效果呈正相关关系。

现有的评价制度对于网络教学的实施没有明确规定，所以大部分的教师依旧按照教学进度进行教学。在参与调查的高校教师中，17.26% 的受访教师认为"成绩评价合理，能反映学生英语学习水平"，21.32% 的受访教师认为"成绩评价单一，不能反映学生英语学习水平"，41.12% 的受访教师"希望改革成绩评价方式，加大过程性考核力度"，20.3% 的受访教师"希望改革成绩评价方式，加大学生听力和口语方面的考查力度"。通过对教学效果与目前教师对课程评价的交叉（卡方）分析结果，可以看出课程评价对教学效果产生的影响，详情如表 2 – 14 所示。

表 2 – 14　教学效果与现有课程评价方式的交叉（卡方）分析结果（$n = 204$）

指标	特别好	很好	一般	很差	非常差	总计
评价合理	1（100.00）	10（27.03）	23（15.23）	0（0.00）	0（0.00）	34（16.67）
评价单一	0（0.00）	4（10.81）	33（21.85）	6（50.00）	0（0.00）	43（21.08）
加大过程性考核力度	0（0.00）	17（45.95）	63（41.72）	5（41.67）	0（0.00）	85（41.67）
加大听说力度	0（0.00）	6（16.22）	32（21.19）	1（8.33）	3（100.00）	42（20.59）
合计	1	37	151	12	3	204
$\chi^2 = 29.205$　$p = 0.004$ **						

由表 2 – 14 可知，"停课不停学"期间网络教学的效果与目前现有课程评价方式呈现出 0.01 水平显著性（chi = 29.205，p = 0.004 < 0.01），通过百分比对比差异可知，认为教学效果"特别好"选择"成绩评价合理，能反映学生英语学习水平"的比例为 100.00%，明显高于平均水平 16.67%。认为教学效果"很好"选择"成绩评价合理，能反映学生英语学习水平"的比例为 27.03%，明显高于平均水平 16.67%。认为教学效果"很差"选择"成绩评价单一，不能反映学生英语学习水平"的比例为 50.00%，明显高于平均水平 21.08%。认为教学效果"非常差"选择"希望改革成绩评价方式，加大学生听力和口语方面的考查力度"的比例为 100.00%，明显高于

平均水平 20.59%。教学评价方式是影响教学效果的因素之一，认为教学效果"非常差"的教师中的 50% 认为"成绩评价单一"，41.67% 认为"需要加大过程性考核力度"，8.33% 认为"需要加大听力和口语的力度"。

（二）教学反思与观测

教师的教学反思能帮助教师发现教学情境中的问题，通过分析问题出现的原因，在教学实践中加以改进，从而不断优化教师的教学行为，建构从"解决教学问题"到"优化教学行为"的教学模式。教师进行教学反思时，总是试图寻找学生英语学习没有取得进步的"原因"，这种反思往往关注的是事物个体特征，而大数据分析往往看到的是事物之间的关联。教师对学习者行为的"观测"，并非在于关注"怎样学得最好"，而应关注具体的学习行为，以及这种学习行为与学习效果之间的关系。教师根据学习者的各种学习行为特征将学生进行分类，并跟踪他们在网络学习空间的行为，观察他们学习不同资源和具体知识点的顺序和效果，通过反思学生利用资源的时间点、访问资源的频次、学习的集中时间段以及学习者语音或词汇出错频次等数据来找寻学习行为与个性化学习效果之间的相关性，得出一些关联规则，并对学习者行为进行概率预测与分析。通过关注实验组班级学生"大学英语"课程的学习行为，发现英语学习者学习英语的有效程度与学习者的母语程度存在相关性；女大学生在英语学习中表现得更出色。只有教师在教学实践中更多关注这些，根据不同学生的学习特点来上传不同学习资源、分配不同学习任务，学生才能根据自身学习情况选择合适的资源进行有效学习。教师在教学中需要及时观察学生在课堂内外的表现，抓住学生有效学习时段的规律，并积极鼓励学生参与教学活动，根据学生的反馈程度进行教学设计的调整与教学方式的改变。教师只有从日常教学实践中不断"观察—反思—实践"，才能实现自身专业的成长，帮助学生不断提升自主学习能力。

教师在课堂教学只是花费一部分时间组织教学，而网络教学在教学设计上要花费许多时间。课后对教学中存在的问题的反思、学生答疑与辅导等，需要教师投入更多时间与精力。在湖南省 204 名高校英语教师参与的网络教学的问卷调查中，54 名受访教师（占 26.5%）表示疫情结束，恢复面授课堂后，"将继续组织实施"网络教学，121 名教师（占 59.3%）表示"根据安排实施"，仅有 29 名受访教师（占 14.2%）表示"不愿意继续实施"。

教师教学效果怎样，需要教师不断收集学生的反馈意见。在教学过程中，当教师感觉教学效果"一般"或"不好"时，需要及时进行教学分析与反思，一方面可以通过平台学习数据进行总结，针对学生做得不好的地方进行教学设计、教学活动安排等方面的反思。另一方面，可以通过问卷或者其他调查方式，收集学生意见。

在对网络教学效果的调查中，74.02%的受访教师认为教学效果"一般"，认为特别好的占0.49%，认为"很差"和"特别差"的分别占5.55%和1.47%。具体情况如图2-18所示。

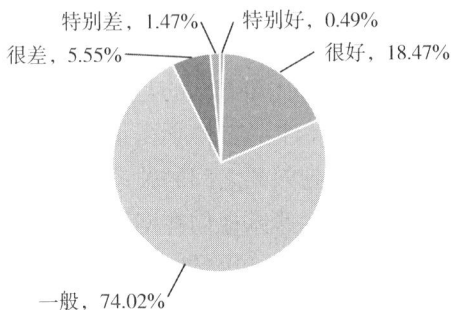

图2-18　教师教学效果情况图

62.37%的受访学生认为学习效果"一般"，认为学习效果"特别好"的占7.48%，认为学习效果"很差"和"特别差"的分别占7.43%和2.58%。详细情况如图2-19所示。

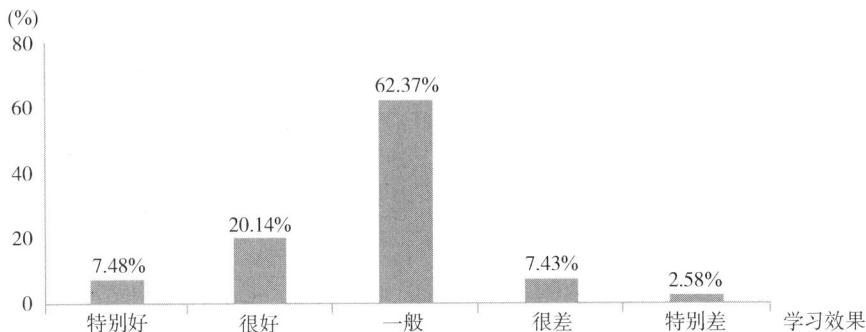

图2-19　学生学习效果情况图

从图2-18和图2-19的数据可以看出，认为教学效果或学习效果"特别好"的很少，占比最多的是认为效果"一般"，网络课程教学的效果有待进一步提高。

第三章　高校英语空间教学模式下
学习者的学习行为

第一节　概　述

教育信息化是教育现代化的基础，在当前形势下，教学手段科技化、教学传播网络化、教学模式科学化趋势越来越明显。当教学生态环境改变时，学习者行为是否会发生改变？

学习者在线上线下教学中所表现出来的各种行为，一定程度上会影响学习者的学习效果。学生对教师发布资源的使用程度，课堂教学中自身的专注力，甚至在课堂中选择座位排列的方式等，这些学习行为都是学生学习态度、学习习惯的一种反应，教师可以通过学习者课前学习情况发现学生学习过程中存在的问题，从而帮助教师在课堂教学中采取针对性教学。学生课后作业完成情况和"章节测验"情况，为教师课堂教学的重点和难点设计提供参考。教师通过学生的学习情况预测学习效果，如果教师根据这些"学习痕迹"和"预测情况"采取干预性措施，将会对提升学习效果产生积极影响。

本书从聆听、阅读、记忆、表达行为四个方面对学习者的听、说、读、写、译等学习情况进行分析。本章主要对教师所担任的教学班级进行分析，并对几所学校的学习情况进行了问卷调查和分析。

一、学生自主学习情况调查

学生进入大学阶段后，没有了高中阶段的考试压力，学习逐渐懈怠，在"您对目前大学英语学习不满意的地方是什么"等开放式问题的回答中，学生意识到"自身自主学习能力"的问题，部分学生意见如下：

学生1：大学生缺乏自主学习能力，对英语兴趣较低。

学生2：可以对写作词汇加强教学，大部分同学自主学习较为懈怠，希望老师以后能够多督促。

学生3：自主学词汇太多，难以记住，自主学习有利于基础好的学生。

学生4：希望可以改进教学，加强趣味性，让学生喜欢英语，热爱学英语。

学生5：对于非专业生，学校课程开设较少，只是一些基础英语，学生基础较弱，对于自主学习能力较差的学生来说不利于深入学习。

学生6：自主学习性不强，需要改善，自我约束力不太好。老师的讲课方式很好，就是有时候感觉自己跟不上。

在一项有关学生除上课外一周内自主学习英语情况的调查中，XG0102班（73 人参与）答题情况分别如表 3 – 1 和表 3 – 2 所示。

表 3 – 1　XG0102 学习小组任务完成情况表

频次	人数	比率	每天学习时段	人数	比率
一周一次	4	28.8	T≤15	15	20.5
一周两次	17	23.3	15 < T≤30	30	41.1
一周三次	13	17.8	30 < T≤60	24	32.9
一周四次	14	19.2	60 < T10	3	4.1
一周五次	8	11.0	T > 120	1	1.4

表 3 – 1 中数据显示，"课后一周五天学习英语"的 8 人中，除去 5 名"匿名用户"，教师对 3 名"实名用户"的学习情况进行了分析，其中 2 名学生表示理解有误，他们的"一周五次"包括了每周上英语课的次数，仅有一名同学，除了一周上 2 次英语课外，每天都在坚持学习英语，其主要学习内容是背英语词汇，为 CET 四级考试做准备。

表 3 – 2　JK0102 学习小组任务完成情况表

频次	人数	比率	每天学习时段	人数	比率
一周一次	21	16.0	T≤15	10	13.3
一周两次	16	21.3	15 < T≤30	49	65.3
一周三次	7	9.3	30 < T≤60	14	18.7
一周四次	6	8.0	60 < T≤120	2	2.7
一周五次	34	45.3	T > 120	0	0

表 3 – 2 中数据显示，"课后一周五天学习英语"的 34 人中，除去 15 名"匿名用户"，教师对 19 名"实名用户"的学习情况进行了分析。其中 12 名学生将"除上课外一周学习英语的频次"理解为"一周学习英语的频

次"。有 7 名学生表示"每天都有坚持学习英语",其中 4 名学生表示"主要是记单词或者完成课堂的作业等",2 名学生有比较明确的学习目标,觉得"英语对专业发展很重要,想考研"或者"想提高口语,以后找工作或许有用",1 名学生表示学习英语是因为自己的"基础太差,通过报网络学习班学习",1 名学生是因为"想出国留学"。

分析学生自主学习情况发现,学生自主学习的动机多为外在型动机,且学生自主学习行为存在班级的差异,在教师给定学习任务和学习要求相同的情况下,班级学习氛围会对学生群体行为产生影响。因此,教师需要充分了解学生的学习特点,注重学生学习习惯的养成,而不仅是只关注学生学习行为的结果,还需要关注学习行为背后的原因,在学生学习过程中及时引导和干预。教师在学习过程的参与与监督行为所带来的行为示范作用就是"隐性课程"的一部分,为学生和谐课堂行为创设外部条件。

二、实际平台记录情况

随着网络教学平台的快速发展和广泛应用,互联网已经成为学生获得学习资源、开展学习交流活动的重要平台。但学生自主学习的情况普遍不容乐观,从图 3-1 可以看出,在学生有课的日期(4 月 1 日,4 月 7 日,4 月 11日)和教师布置具体作业的日期(4 月 7 日)才有页面的访问,学生在非上课时间的学习记录几乎为 0。

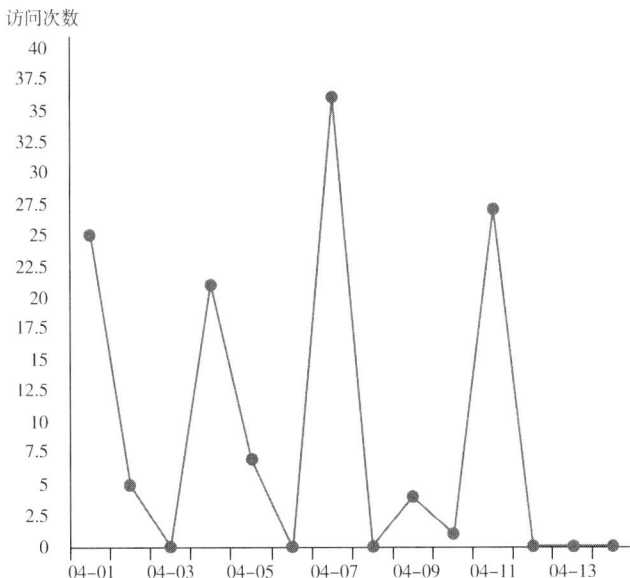

图 3-1 学生学习进度及访问次数

在一项"20190222 平台第一次作业任务"布置中，教师建立班级后，通过微信群和 QQ 群通知学生进行学期开学第一次检测。其参与情况如表 3-3 所示。

表 3-3　20190222 平台第一次作业任务

班级	班级人数	参与人数	参与比率（%）	备注
XG01	43	42	98	课代表班级群通知一次
XG02	40	26	65	
JK01	44	20	45	
JK02	44	43	98	课代表班级群通知一次

在参与的 141 人中，仅有 77 人完成了难度较大翻译任务，而且学生答题情况很多仅为"完成任务"，作业完成质量不容乐观。在一道应该在 30 分钟内完成的 CET4 翻译题测试中，学生完成题目的时间如图 3-2 所示。

用时	考试提交时间				
00:00:14	2019-02-19 12:21:28	00:00:49	2019-02-19 17:49:16	00:01:11	2019-02-20 12:14:44
00:00:30	2019-02-21 22:43:48	00:00:53	2019-02-21 23:14:50	00:01:16	2019-02-21 22:09:21
00:00:42	2019-02-21 17:05:58	00:00:53	2019-03-01 07:58:14	00:01:20	2019-02-25 07:58:21
00:00:43	2019-02-21 23:15:17	00:00:54	2019-02-25 07:38:28	00:01:21	2019-02-21 22:21:48
00:00:46	2019-02-19 11:50:52	00:00:58	2019-02-21 22:41:11	00:01:47	2019-02-19 11:58:28
00:00:46	2019-02-21 22:28:31	00:01:00	2019-02-19 11:44:01	00:02:11	2019-02-21 21:50:08
00:00:48	2019-02-21 23:25:59	00:01:04	2019-02-21 22:33:07		

图 3-2　20190222 学习平台任务学生答题情况

通过统计答题时间发现：45.45% 的同学在 10 分钟内完成。15.58% 的学生在 1 分钟内完成翻译题目，1~3 分钟完成任务的占 15.58%。3~10 分钟完成的占 14.29%。其详细情况如表 3-4 所示。

表 3-4　20190222 任务完成时间统计表

时间（分）	人数	比率（%）
T≤1	12	15.58
1 < T≤3	12	15.58
3 < T≤10	11	14.29
10 < T≤20	30	38.96
21 < T≤30	14	18.18

整体而言，学生在自主学习行为方面积极性不高，从学生作业反馈情况来看，为应付老师布置的作用，学生第一时间从网上复制、粘贴。在没有教师干预的情况下，容易流于形式，其学习目的是完成教师的指定任务。

三、教师对学生学习行为的干预

教师对学习行为的干预，包括对于学生不良行为的引导，以避免学生发生"弄虚作假"行为。教师布置翻译或写作等作业任务时，在学习平台设置"不容许复制、粘贴"，要求学生"书写在作业本上再拍照上传"，也可以选择"语音发布"等个性化作业，监督学生完成学习任务。此外，教师对学习行为的干预，还包括根据学习行为的反馈结果来调整教学策略。

在大学英语课堂听力教学中，学生与教师之间的互动很常见，为"听力材料播放—听力材料理解—听力练习答案核对"。不同层次的学生，听力水平与听力需求差异较大，却无法得到个性化匹配。教师在教学中要适时捕捉学生的学习行为，对学生学习情况进行分析，能够发现原本隐藏的学习行为信息，教师通过这些行为的相关数据实施预测或干预，用于教学评价与反馈，能有利于学习者听力水平的提高。在某次 CET4 四级专项训练教学中，有两道题分别为"What's the news report mainly about?"的主旨题和"How many migrants were rescued in the first part of December by the Italian coast guard and Navy?"的数字相关题中，教师通过学习平台随机抽取 XG1 班 6 名同学的答案，听完第一遍后发现，学生并没有对题目中给出的信息做任何记录，便要求学生在题目二中的数字后分别记录关键词，其笔记记录个数如表 3 – 5 所示。通过检查学生答题情况，有针对性地进行关键信息的记录，能帮助学生提高答题准确率。虽然学生记录了关键词"rescued""sea crossing""die"等，但仍无法判断此条新闻的主旨。教师给出文本材料，让学生阅读文本，仍只有少数同学理解文章主旨。通过跟学生进一步沟通发现，学生是因为对文本理解能力的欠缺而导致听力障碍。

表 3 – 5　教师对学生听力行为干预情况

学生	笔记记录有效个数	第一次得出答案 （答案 BA）	第二次答案 （答案 BA）	第三次答案 （答案 B）
XG1S01	3	DC	DA	C
XG1S 02	0	CA	CA	C
XG1S03	0	CC	BC	B

学生	笔记记录有效个数	第一次得出答案 （答案 BA）	第二次答案 （答案 BA）	第三次答案 （答案 B）
XG1S04	4	CB	CA	B
XG1S05	4	DA	DA	C
XG1S06	3	DA	DA	C

教师由于在语音室中需要使用电脑控制语音播放等，注意力多集中于电脑控制台，学生处于教师管理"边缘地带"，在没有老师的"监管"下，学生注意力容易分散。在某一课堂观察（20190411）中，通过学生是否带教材、是否跟上教师进度等方式进行检测。四个班级的情况如表3-6所示。

表3-6　20190411 听力课堂观察学习状况情况表

班级	人数	未带教材 人数	比率（%）	随机抽查 回答人数	完全不在 进度	比率（%）
JK01	44	4	9.1	3	1	33.3
JK02	44	3	6.8	3	2	66.7
XG01	43	3	7.0	3	1	33.3
XG02	40	9	22.5	3	3	100

从课堂观察数据来看，班级学习风气、老师对学生的干预程度，直接影响学生的学习行为。

在20190523听力单元测试中，JK01班有3名学生无法提交作业，学习平台查看学生名单，询问其情况，三人均表示"网络不好"。通过查实该平台提供的"20190521网络课程不良记录名单"发现，这3名同学有"其他第三方软件伪造请求地址"的不良网络学习行为。

在20191211听力测试中，同期发布学生试卷，2019SJ01班在教师未提供任何听力材料的情况下，30人"提前"完成测试任务。学生完全"凭空"完成学习任务，这一方面可以反映学生对于作业的态度，对于完成任务的"数"和完成时间比较在意，另一方面，也看出学生"刷任务"的学习行为，对于作业的"质"不够重视。在这种情况下，教师需要引导和干预学生的不良学习行为。

教师通过学生完成阅读任务的先后顺序来判断学习者对文本材料的理解程度，也可以对学生阅读理解思维进行"跟踪记录"，了解学生的阅读习惯。在连续几次的阅读教学课堂观察中发现，学生阅读习惯、专注力与阅读能力的差异性较大（详情见表 3–7）。

表 3–7 20190422 学生阅读专注情况

班级	人数	未带教材人数	比率（%）	随机抽查问题数	完全不在进度	比率（%）
JK01	44	1	2.3	3	0	0
JK02	44	3	6.8	3	2	66.7
XG01	43	2	4.7	3	0	0
XG02	40	6	15	3	2	66.7

当教师不关注学生学习行为时，学生在"毫无压力"的情况下"疲于应付"课堂学习，因此常出现"不在状态"的情况。在课堂教学中，教师需要关注学生的阅读状态，观察学生注意力是否集中，阅读理解的目标是否达成，课堂教学中的阅读任务完成情况与网络学习平台布置的阅读作业完成状态是否匹配。学生获取阅读材料的主动性不高，只愿意阅读教师上传的阅读资料和与应试相关的材料。此外，教师可以通过"打卡式"阅读学习任务单的形式，更好地帮助学生建立良好的阅读习惯。教师可以通过大数据分析结果，找到学生阅读中的"共性问题"，并进行及时反馈。

第二节 课前学习行为

与传统教学模式相比，网络平台教学能实现全面记录、跟踪不同类型学习者的不同学习需求与听力训练的情况，教师可以根据学生已有学习基础和网络平台的学习行为，了解学生动态化的学习轨迹。通过可视化的数据分析，教师可以得知学习者听力训练中匹配答题情况及答题过程，从而有助于教师在以后的教学设计中进行有针对性的强化训练。

一、课前预习行为

在"翻转式课堂"教学中，教师提前发布学习任务，根据学生学习完成情况，在课堂中进行针对性教学。学生能做到提前完成学习任务，有效的"预习"才能实现课堂的"翻转"。在"课程预习与复习情况"问卷中，发现"能坚持预习和复习"的学生占 7.94%，"有时能做到课前预习和课后复习"的学生占 33.13%，"从不进行课前预习和课后复习"的学生占 21.89%。具体情况如图 3–3 所示。

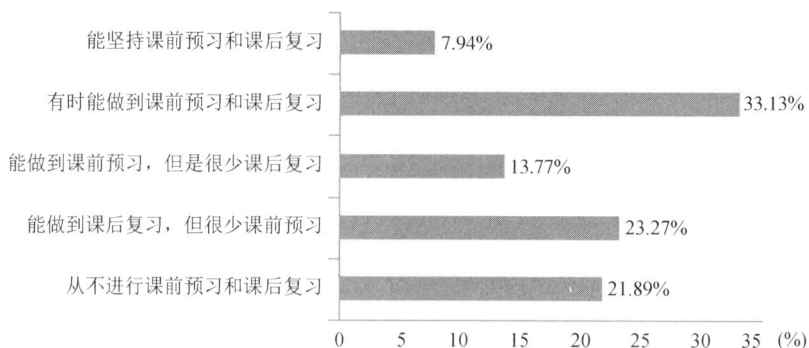

图 3 – 3 学生预习和复习情况图 （ n = 2179）

通过对学生英语学习进度与学生预习和复习情况的交叉（卡方）分析，学生英语水平提高程度对于"大学英语"这门课程的课前预习和课后复习情况呈现出 0.01 水平显著性（chi = 225.312，p = 0.000 < 0.01），如表 3 – 8 所示。

表 3 – 8 英语学习进度与学生预习和复习情况的交叉（卡方）表

题目	预习复习情况	一年大学英语课程结束，自己英语水平			总计
		和以前差不多	有一点进步	有很大进步	
课前预习和课后复习情况	坚持课前预习和课后复习	62 （6.41）	75 （6.96）	36 （26.87）	173 （7.94）
	有时课前预习和课后复习	255 （26.37）	427 （39.61）	40 （29.85）	722 （33.13）
	课前预习，但很少课后复习	106 （10.96）	171 （15.86）	23 （17.16）	300 （13.77）
	课后复习，但很少课前预习	219 （22.65）	275 （25.51）	13 （9.70）	507 （23.27）
	从不进行课前预习和课后复习	325 （33.61）	130 （12.06）	22 （16.42）	477 （21.89）
总计		967	1078	134	2179
$\chi^2 = 225.312$ P = 0.000**					

通过百分比对比差异可知，学生认为学习"有一点进步"选择"有时能做到课前预习和课后复习"的比例为 39.61%，明显高于平均水平 33.13%。认为"和以前差不多"选择"从不进行课前预习和课后复习"的学生比例为 33.61%，明显高于平均水平 21.89%。

在"翻转课堂"教学实践中发现，在没有提前完成学习任务、进行预习的情况下，学生常常跟不上进度，尤其在"停课不停学"期间，学生只有电子教材的情况下，由于没有预习导致对上课内容不熟悉，无法与教师进行积极互动，更谈不上在课堂中提出不懂的问题。部分学生"'停课不停学'期间，对网络学习不满意的地方"反馈意见如下：

学生 1：没教材，建议提前发视频让学生预习。

学生 2：网络课程是对自律性的极大考验，没有在教室上课好。在没有老师的情况下指导学生如何高效进行预习和复习。

学生 3：网络学习没有书本。我觉得我们应该提前预习，上课认真做笔记，课后认真总结。

学生 4：老师可以把电子版的教材发出来，预先布置预习，然后检查我们的自学效果。

从学生反馈情况可知，在学生英语学习动力较低的情况下，学生主动进行预习的情况不常见，在这种情况下，学生更希望得到老师的监督，学生知道"应该预习"，可在具体行为表现上会出现"应然"与"实然"不一致的情况。若教师及时关注学生在学习平台的预习情况，督促学生养成良好的预习学习行为。若教师在课堂上对学生的预习行为进行检测，学生完成预习的积极性会增强，随着预习行为的"被动"习惯的形成，学生慢慢参与预习的积极性更高，对于课堂教学效率的提升起到一定的促进作用。

二、课前学习任务完成情况

课前学习任务除了在网络学习平台发布设置章节任务点外，还包括一些与课中学习相关的视频、讨论任务等。这些学习任务不同于平台"作业"或"考试"，可以通过学习平台发出通知信息等。从学习平台任务点与讨论任务完成的及时性来看，当教师在平台"讨论"板块发布"学习任务"后，学生按时完成情况不是很乐观。从网络教学平台记录时间来看，学生多为延时完成，而且即使完成任务的学生集中在学习行为习惯好的一批学生中。分析 2019 级四个班级课前学习任务"讨论区"回答情况发现，因为不受"时间限制"，学生课前学习任务完成率较低。（见表 3－9）

表 3－9　学生不同类型课前学习任务完成情况表

2019SJ01（38 人）			2019SG02（41 人）			2019DS01（41 人）			2019DS02（36 人）		
导入	阅读	词汇	导入	阅读	词汇	导入	阅读	词汇	导入	阅读	词汇
19	14	11	16	14	26	19	14	13	15	14	9
视频	翻译	导入	视频	翻译	导入	视频	翻译	导入	视频	翻译	导入
35	7	14	16	7	17	15	20	26	1	5	0
翻译	阅读	听力	翻译	阅读	听力	翻译	阅读	听力	翻译	阅读	听力
13	13	15	15	16	16	17	20	0	5	1	1

续表

2019SJ01（38人）			2019SG02（41人）			2019DS01（41人）			2019DS02（36人）		
词汇	导入	视频	词汇	导入	视频	词汇	导入	视频	词汇	导入	视频
11	11	17	11	6	19	12	33	29	11	20	1
阅读	听力	听写	阅读	听力	听写	阅读	听力	听写	阅读	听力	听写
17	15	11	16	6	15	6	19	15	4	1	6
词汇	阅读	分组	词汇	阅读	分组	词汇	阅读	分组	词汇	阅读	分组
14	14	25	13	11	24	26	10	14	11	11	17
翻译	阅读	语音	翻译	阅读	语音	翻译	阅读	语音	翻译	阅读	语音
10	17	18	12	12	18	20	6	21	1	9	7
听力	词汇	翻译	听力	词汇	翻译	听力	词汇	翻译	听力	词汇	翻译
10	16	12	14	16	11	18	19	18	5	7	5
阅读			阅读			阅读			阅读		
16			15			25			7		

从发布学习任务的类型来看，主要有导入问题、翻译、视频练习、阅读、词汇、听力等六种类型。在四个班级中，2019DS02 班整体学习任务完成最差，有的学习任务无人回答。所有学习任务中平均应答率最高的是一次分组任务，应答率高为 51.28%。班级应答率最高的为 SJ02 班，应答率为58.54%，最低的为 DS01 班，应答率为 34.15%。其次是视频任务，教师布置的是与疫情相关的学习视频，平均应答率为 42.62%。

导入部分提前完成的学习任务，多为与学生学习生活相关的问题，平均应答率为 42.09%。第十一次的"导入"部分学习任务，班级应答率最高的是 DS01 班，应答率为 80.49%。语音学习任务为课文内容的朗读，平均应答率为 41.02。应答率最低的班级为 DS02，应答率为 19.44%。听力课前布置的任务多为根据听力材料回答问题，平均应答率为 25.64%。应答率最低的班级为 DS01，无人响应学习任务。

根据视频内容完成听写的难度较大，平均应答率为 30.13%。应答率最低的班级为 DS02 班，应答率为 16.67%。翻译任务与四级翻译难度相当，平均应答率为 28.69%。应答率最低的班级为 DS02 班，应答率为 2.78%。阅读任务是根据课文，回答问题，平均应答率为 32.05%，应答率最低的班级为DS02 班，应答率为 2.78%。词汇练习是学习课文后，完成词汇相关练习，平均应答率为 36.21%。应答率最低的班级为 DS02 班，应答率为 19.44%。从任务整体完成情况来看，班级完成差异较大，DS02 班整体完成情况较差，学习动机性不强。

第三节　课中学习行为

课前学习行为依赖于教师教学行为设计，课中学习行为需要教师加以干预。某些英语学习基础不好的学生，在课堂上经常表现出学习兴趣不高，学习激情不够，玩手机或者课堂沉默现象。这些现象出现的程度与整个班的专业、性别、学习风气有关。教师需要对这些学习行为加以关注。

在空间教学设计中，"课前学习—解决问题—课堂互动—课后作业与检测"一系列的教学行为活动形成了"催生疑问—解决疑问—应用知识"的学习过程链。[1]在课堂教学中，教师的"教学存在感"来源于学生课堂活动中的参与度，学生的"学习获得感"也需要教师精心设计教学活动，让学生投入到学习活动中，并且能"学有所获"。课中学生的课堂参与程度能够体现学生在词汇记忆与口语表达等方面的程度与水平。

一、学生课堂参与行为分析

课堂参与度是衡量学生学习行为的一个重要指标。在传统教学中，"教师教、学生听"的这种"惯性学习行为"使一部分学生不愿意积极参与课堂活动，尤其是英语学习基础不好的学生。有关学生课堂互动不积极的反馈如下所示：

S1-1809[2]：许多学生认为自己的英语不好，大体呈现出"放弃治疗"的状态，所以导致课堂活跃度不高，虽然可能会有点困难，但是能想办法提升课堂活跃度和参与度已经是对部分同学最好的帮助了。

FT19-03[3]：有的学生不把学习当回事，做一些与学习无关的事。大多数学生能积极参与、完成作业，但也有一部分学生做不到。

FT19-40：老师经常用"学习通"选我们回答问题，对于学习基础不好的同学来说，还是很不喜欢这种方式。我们更希望老师选那些愿意主动回答问题的同学。

从学生调查和访谈情况来看，线上学习积极的学生在课堂互动活动参与也更积极。通过调查发现，"不大积极，不太愿意参与课堂活动，很少发言"

---

① Brame C J，*Flipping the Classroom*，http：//cft. vanderbilt. edu/guides - sub - papes/flipping - the - classroom/.

② 第一次问卷中，学生在开放型问题中的回答。

③ 在访谈中 2019 级学生的回答。

的学生占 41.58%，"很不积极，感觉英语课很痛苦"的占 5.64%，"非常积极，踊跃发言"和"积极，能参与课堂活动，但不主动发言"的分别占 11.29% 和 41.49%，如图 3-4 所示。

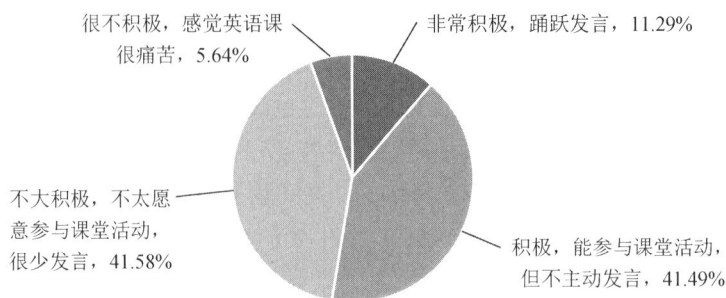

图 3-4　学生课堂活动参与情况图

本研究对于学生参与课堂活动情况与英语水平提升进行了交叉卡方分析，研究发现：学生英语水平提高程度对于大学英语课堂上，参与课堂教学活动的程度呈现出 0.01 水平显著性（chi = 140.857，p = 0.000 < 0.01），通过百分比对比差异可知，认为"有很大进步"选择"非常积极，踊跃发言"的占 31.34%，明显高于平均水平 11.29%。认为"有一点进步"选择"积极，能参与课堂活动，但不主动发言"的占 47.87%，明显高于平均水平 41.49%。认为"和以前差不多"选择"不大积极，不太愿意参与课堂活动，很少发言"的占 47.47%，明显高于平均水平 41.58%。学生进步程度，与自身是否积极参加活动有关系，认为"有很大进步"的学生在课堂活动中更偏向与"非常积极、踊跃发言"，而学生积极参与课堂活动，更容易取得进步。而在课堂中，是否做笔记等学习行为也会程度显著性差异，如表 3-10 所示。

表 3-10　学生英语水平提高程度与参与课堂教学活动的程度交叉（卡方）表

	参与情况	一年大学英语课程结束，自己英语水平			总计
		和以前差不多	有一点进步	有很大进步	
参与课堂教学活动的程度	非常积极，踊跃发言	87 （9.00）	117 （10.85）	42 （31.34）	246 （11.29）
	积极，能参与课堂活动，但不主动发言	334 （34.54）	516 （47.87）	54 （40.30）	904 （41.49）
	不大积极，不太愿意参与课堂活动，很少发言	459 （47.47）	420 （38.96）	27 （20.15）	906 （41.58）
	很不积极，感觉英语课很痛苦	87 （9.00）	25 （2.32）	11 （8.21）	123 （5.65）
总计		967	1078	134	2179
$\chi^2 = 140.857$　P = 0.000 **					

教师在学习平台上传学习资料，学生对知识的消化还需要通过记笔记、提问、参与课堂活动等一系列学习行为得以实现。调查中"认真听老师讲，偶尔做笔记"的学生占 70.45%，"不听老师讲，自己看书学习"和"只听老师讲，从不做笔记"的分别占 10.33% 和 9.13%，"不停地记笔记，课后再复习"的学生占 10.1%，如图 3 – 5 所示。

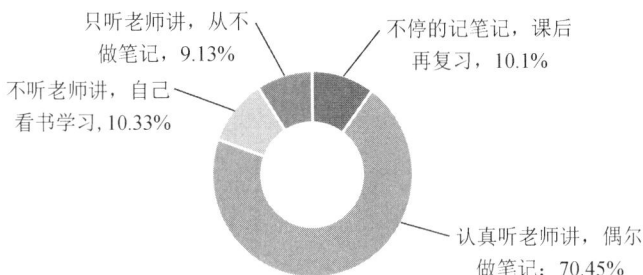

图 3 – 5　学生记笔记行为情况图

在课堂教学中，学生"记笔记"行为与学生英语水平的提升存在显著相关性，通过对英语学习水平进步程度与记笔记行为的交叉"卡方分析"发现，一学年的大学英语课程结束，在对"您认为自己的英语水平对您在上大学英语课程时，习惯采用哪种方式学习"调查时，呈现出 0.01 水平显著性（chi = 72.561，p = 0.000 < 0.01），其详细结果如表 3 – 11 所示。

表 3 – 11　学生英语水平提高程度与记笔记行为交叉（卡方）表

记笔记行为		一年大学英语课程结束，自己英语水平			总计
		和以前差不多	有一点进步	有很大进步	
习惯采用哪种方式学习	不停地记笔记，课后再复习	103（10.65%）	91（8.44%）	26（19.40%）	220（10.1%）
	认真听老师讲，偶尔做笔记	616（63.70%）	841（78.01%）	78（58.21%）	1535（70.45%）
	不听老师讲，自己看书学习	128（13.24%）	79（7.33%）	18（13.43%）	225（10.33%）
	只听老师讲，从不做笔记	120（12.41%）	67（6.22%）	12（8.96%）	199（9.13%）
总计		967	1078	134	2179
$\chi^2 = 72.561$　P = 0.000 **					

通过百分比对比差异可知，认为"有很大进步"选择"不停地记笔记，课后再复习"的占比为 19.40%，明显高于平均水平 10.1%。认为"有一点进步"选择"认真听老师讲，偶尔做笔记"的占比为 78.01%，明显高于平均水平 70.45%。

可以说，网络教学和线上教学中学生参与度的情况基本相当，学习态度好、面授课堂积极的同学，在教学形式改变的情况下，同样能够做到积极参与，而学习积极性相对差的学生，参与度较低。在"您所担任的班级学生适合目前的网络教学方式的多大比率"调查中，53.92%的受访教师认为80%以上的学生是适合的，26.47%的受访教师认为61%～80%的学生是适合的，11.76%的受访教师认为40%～60%的学生是适合的，7.84%的受访教师认为40%以下的学生是适合的。具体情况如图3－6所示。

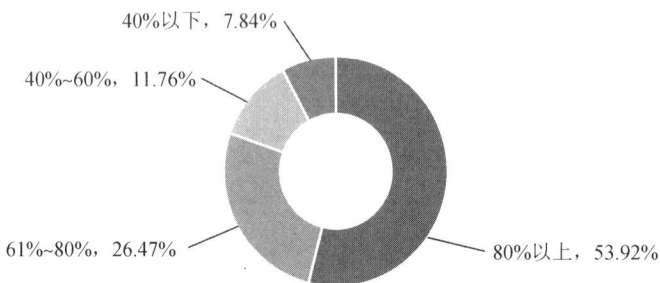

图3－6　适合目前的网络教学方式的占比图

在学生参与度方面，"积极参与，主动提问，按时完成任务"的占70.59%，"被动参与，在多次通知或提醒后完成教师指定任务"的占25.49%，"消极参与，仅完成打卡任务"和"根本不参与"的分别占2.94%和0.98%（见图3－7）。

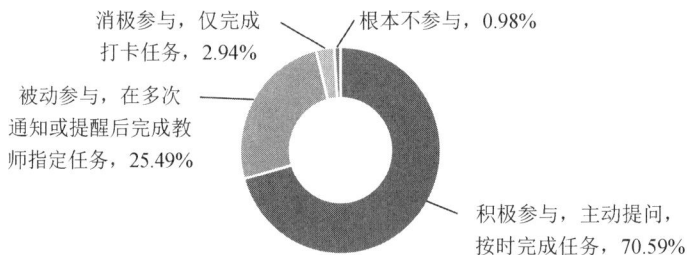

图3－7　"停课不停学"期间学生参与度情况图

在6554名受访学生中，70.58%的受访学生表示"专业相关课程和公共课程都积极参与"，23.88%的受访学生表示"专业相关课程积极参与，公共课程比较不上心"，"专业相关课程和公共课程都不怎么参与，依赖期末好好复习"的学生占5.84%。

通过对学生参与情况与教师教学效果进行线性回归分析，发现教学效果与学生参与度、学生适合教学方式的比率之间存在显著的相关性。详细情况如表 3－12 所示。

表 3－12　学生参与情况与教师教学效果线性回归分析表

	非标准化系数		标准化系数	t	p	VIF
	B	标准误	Beta			
常数	1.745	0.163	—	10.701	0.000**	—
学生在网络教学期间参与度	0.219	0.091	0.274	2.414	0.020*	1.446
具备组织网络教学能力	0.208	0.064	0.316	3.245	0.002**	1.066
师生互动效果差	0.384	0.103	0.369	3.731	0.001**	1.095
学生适合目前网络教学方式占比	0.209	0.075	0.306	2.782	0.008**	1.361
D－W 值: 1.704　$R^2 = 0.599$　F（4, 45）= 16.808, p = 0.000						

从表 3－12 可以看出，模型 R 方值为 0.599，这些因素对于教学效果有着 59.9% 的变化原因。对模型进行 F 检验时，发现模型通过 F 检验（F = 16.808，p = 0.000 < 0.05），也即说明这些因素中至少有一项会对"停课不停学"期间网络教学效果产生影响关系。针对模型的多重共线性进行检验发现，模型中 VIF 值全部均小于 5，意味着不存在共线性问题；并且 D－W 值在数字 2 附近，因而说明模型不存在自相关性，样本数据之间并没有关联关系，模型较好。

学生在网络教学期间参与程度的回归系数值为 0.219（t = 2.414，p = 0.020 < 0.05），"师生互动效果差"的回归系数值为 0.384（t = 3.731，p = 0.001 < 0.01），说明学生在网络教学期间参与度、师生互动效果差会对网络教学效果产生显著的正向影响关系。

在"大学英语课程网络学习过程中，您的班级存在以下哪些情况"调查中，表示"打卡"结束后就没有参与学习活动的占 10.30%，30.8% 的学生认为班级存在"只顾'刷网课'，并没有认真参与学习"的情况，详细情况如表 3－13 所示。

表 3－13　学生网络学习中存在的行为响应率和普及率汇总表（n = 6554）

网络学习行为	响应数	响应率	普及率
只顾"刷网课"，并没有认真参与学习	2022	18.53%	30.85%
不停在交流群抱怨"打卡"失败	1300	11.91%	19.84%
直播时，大家过于安静，互动不积极	1147	10.51%	17.50%

续表

网络学习行为	响应数	响应率	普及率
打完卡就干与学习无关的事情	1134	10.39%	17.30%
直播时，有同学随意开麦聊天	728	6.67%	11.11%
抱怨网络不好，不愿意通过其他渠道学习	698	6.40%	10.65%
老师发布学习任务或通知时，"视而不见"	696	6.38%	10.62%
群内交流时，随意聊天，发表情包	635	5.82%	9.69%
借口网络不好，心安理得干其他事情	401	3.67%	6.12%
以上情况都没有	1981	18.15%	30.23%
其他	172	1.58%	2.62%
汇总	10914	100%	166.52%

拟合优度检验：$\chi^2 = 3599.090$ $p = 0.000$

笔者针对多选题各选项选择比例分布是否均匀，使用卡方拟合优度检验进行分析。从表3-13可知，拟合优度检验呈现出显著性（chi = 3599.090，p = 0.000 < 0.05），意味着各项的选择比例具有明显差异性，可通过响应率或普及率具体对比差异性。具体来看，"只顾'刷网课'，并没有认真参与学习"和"以上情况都没有"2项的响应率和普及率明显较高。学生中存在的这些行为在一定程度上影响学生学习效果。

通过对学生学习效果、学生在网络学习中存在的主要问题和学生中存在的学习行为进行进一步卡方（交叉）分析，发现学生在学习中的一些行为是影响学习效果的重要因素。详细结果如表3-14所示。

表3-14　学生学习效果与网络教学中问题交叉（卡方）分析表

网络教学中的问题		特别好	很好	一般	很差	非常差	合计
平台拥堵	未选择	154(31.43%)	523(39.62%)	1727(42.25%)	240(49.28%)	86(50.89%)	2730(41.65%)
	选择	336(68.57%)	797(60.38%)	2361(57.75%)	247(50.72%)	83(49.11%)	3824(58.35%)
没有教材	未选择	379(77.35%)	748(56.67%)	1765(43.18%)	187(38.40%)	80(47.34%)	3159(48.20%)
	选择	111(22.65%)	572(43.33%)	2323(56.82%)	300(61.60%)	89(52.66%)	3395(51.80%)
缺乏氛围	未选择	436(88.98%)	1069(80.98%)	3040(74.36%)	345(70.84%)	138(81.66%)	5028(76.72%)
	选择	54(11.02%)	251(19.02%)	1048(25.64%)	142(29.16%)	31(18.34%)	1526(23.28%)
随意开麦	未选择	403(82.24%)	1166(88.33%)	3671(89.80%)	437(89.73%)	149(88.17%)	5826(88.89%)
	选择	87(17.76%)	154(11.67%)	417(10.20%)	50(10.27%)	20(11.83%)	728(11.11%)
自学能力缺乏	未选择	461(94.08%)	1176(89.09%)	3352(82.00%)	380(78.03%)	144(85.21%)	5513(84.12%)
	选择	29(5.92%)	144(10.91%)	736(18.00%)	107(21.97%)	25(14.79%)	1041(15.88%)

续表

网络教学中的问题		特别好	很好	一般	很差	非常差	合计
抱怨"打卡"失败	未选择	312(63.67%)	1034(78.33%)	3386(82.83%)	404(82.96%)	118(69.82%)	5254(80.16%)
	选择	178(36.33%)	286(21.67%)	702(17.17%)	83(17.04%)	51(30.18%)	1300(19.84%)
对任务"视而不见"	未选择	452(92.24%)	1204(91.21%)	3646(89.19%)	417(85.63%)	139(82.25%)	5858(89.38%)
	选择	38(7.76%)	116(8.79%)	442(10.81%)	70(14.37%)	30(17.75%)	696(10.62%)
只打卡	未选择	462(94.29%)	1178(89.24%)	3298(80.68%)	365(74.95%)	117(69.23%)	5420(82.70%)
	选择	28(5.71%)	142(10.76%)	790(19.32%)	122(25.05%)	52(30.77%)	1134(17.30%)
只顾"刷网课"	未选择	428(87.35%)	1046(79.24%)	2699(66.02%)	265(54.41%)	94(55.62%)	4532(69.15%)
	选择	62(12.65%)	274(20.76%)	1389(33.98%)	222(45.59%)	75(44.38%)	2022(30.85%)

"停课不停学"期间，网络学习效果与平台拥堵、没有教材导致网络学习有困难、缺乏面对面交流的学习氛围、自身自主学习能力缺乏呈现出0.01水平显著性。认为效果"特别好"选择"平台拥堵"的学生比例为68.57%，明显高于平均水平58.35%。认为效果"一般"选择"没有教材，网络学习有困难"的学生比例为56.82%，明显高于平均水平51.80%。认为效果"很差"选择"缺乏面对面交流的学习氛围"的学生比例为29.16%，明显高于平均水平23.28%。认为效果"很差"选择"自身自主学习能力缺乏"的学生比例为21.97%，明显高于平均水平15.88%。认为效果"很差"选择"没有教材，网络学习有困难"的学生比例为61.60%，明显高于平均水平51.80%。由此可见，认为效果"很好"的同学中，"平台拥堵"的问题成为网课学习遇到的主要问题。认为效果很差的学生中，没有教材、网络学习有困难、缺乏面对面交流的学习氛围、自身自主学习能力缺乏成为影响网络学习的主要问题。

网络学习效果与学生中存在"不停在交流群抱怨'打卡'失败""直播时，有同学随意开麦聊天""老师发布学习任务或通知时，视而不见""打完卡就干与学习无关的事情""只顾'刷网课'，并没有认真参与学习"的行为呈现出0.01水平显著性。通过百分比对比差异可知，学习效果"特别好"选择"不停在交流群抱怨'打卡'失败"的学生比例为36.33%，明显高于平均水平19.84%。学习效果"特别好"选择"直播时，有同学随意开麦聊天"的学生比例为17.76%，明显高于平均水平11.11%。学习效果"很差"选择"打完卡就干与学习无关的事情"的学生比例为25.05%，明显高于平均水平17.30%。学习效果"很差"选择"只顾'刷网课'，并没有认真参与学习"的学生比例为45.59%，会明显高于平均水平30.85%。

学习效果"非常差"选择"不停在交流群抱怨'打卡'失败"的比例为30.18%，明显高于平均水平19.84%。学习效果"非常差"选择"老师发布学习任务或通知时，'视而不见'"的学生比例为17.75%，明显高于平均水平10.62%。学习效果"非常差"选择"打完卡就干与学习无关的事情"的学生比例为30.77%，明显高于平均水平17.30%。认为学习效果"非常差"选择"只顾'刷网课'，并没有认真参与学习"的学生比例为44.38%，明显高于平均水平30.85%。

二、平台对学习活动的记录

在网络教学中，网络空间教学平台"记载"学生的课堂活动，既是学生学习过程的"全面记录"，也是教师对学生学习成绩评定的"学习证据"。平台互动功能包括选人、抢答、参与讨论、提交学习笔记等。通过对2019级 SJ01、SJ02、DS01、DS02 四个班级 1～9 周学生课堂活动进行分析发现：只有部分学生主动参与，班级参与程度差异较大。在学生参与不积极的情况下，教师采取"随机选人"发现，有的学生不在腾讯课堂，有的学生未能及时响应教师的提问。

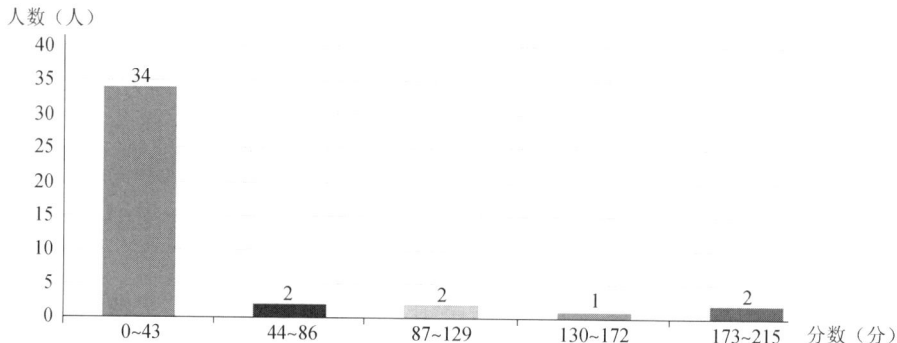

图 3 – 8　2019 级 SJ02 班课程积分统计图

从图 3 –8 可知，该班级 173～215 分人数为 2 人。课程积分最高分为210 分，最低分为 – 6 分。0～43 分的人数为 34 人，占到班级人数的82.93%。在 41 人中，有 5 人课程积分为负数，1 人为 0 分。其余 35 人课程积分为 1431 分，平均分为 40.89 分。全班 41 人中，处于平均分以上的人数为 10 人。得分最高的同学课程积分组成为 18 分抢答 +172 分选人 +13 分讨论 +7 加分。在 17 次课堂教学活动上，学生"选人"部分，参与最多的为 39 次，积分最高为 172 分，"被选中"最少的为 3 次，积分为 5 分。在课堂外讨论活动中，参与次数为 636 次，平均参与次数为 15.9 次。回复"讨论"最多的为 44 次，最少的为 0 次。发表"讨论"最多的为 7 次，最少的为 0 次。

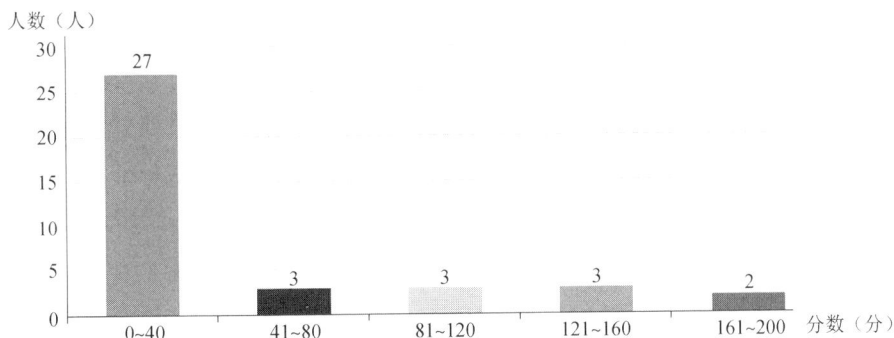

图 3－9　2019 级 SJ01 班课程积分统计图

从图 3－9 可知，该班级 161～200 分人数为 2 人。课程积分最高分为 195 分，最低分为 －11 分。0～40 分的同学为 27 人，占到班级人数的 71.05%。在 38 人中，有 8 人课程积分为负数，3 人为 0 分。其余 31 人课程积分为 1431 分，平均分为 57.78 分。全班 38 人中，处于平均分以上的人数为 11 人。得分最高的同学课程积分组成为 7 分抢答 +172 分选人 +9 分讨论 +7 分加分。在 17 次课堂教学活动上，"选人"答题部分，参与最多的为 39 次，积分最高为 150 分，"被选中"最少的为 2 次，积分为 －11 分。积分最低的学生被选中时，均不在线上课堂。在课堂外讨论活动中，参与次数为 778 次，平均参与次数为 20.5 次。回复"讨论"最多的为 52 次，最少的为 0 次。发表"讨论"最多的为 7 次，最少的为 0 次。

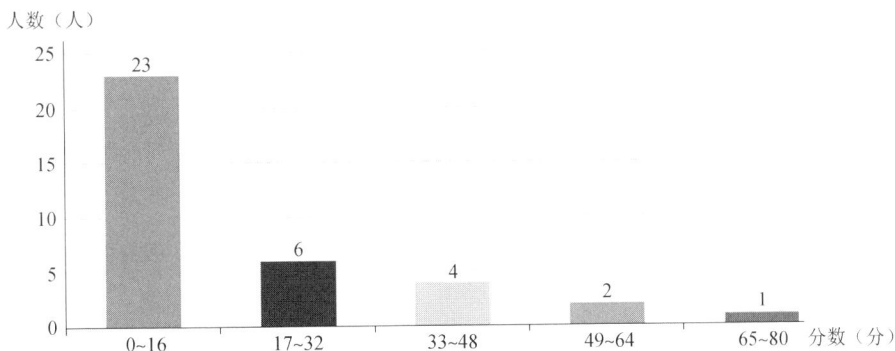

图 3－10　2019 级 DS02 班课程积分统计情况表

从图 3 – 10 可知，该班级 65 ~ 80 分人数为 1 人。课程积分最高分为 76 分，最低分为 – 12 分。0 ~ 16 分的同学为 23 人，占到班级人数的 63.88%。在 36 人中，有 11 人课程积分为负数，1 人为 0 分。其余 36 人课程积分为 529 分，平均分为 22.04 分。全班 36 人中，处于平均分以上的人数为 10 人。得分最高的同学课程积分组成为 72 分选人 + 4 分讨论。在 17 次课堂教学活动上，学生"选人"部分，参与最多的为 16 次，积分最高为 42 分，"被选中"最少的为 2 次，积分为 – 5 分。该学生被选中时，在腾讯课堂，并未能及时回答课堂问题。在课堂外讨论活动中，参与次数为 423 次，平均参与次数为 11.8 次。回复"讨论"最多的为 30 次，最少的为 0 次；发表"讨论"最多的为 6 次，最少的为 0 次。

人数（人）

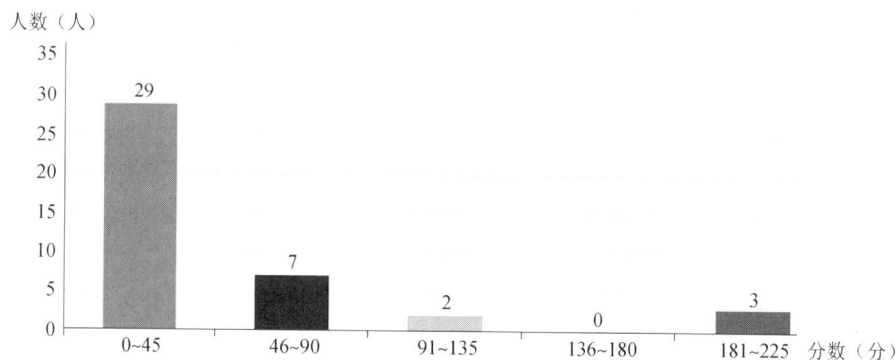

图 3 – 11　2019 级 DS01 班课程积分统计情况表

从图 3 – 11 可知，该班级 181 ~ 225 分人数为 3 人。课程积分最高分为 224 分，最低分为 – 12 分。0 ~ 45 分的同学为 29 人，占到班级人数的 70.73%。在 41 人中，有 6 人课程积分为负数，2 人为 0 分。其余 33 人课程积分为 1739 分，平均分为 52.70 分。全班 33 人中，处于平均分以上的人数为 11 人。得分最高的同学课程积分组成为 13 分抢答 + 192 分选人 + 19 分讨论。在 17 次课堂教学活动上，学生"选人"部分，参与最多的为 41 次，积分最高为 192 分，"被选中"最少的为 1 次，积分为 1 分。在课堂外讨论活动中，参与次数为 877 次，平均参与次数为 21.4 次。回复"讨论"最多的为 48 次，最少的为 0 次；发表"讨论"人数为 0 次。

教师最大的教学智慧不在于展示自我的表达能力，而在于唤醒学生自我表达的欲望。英语口语表达能力的提高，很大程度上依赖于学生课后自主学习的时长和效率。据研究发现，有的学生基本没有自主性学习的意识和行为，而有的学生有一定的自主性行为，但自主性频率较低，大部分学生的自主性处于"中等"和"较差"水平。学生具备一定的"情感自主性",但"行为自主性"十分欠缺,学生的自主性行为在大学英语"翻转课堂"中的情况堪忧。[①]学生英语口语表达能力的提升需要在课堂教学中进一步强化,教师应更多关注学生在课堂教学中的参与状态:小组成员是否全员参与讨论,成员间是否轮流进行小组汇报,小组汇报效果怎样,各小组表达中存在哪些个性与共性问题。在实践教学中发现:小组活动中,经常进行展示汇报、积极进行质疑、主动发起讨论的学生,口语表达能力有显著提高。口语表达能力强的学生更愿意积极主动对小组成员或对其他小组表现进行评价,且评价相对更客观。积极参与留言讨论并及时完成空间学习任务的学生,书面表达能力更强。因此,教师应通过网络教学平台及时收集学生常见书写表达问题,根据对这些"学习证据"分析归类后,在写作教学中进行有针对性的反馈与强化。

第四节　课后学习行为

对于英语学习者而言,词汇的记忆成为影响听力、阅读、写作的"障碍",据研究发现,教师的基本语言知识与阅读教学能力相关,其中最突出的表现为:教师的词素意识最能预测其教学能力。[②]英语学习与其他学科的学习一样,不仅需要投入时间,更需要不断反复练习。教师在教学中运用信息化技术手段能激发学生兴趣,激励学生积极参与小组活动讨论,通过组间竞赛、小组截图贴图、小组展示、教师点拨等环节,构建多个层次之间的反复互动,强化学生知识运用,帮助深化记忆行为。学生的词汇记忆行为影响着学生的听力、阅读与口语表达。

通过网络学习平台,学生可以轻松获取大学英语四、六级考试中出现频次较高的词汇,一些学习软件还提供了关于句子中如何运用词汇的小视频。在实践教学中发现,教师详细讲解的高频词,学生掌握得更牢固;学生对教师提供的词汇学习小视频的学习兴趣更浓厚。

一、课后学生词汇学习行为

在教学观察和教师的访谈中,我们可以看到,学生在词汇学习上花的时

---

① 周婷:《大学英语翻转课堂中的学生自主性研究》,南京航空航天大学硕士学位论文,2016,第29—30页。

② 黄丽燕、赵静、陈小怡:《英语教师的基本语言知识结构要素及其预测能力研究》,《外语教学与研究》2016年第7期。

间比较多，正如 CY05 教师在谈到关于"学生学习行为存在哪些表现"时提到的那样。

CY05：非英语专业学生中，最通行的英语学习方法是，拿一本单词书来背英语单词，除了课堂和课本学习之外，他们普遍很少进行听力、写作、阅读和口语练习。

在课堂教学中，教师从对"单词听写"中得分较高同学的调查发现：学生采取"不断反复朗读单词，进行英汉或汉英默写""百词斩"（或流利说）学习平台进行单词过关的效果更好，而通过阅读文章积累单词的相对较差。究其原因，在于学生课后阅读量较小，自主学习英语时间有限。

表 3 – 15　2018 级学生词汇记忆情况表

班级	第一次听写平均分	最高分	最低分	第二次听写平均分	最高分	最低分
JK01	53. 90	90	0	57. 38	100	0
JK02	61. 07	100	0	63. 46	100	5
XG01	57. 95	95	0	71. 35	95	5
XG02	61. 57	100	0	68. 16	100	0

从表 3 – 15 可以看出，教师进行第一次听写单词是在学期第 5 周，对所学课文中的词汇进行听写，第二次是在学期的第 15 周进行对本学期课文中所学的词汇进行抽查。从整体来看，学生听写情况的"平均分"与其他作业相比，在分数上较低。通过对各分数段情况的分析，学生听写情况呈现出严重的两极分化现象。第一次听写完后，教师将各班听写情况进行了分析，并且在班级请代表分享了词汇记忆的方法和心得。第二次听写覆盖了本学期所学的词汇，整体而言，学生平均分有所提升。JK 班的学生为理工科专业，男生较多，英语学习基础相对较差，在听写方面平均分有所提升，但是整体低于 XG 班学生。通过对学生整体学习情况的分析与个别交流，XG01 班学生得知第一次听写情况后，在词汇记忆和英语学习上花费了更多的时间和精力，在第二次听写中呈现出"迎头赶上"的趋势。

因此，教师在教学中可以充分利用学生学习情况的统计数据，分析学生感兴趣的学习内容和最有效的学习方式；在做教学设计时，尽可能利用大数据技术，丰富大学英语的课堂教学，为学生营造良好的学习氛围，以提高其对大学英语的学习兴趣。

词汇记忆只是学生课后学习英语的一部分，但也可以反映学生的学习投入情况。当前可供学生学习的资源很丰富，各类学习软件也为学生提供了"个性化服务"，但学生花在学业上的时间较少。在网络时代大背景下，作为"数字原住民"的00后大学生，"没有网络，就感觉浑身不自在"，但他们利用网络进行英语学习的时间却十分有限。在一项"大学英语教学生态现状"调查中，2179名大一学生参与调查，"经常使用英语学习软件或网络教学平台开展英语自主学习的"仅占8.58%，13.26%的受访学生表示"从不使用"，78.16%的受访学生表示"有时使用"，如图3-12所示。

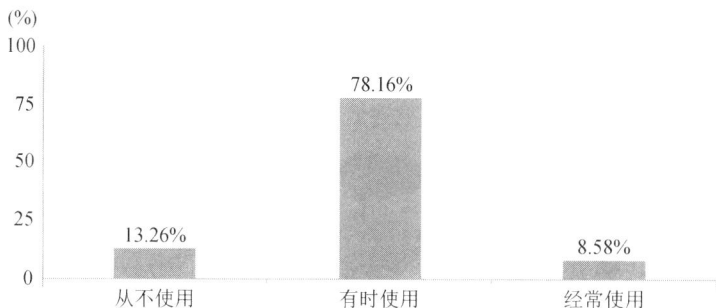

图3-12　学生使用英语学习软件或网络教学平台开展英语自主学习情况图

从图3-13可知，进入大学阶段的学生，在"自主学习"方面的主动性不够强，学生进行学习的主要方式还是"课堂教学"。8.99%的学生"完全依赖课堂"，11.43%的学生"完全依赖自主学习"。51.08%的学生以"课堂学习为主"，自主学习为辅。28.5%的学生"自主学习为主，课堂学习为辅"。

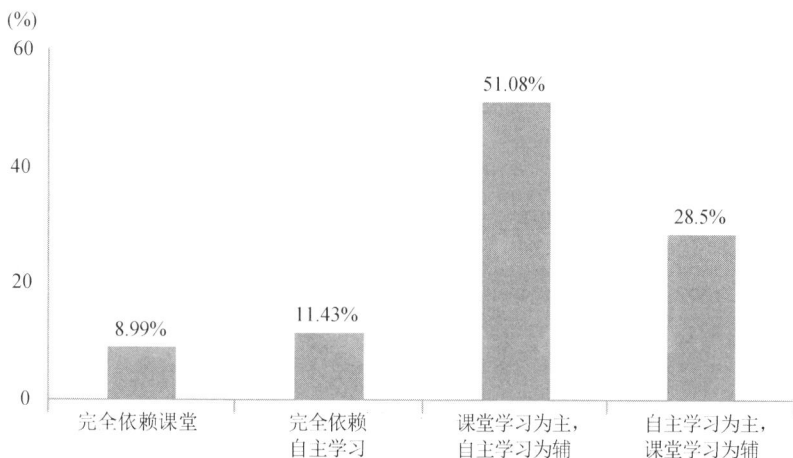

图3-13　学生学习的主要手段情况图

教师在充分把握学生"课堂学习"效率的同时，还需要帮助、引导学生进行有效自主学习。学生除了课堂时间外，课后自主学习等行为影响学生的"学习存在感"。在"一年课程学习结束后，您的英语水平进步程度怎样"的调查中，认为"有很大进步"的占 6.15%，认为"有一点进步"的占 49.47%，44.38% 的受访学生认为"和以前差不多"。具体情况如图 3 – 14 所示。

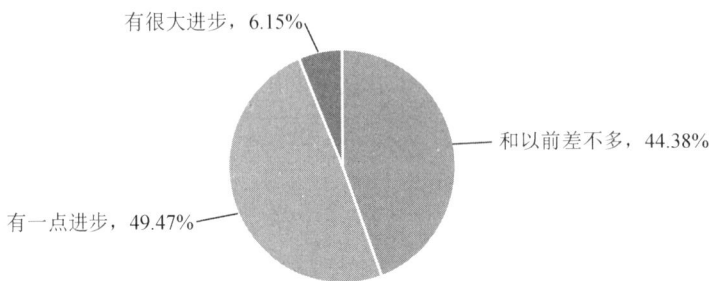

图 3 – 14　学生一学年大学英语课程结束后学习进步程度情况图

在网络课程学习中，学生的自主学习行为需要引导与监督。教师在自主学习方面的引导，对学生的"学习存在感"及其对"学习效果"的感知，影响更显著。在"停课不停学"期间有关"在线学习效果"的调查中，62.37% 的受访学生认为学习效果"一般"，认为"特别好"的学生占7.48%，认为"很差"和"特别差"的学生分别占 7.43% 和 2.58%。详细情况如图 3 – 15 所示。

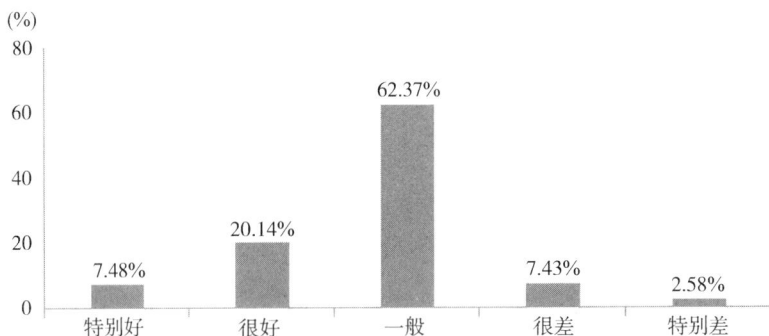

图 3 – 15　"停课不停学"期间学生在线学习效果情况图

二、学生课后学习任务完成行为

笔者发现，在非在线教学期间，课代表"催交"作业现象时有发生，学生作业完成质量有待提高。对于"客观性"的、可以延时提交的作业，学生之间存在一定的"抄袭行为"，而对于"主观性"的、随堂提交的作业，学生之间存在严重的"两级分化"现象。

在大规模使用网络平台教学期间，教师限定作业、测试提交时间后，学习平台有提前 24 小时催交作业功能，在作业提交截止后，仍有学生因为"网络不好""以为自己提交了，就没有关注提醒消息"为借口，不提交作业。学生完成不同难度作业的情况存在差异。"停课不停学"期间，2019 级 4 个班级 14 次作业完成情况如表 3 – 16 所示。

表 3 – 16　2019 级学生"停课不停学期间"14 次作业完成率统计表

班级	班级人数	作业平均完成率（%）	作业平均分	单次作业最高平均分任务及分数	单次作业最高低平均分任务及分数
2019SJ0i	37	64	80.26	0526 四级阅读（94）	第四单元阅读理解（42）
2019SJ02	39	73	83.2	第四单元阅读理解（95）	第三单元听力测试95 后（69）
2019DS01	41	82	85.77	New plans 20200202（94）	第三单元听力测试95 后（65）
2019DS02	36	71	76.73	第五单元朗读作业（92）	第三单元听力测试95 后（51）

从表 3 – 16 中可知，学生线上作业完成情况并不理想，完成率分别为 64%、73%、82% 和 71%。作业完成质量也有待提高，四个班级作业得分分别为 80.26、83.2、85.77 和 76.73 分。听力作业完成任务最为突出，此次作业为随堂听力测试，班级平均分最低的为 51 分（2019DS02）。

除了课后作业外，学生课后讨论区的活跃程度也存在班级差异，总体而言，学生更加习惯于被动回答老师的问题，"发表"话题中只有较少同学会提出学习中的疑问，主要是按照老师要求"提交学习笔记"等。"停课不停学"期间，2019 级 4 个班级讨论区学生互动情况如表 3 – 17 所示。

表 3 – 17　"停课不停学"期间 2019 级学生讨论区学生互动情况表

班级	班级人数	发表数	回复数	互动	访问次数
2019SJ01	37	163	1815	1978	12237
2019SJ02	37	102	2293	2395	12077
2019DS01	41	92	2148	2240	13486
2019DS02	36	530	2504	3034	9667

从表 3 – 17 中可知，学生讨论区互动中，互动方式多为回复教师"发起"的"讨论"。以讨论最为活跃的班级 2019DS02 班为例，"回复"次数为 2504，占互动次数的 82.53%。统计"发表数"的数据发现，某位学生一个人的参与次数就高达 397 次，"回复数" 2504 中，其个人参与次数达 800 次，而其班级参与讨论总数为 1197 次，个人互动次数占总体的 39.45%。通过对该学生学习行为的"跟踪记录"，其学习行为属于"不良行为"，发表内容均为"无效内容"，且均集中在考试前的时间段。

分析学生学习满意度与"课后大学英语教师所布置的作业对于帮助学生加强对课程的理解"程度之间的相关性，结果如表 3 – 18 所示。

表 3 – 18　英语学习满意度与作业对于课程的帮助程度的相关性分析表

课后大学英语教师所布置的作业对于帮助学生加强对课程的理解	相关系数	0.227**
	p 值	0.000
*p < 0.05　　**p < 0.01		

从表 3 – 18 可知，利用相关分析去研究英语学习满意度与作业对于课程的帮助程度的相关关系，使用 Pearson 相关系数去表示相关关系的强弱情况。具体分析可知：英语学习满意度与作业对于课程的帮助程度的相关系数值为 0.227，并且呈现出 0.01 水平的显著性，因而说明英语学习满意度与作业对于课程的帮助程度之间有着显著的正相关关系。

三、学生自主学习行为分析

学生课前学习任务与课后学习完成质量的高低，集中体现出学生自主学习能力的强弱。自主学习能力也是学生在大学阶段亟待提高的能力之一。在对教师的访谈中，有关"您在教学过程中有关注学生学习行为吗？学生在学习行为方面存在哪些方面的问题？"，CY02 教师提出以下观点：

本人比较关注学生的自主学习能力、学习习惯和学习方法。可以放到自我管理视角下。如果某些学生进行了中学六年的系统英语学习，学习结果却仍不理想，个人认为其学习方法有待改善，学习能力需要突破，对语言学习的认知也有待调整。他们比较突出的问题可能是学习者自主学习能力较弱，自我管理约束能力不足。至于其学习行为，只要是适合学习者的实际情况且有效，不管是习惯学习、模仿学习，还是联想学习，都是好的。

学生自主学习情况与学习效果之前存在相关性。本研究对"一年后，学生英语学习程度""英语学习的有效途径"和"除了课堂时间外，利用网络教学平台进行英语自主学习的情况"进行了相关性分析，其结果如表 3 – 19 所示。

表 3 – 19　英语学习进步程度的相关性分析表

您认为学习英语的有效途径	相关系数	0.085**
	p 值	0.000
您除了课堂时间外，利用网络教学平台进行英语自主学习的情况	相关系数	0.183**
	p 值	0.000
*p < 0.05　**p < 0.01		

本研究利用相关分析去研究一年大学英语课程结束后，学生英语水平的进步程度与除课堂时间外利用网络教学平台进行英语自主学习情况及学习英语的有效途径之间的相关关系，使用 Pearson 相关系数去表示相关关系的强弱情况。对表 3 – 19 具体分析可知：一年大学英语课程结束后，学生英语水平的进步程度，与除课堂时间外利用网络教学平台进行英语自主学习情况之间的相关系数值分别为 0.183 和 0.085，并且呈现出 0.01 水平的显著性，因而说明学生的英语水平进步程度与这两项之间有着显著的正相关关系。

对学生进步程度与学生课后利用网络学习平台自主学习英语的情况进一步进行卡方（交叉）分析，发现他们之间存在显著性差异，详细结果如表 3 – 20 所示。

表 3 – 20　学生进步程度与学生自主学习情况的交叉（卡方）分析表

题目	名称	一年大学英语课程结束后英语水平			总计
		和以前差不多	有一点进步	有很大进步	
课外利用网络教学平台进行英语自主学习	从不使用	183（18.92）	82（7.61）	24（17.91）	289（13.26）
	有时使用	735（76.01）	898（83.30）	70（52.24）	1703（78.16）
	经常使用	49（5.07）	98（9.09）	40（29.85）	187（8.58）
总计		967	1078	134	2179

本研究还发现，学生在经过大学第一年的英语学习之后，英语水平的提高程度对于课后利用网络教学平台进行英语自主学习呈现出 0.01 水平显著性（chi = 152.174，p = 0.000 < 0.01），通过百分比对比差异可知，英语学习水平"和以前差不多"选"从不使用"的比例为 18.92%，明显高于平均水平 13.26%。英语学习水平"有一点进步"选择"有时使用"的比例为 83.30%，明显高于平均水平 78.16%。

对学生进步程度与学生学习英语的有效途径进一步进行卡方（交叉）分析，发现他们之间存在显著性差异，详细结果如表 3－21 所示。

表 3－21　学生进步程度与学生学习英语的有效途径的交叉（卡方）分析表

| 题目 | 名称 | 一年大学英语课程结束后英语水平 | | | 总计 |
		和以前差不多	有一点进步	有很大进步	
学习英语的有效途径	完全依赖课堂	141（14.58）	49（4.55）	6（4.48）	196（8.99）
	完全依赖自主学习	95（9.82）	137（12.71）	17（12.69）	249（11.43）
	课堂学习为主，自主学习为补	431（44.57）	627（58.16）	55（41.04）	1113（51.08）
	自主学习为主，课堂学习为补	300（31.02）	265（24.58）	56（41.79）	621（28.50）
总计		967	1078	134	2179
$\chi^2 = 101.748$　$P = 0.000^{**}$					

学生经过大学第一年的英语学习之后，英语水平的提高程度对于学习英语的有效途径呈现出 0.01 水平显著性（chi = 101.748，p = 0.000 < 0.01），通过百分比对比差异可知，认为"有一点进步"选择"课堂学习为主，自主学习为补"的学生比例为 58.16%，明显高于平均水平 51.08%。认为"有很大进步"选择"自主学习为主，课堂学习为补"的学生比例为 41.79%，明显高于平均水平 28.50%。

对学生进步程度与学生遇到学习困难后的做法进一步进行卡方（交叉）分析，发现他们之间存在显著性差异，详细结果如表 3－22 所示。

表 3－22　学生进度程度与学生遇困难后做法的交叉（卡方）分析表

| 题目 | 题目 | 一年大学英语课程结束后英语水平 | | | 总计 |
		和以前差不多	有一点进步	有很大进步	
在学习中遇到困难的做法	主动请教老师	102（10.55）	164（15.21）	43（32.09）	309（14.18）
	到学习平台发起提问，与同学讨论	107（11.07）	154（14.29）	25（18.66）	286（13.13）
	自己查有关资料，参考书目	621（64.22）	685（63.54）	44（32.84）	1350（61.96）
	置之不理	84（8.69）	38（3.53）	15（11.19）	137（6.29）
	其他	53（5.48）	37（3.43）	7（5.22）	97（4.45）
总计		967	1078	134	2179
$\chi^2 = 150.243$　$P = 0.000^{**}$					

在遇到学习困难时，学生采取的解决方法也存在显著性差异。学生的英语水平提高程度，对于在学习中遇到困难的做法呈现出 0.01 水平显著性

（chi＝99.116，p＝0.000＜0.01），通过百分比对比差异可知，"有很大进步"的学生选择"主动请教老师"的比例为32.09%，明显高于平均水平14.18%。"有很大进步"的学生选择"到学习平台发起提问，与同学讨论"的比例为18.66%，明显高于平均水平13.13%。

对学生进步程度与学生自主学习整体状况，即"课堂教学外，能确立自主学习计划，有明确学习目标，且经常反思学习过程中的问题，并根据学习情况调整学习计划"进行进一步卡方（交叉）分析，发现他们之间存在显著性差异，详细结果如表3-23所示。

表3-23　学生进步程度与学生自主学习整体状况的交叉（卡方）分析

题目	题目	一年大学英语课程结束后英语水平			总计
		和以前差不多	有一点进步	有很大进步	
课堂教学外，能确立自主学习计划，有明确的学习目标，且经常反思学习过程中的问题，并根据学习情况调整学习计划	完全符合	84（8.69）	97（9.00）	34（25.37）	215（9.87）
	符合	232（23.99）	406（37.66）	52（38.81）	690（31.67）
	不确定	416（43.02）	459（42.58）	27（20.15）	902（41.40）
	不符合	192（19.86）	101（9.37）	11（8.21）	304（13.95）
	完全不符合	43（4.45）	15（1.39）	10（7.46）	68（3.12）
总计		967	1078	134	2179
χ^2＝99.116　P＝0.000**					

学生的英语水平提高程度，对于"在大学英语学习过程中，除了教师课堂教学外，能确立自主学习计划，有明确学习目标，且经常反思学习过程中的问题，并根据学习情况调整学习计划"，呈现出0.01水平显著性（chi＝150.243，p＝0.000＜0.01），通过百分比对比差异可知，"有很大进步"选择"符合"的学生比例为38.81%，明显高于平均水平31.67%。"有一点进步"选择"符合"的学生比例为37.66%，明显高于平均水平31.67%。"和以前差不多"选择"不符合"的学生比例为19.86%，明显高于平均水平13.95%。

第四章　高校英语空间教学师生行为的影响因素

　　微课、"翻转课堂"、网络平台教学等数字化教学，为高校英语教学提供了丰富的课程资源，英语课堂从传统课堂拓展到了空中课堂和网络虚拟课堂。在这种数字化教学环境下，大学英语教学中主体与环境之间的关系也会发生很大的变化，学生互动、师生互动不受时间、地点的限制，课堂教学生态环境呈开放化、互动化趋势，但教师和学生对数字化环境的适应能力不够等现象依然存在。教师和学生对数字化教学的认知不够，导致在利用数字化环境教学或学习上程度受限、学生能力提升的效率不高。因此如何让数字化教学与传统教学"共生"于高校英语教学，让学习者学习环境更优、学习效果更好、生态更平衡是当前高校英语教学改革需关注的问题。影响课堂生态位的因素是复杂的，几乎所有的生态因素都有可能成为限制因素。然而，这种限制作用不是由某种生态因素的量大或量小来决定的。当这种限制作用"质"的规定性有害时，它就会产生不同程度的限制。[①] 因此，网络教学中需要尽可能突破影响课堂生态平衡的限制因素，以实现课堂教学效率的最优化。

第一节　师生物理文化环境

一、校园生态环境

　　校园生态环境，究其根本，"乃是学校人的活法，离开学校师生活法的文化乃是伪文化"[②]。校园文化影响着课堂生态的动力，校园生态环境无形

---

① 胡立：《主体与环境：高等职业教育就业生态系统的平衡》，湖南师范大学博士学位论文，2016，第249页。
② 刘铁芳：《什么是好的教育——学校教育的哲学阐释》，高等教育出版社，2014，第224页。

中对教师的教学行为产生了影响。学校的校风、学风，潜移默化地影响着教师和学生处事与生活的方式。若没有将"以人为本"的理念融入校园各个角落，教师和学生的行为则容易受制度的影响而带上"被迫"的印记：教师疲于应付教学事务，学生忙于应付考试。和谐的校园文化可以激发教师的工作热情，投身于教学、育人的事业中。教师在宽松的科研环境中，更容易催生科研的"内需求"，而不是"为了科研而科研"。"内生性"科研需求，应是教师在教学过程中不断进行教学反思、完善教学设计中产生，这样便能形成"教学中产生问题—进行科研—科研成果应用于教学—更高质量的教学"的良性循环。

教学管理规定、教学评价制度等相关制度也是校园生态环境的一部分，同时规范着教师的行为。在教学执行过程中，教学制度影响教师行为。在教学制度的规约下，教学的内容和教学方法需要教师在教学实践中探索。教学行为的改变除需要用先进的教学理论指引外，还需要从其他教师的课堂中吸取经验。

"大学英语"课程有其自身的特性，学生语言环境的缺乏，使学生处在一个相对封闭的学习空间，习惯于语法讲解或大量刷题的"输入"方式。走进大学后，虽然有的学校开设了"英语角"或有与其他外籍教师交流的机会，但整体学习英语的氛围缺乏。整个校园或班级的学习风气也会影响英语这门课程学习的氛围，有学生表示，对英语学习状态的"不满意"并不是英语本身，而是整体学习。

学生1：跟这门课没关系，关键在于现在的大学生大多数上了大学后自制力就下降了，不再像高中一样。

学生2：没有一个好的学习交流环境加强同学之间的学习交流。

学生3：平台拥堵。改善网络环境，缓解拥堵状况。

学生4：网络总是拥堵崩坏。希望优化学习环境。

数字化校园建设为学生的自主学习提供"智力支持"，数字技术需要为学生的成长发挥其"最优功能"，而不只是一些"外在评价指标"。不管学校硬件环境多么优越，可学校始终是"以人为中心、呵护人的生命成长的地方"[1]。

---

[1] 刘铁芳：《什么是好的教育——学校教育的哲学阐释》，高等教育出版社，2014，第236页。

二、教师评价机制

科学合理的教师考核评价机制，是促进高校师资队伍建设的重要手段，也是提升本科教育教学质量的"内生需求"。学校教学管理部门对于教师的评价要根据教学开展情况、学生评价、同行评价、督导评价等方面实施，各个学校评价赋值的比重和实施情况有些差异。有的学校十分重视教学评价及其反馈，有的学校教师对于各项评价"不清楚"。教师开展教学过程中常常受"教学计划"或"教学进度"的影响，忽略学生的学习情况。教师评价机制一定程度上能引导教师的教学投入。在有关教师评价方面，学生和教师从不同立场发表自己的看法。

学生1：大多数老师，为了赶课时，讲得比较快，所以英语基础差的同学有些跟不上。

学生2：有的老师平时对学生要求不是很严格，学生平时分给得很高，自己对于教学的投入也不是很多，但学生对老师的评教分很高。

学生3：学生评价占教师评价的比重很高，学生对于教师的评价有时候会很主观，当然大部分的学生还是能有是非观念，对于负责任、教学认真的老师评价很高，但是不排除一些不是很认真的老师也很受学生欢迎。

在调查中，有的教师认为"应该改革学生评价机制，让学生成为学习主体"。在所调研的6所高校中，对教师的评价基本采用"学生评价+同行评价+院领导评价+督导评价"的方式，只是在评价比重分配上略有差异。在教师课堂评价中，C高校对教师课堂教学质量的综合评价中，学生评价占60%，教师所在教学单位对教学常规等方面的评价占20%，督导评价和自我评价分别占15%和5%，如表4-1所示。

表4-1　C高校教师课堂教学质量综合评价

评价内容	学生评价	教学单位评价	督导评价	自我评价	总评价
百分比（%）	60	20	15	5	100

学校对于教师的考核，也是基于量化的分数。这种考核是一种"任务型"考核，并未建立良好的反馈机制。在一项名为"您对最近一次教学的评价"的调查中，25.74%的受访教师表示并不清楚自己的教学评价情况。

在对C校教师进行的访谈中，有教师提及：这一年来，都没有老师听课。

在 CS 校访谈中，有教师表示：不太了解教师评价方式。部分有关教师评价方式的反馈如下。

　　教师 1：学期末或学年末偶尔收到评价。教学评价应该增加透明度，让老师明白有哪些方面不足，应该朝哪个方向努力。

　　教师 2：能收到分数，但无具体反馈。

　　教师 3：收不到评价反馈。只知道哪些老师的考核结果是优秀，个人教学情况不能通过教学平台自己查看。

　　从访谈情况可知，尽管学校建立了教师评价体系，但是评价反馈机制并不完善，访谈学校的教师能在平台查到"学生评教"的分数，但是他们并不知道最终的评价分数，"只知道哪些老师被评了优秀"，但是具体的情况并不知情，更谈不上收到"具体反馈"了。

　　同行评价只是部分教师在"教务管理系统"中对同一教研室的老师"评分"，被"赋予"了"给分"权的某老师评价道："我打分的时候有个别老师都不是很熟悉，更别说去听课了，不给分会影响教师评价分数。"全面实施网络教学后，对于教师的考评机制也没有"更新"。正如 T2 - 112 问卷中教师所反馈的"没有建立网课工作量计算和考核评价制度"。

　　在网络教学期间，大部分的教师能全心投入网络教学，但是在没有明确"线上课堂教学标准"和"线上教学教师考核办法"的情况下，出现了一些不规范的行为。

　　教学反馈 1：有一部分老师对学生管理不够严格，缺少有效的监督手段与方法。只顾自己讲课，缺乏与学生互动，没有充分利用线上教学平台的优势，不管学生是不是在认真听课。

　　教学反馈 2：个别教师线上教学投入精力不足，认为网课不会持续多长时间；为了省事省时而去上大课，使教学效果更难保证；也有教师不愿意授课，仅仅挂课件来进行网课教学。有一个老师没有直播课堂，督导老师只进入了班级 QQ 群，没看到课堂情况。

　　教学反馈 3：个别老师仅仅把网络教学看成是完成教学工作量而已，没有把学生的学习放在第一位，如有的老师仅仅在"学习通"上发布一些教学文档、课件和练习题目，找不到录制的教学视频，看不到上课时老师是否在场，老师无法及时监控学生学习情况，不能及时为学生解答学习中的疑惑，也让学生对网络课程产生应付式的态度。

从教师们对教学反馈中的各种情况可以看出，现下并没有一个合适的交流和促进教师教学反馈的平台，教学反馈仅以教学文件的形式进行发布。因此，部分积极关心教学的教师会认真开展反思，而有些教师则对此并不关心。

三、英语学习环境

信息化环境下的高校英语课堂中，教师可以充分运用信息化手段尽可能丰富课堂环境，促进课堂互动的开展。教师要适时对学生课堂行为进行观察和评价，了解学生对课堂的期望，并不断修改教师对学生的要求与期望，通过互动不断优化"课堂情境"。① 信息化课堂更加关注课堂生态主体的自由和个性化发展，在课堂设计上更多地体现出人性化关怀。② 本研究中，课堂学习环境氛围包括课堂物理环境（包括坐位排列、多媒体设施和课堂人数等）和语言学习人文环境（包括课堂学习环境、校园文化环境和师生关系等）。

（一）课堂物理环境

优雅的物理空间为师生卓越心智生活提供背景与基础，在学校场域之中，人与环境的积极互动构成了校园之魅力，构成了学校生活之魅力。③学校课堂中的各种设施条件为学生学习提供基本条件，座位安排、教室环境以及课堂教学气氛等都会对学生的学习产生一定影响。

在一项"您认为身边的大学英语课堂学习环境"的调查中，45.8% 的受访学生认为"有良好的光线，通风好，环境安静舒适"。但是 25.47% 的受访学生认为"教室灯光或多媒体设施让人感觉不舒服"，39.47% 的受访学生认为"多媒体设备陈旧，投影效果欠佳"，18.82% 的受访学生认为"行列式座位编排不利于课堂互动"，18.82% 的受访学生认为"课堂人数太多"。34.05% 的受访学生认为"玩手机或干与上课无关人很多"，如表 4 - 2 所示。

---

① 郑金洲：《教育文化学》，人民教育出版社，2019，第 276 页。
② 郭丽君、陈中：《信息化背景下的大学课堂生态：变革、问题与对策》，《现代大学教育》2017 年第 6 期。
③ 刘铁芳：《什么是好的教育——学校教育的哲学阐释》，高等教育出版社，2014，第 195 页。

表4－2　课堂学习环境氛围课堂物理环境响应率和普及率汇总表

项目	响应		普及率
	n	响应率	($n=2179$)
有良好的光线，通风好，环境安静舒适	998	23.29%	45.80%
教室灯光或多媒体设施让人感觉不舒适	555	12.95%	25.47%
多媒体设备陈旧，投影效果欠佳	860	20.07%	39.47%
行列式座位编排不利于课堂互动	410	9.57%	18.82%
课堂人数太多	410	9.57%	18.82%
玩手机或干与上课无关事情人很多	742	17.32%	34.05%
其他	310	7.23%	14.23%
汇总	4285	100%	196.65%
拟合优度检验：$\chi^2=659.096$　$p=0.000$			

针对多选题各选项选择比例分布是否均匀，使用卡方拟合优度检验进行分析。从表4－2可知，拟合优度检验呈现出显著性（chi＝659.096，p＝0.000＜0.05），意味着各项的选择比例具有明显差异性，可通过响应率或普及率具体对比差异性。具体来看，"有良好的光线，通风好，环境安静舒适""多媒体设备陈旧，投影效果欠佳""玩手机或干与上课无关事情人很多"这三项的响应率和普及率明显较高。

和谐的课堂环境有利于学生学习与身心发展，在目前的大学英语课堂中，教师空间布局多为"行列式座位安排"，学生可以根据需求自由选择座位，教师能很好地监控学生的活动，但也存在一些不足：不利于同学之间的交流、拉大了师生距离且后排同学容易被忽视。具体情况如图4－1所示。

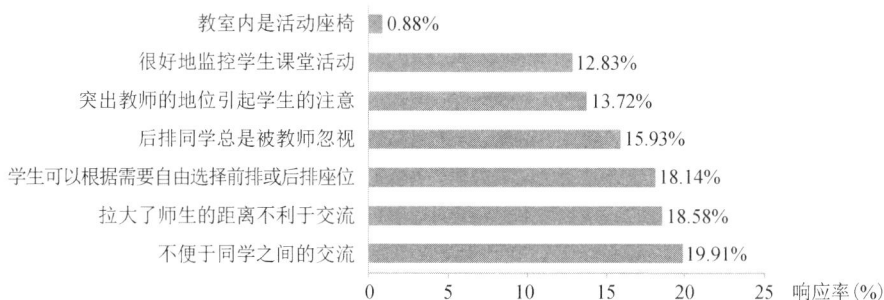

图4－1　行列式座位对学生的影响情况图

针对多选题各选项选择比例分布是否均匀，使用卡方拟合优度检验进行分析。拟合优度检验呈现出显著性（chi = 39.504，p = 0.000 < 0.05），意味着各项的选择比例具有明显差异性，可通过响应率或普及率具体对比差异性。具体来看，"学生可以根据需要自由选择自己前排或后排座位""拉大了师生的距离不利于交流""不便于同学之间的交流"这三项的响应率和普及率明显较高。目前，多媒体教室和语音室主要是行列式座位编排，教师与学生的互动与双向交流受到一定影响。

本研究通过对课堂物理环境（包括在课程学习中的位置和班级人数）与学生英语学习的"满意度"进行研究发现，课堂物理环境与学生学习满意度呈相关关系，具体情况如表4-3所示。

表4-3　课堂物理环境与学生学习满意度相关性分析表

课堂物理环境	您对现在的英语学习状况满意吗?	相关性系数
	您所在的"大学英语"课程课堂人数	0.099**
	您在参加"大学英语"课程学习时通常坐在教室的什么位置	0.212**

从表4-3可知，课堂物理环境与班级人数、通常在教室中的位置存在相关性，其相关性系数分别为0.099和0.212，通过显著性水平0.05。

通过学生在课堂教学中的"物理位置"与"学生进步程度"的交叉（卡方）分析可以看出，在自主选择座位的情况下，学生的"物理生态位"与学生学习效果存在一定关系，具体结果如表4-4所示。

表4-4　学生在课程学习中座位的位置与学生进步程度的交叉（卡方）分析表

题目	位置	一年大学英语课程结束后英语水平			总计
		和以前差不多	有一点进步	有很大进步	
参加课程学习时通常坐在教室的位置	前三排中间座位	171 (17.68)	219 (20.32)	47 (35.07)	437 (20.06)
	前三排两旁座位	166 (17.17)	198 (18.37)	18 (13.43)	382 (17.53)
	教室中间排的中间座位	187 (19.34)	257 (23.84)	26 (19.40)	470 (21.57)
	教室中间排的两旁座位	131 (13.55)	123 (11.41)	11 (8.21)	265 (12.16)
	后三排中间座位	114 (11.79)	119 (11.04)	5 (3.73)	238 (10.92)
	后三排两旁座位	113 (11.69)	90 (8.35)	15 (11.19)	218 (10.00)
	其他	85 (8.79)	72 (6.68)	12 (8.96)	169 (7.76)
总计		967	1078	134	2179
$\chi^2 = 44.549$　P = 0.000**					

学生英语水平的提高程度与学习时通常坐在教室的位置呈现出 0.01 水平显著性（chi = 44.549，p = 0.000 < 0.01），通过百分比对比差异可知，认为英语水平"有很大进步"选择"前三排中间座位"的学生比例为 35.07%，会明显高于平均水平 20.06%。在课堂观察中不难发现，学习积极的学生更愿意选择教室的"前排中间座位"。

在有关"目前大学英语学习最不满意的地方"的开放型问题中，有关教学设备等物理环境的意见如下所示。

学生 1：硬件设备不好，希望及时更新设备。

学生 2：教学设备陈旧，用投影仪的时候黑板被占了一大半。

学生 3：教学设施不是特别好，我认为需要改进，因为无论教师的教学水平有多好，也需要良好的教学环境，只有这样，才能更好地发挥教师的教学水平。

（二）语言学习的人文环境

教学设备、班级规模等物理环境属于"硬环境"，但是班风、学风等英语学习氛围以及课堂中教师语言环境的创设均属于"软环境"。本研究对英语学习环境与学习进步程度的交叉（卡方）分析如表 4 - 5 所示。

表 4 - 5　英语学习环境与学习进步程度的交叉（卡方）分析表

题目	程度	一年大学英语课程结束后英语水平			总计
		和以前差不多	有一点进步	有很大进步	
大学英语学习的氛围（班风与学风）	很好	75（7.76）	108（10.02）	43（32.09）	226（10.37）
	好	156（16.13）	322（29.87）	37（27.61）	515（23.63）
	一般	589（60.91）	576（53.43）	31（23.13）	1196（54.89）
	差	120（12.41）	59（5.47）	12（8.96）	191（8.77）
	十分差	27（2.79）	13（1.21）	11（8.21）	51（2.34）
总计		967	1078	134	2179
$\chi^2 = 195.002$　P = 0.000**					

由表 4 - 5 可知，学生英语水平提高程度对于大学英语学习的氛围（班风与学风）呈现出 0.01 水平显著性（chi = 195.002，p = 0.000 < 0.01），通过百分比对比差异可知，认为"有很大进步"选择英语学习氛围"很好"的比例为 32.09%，会明显高于平均水平 10.37%。认为"有一点进步"选择学习氛围"好"的比例为 29.87%，会明显高于平均水平 23.63%。而认

为进步程度"和以前差不多"选择学习氛围"一般"的比例为 60.91%，会明显高于平均水平 54.89%。

在访谈回答有关"班风"和学生学习"积极性"问题时，学生认为班级学风"一般"的比较普遍，班上同学玩手机的现象比较普遍。学生能认识到"学风""班风"对学生学习的影响，但是"随波逐流"现象较为普遍。

教师 1：风气一般。有的同学存在问题。学习是自己的事，自己不在乎，别人也管不了。有的学生不把学习当回事，做一些与学习无关的事。大多数学生能积极参与、完成作业，但也有一部分人做不到。

教师 2：许多学生精神懈怠，积极性不高。

教师 3：课堂积极性不高。不听课的人大多数都在玩手机。

教师 4：举手回答问题的积极性不高。

教师 5：学风一般，主要是玩手机。现在网课比较多，或者在刷网课。老师上课经常用手机与我们互动，学生假装在完成学习任务，趁老师不注意就开始玩游戏了。

教师 6：我们班学生还可以。学习还是要靠自觉，很多同学看着周围的人在玩手机，也就跟着不学习了。高中的时候学习压力大，班上还是有个别同学把大学当成玩的地方。

从以上学生的回答中可知，目前学生英语学习的环境不容乐观，但是学生有一定的自主性、自觉性，需要教师将学生的学习心理和特点融入教学中，在知识传授与能力培养活动设计中，让学生知悉学习的意义，让学生把自主学习意识变成自主学习行为。

本研究对"课堂上教师使用英语的情况"与"学生英语学习满意度"进行相关性分析，其结果如表 4 – 6 所示。

表 4 – 6　课堂上教师使用英语的情况与学生英语学习满意度相关性分析表

语言学习环境	您对现在的英语学习状况满意吗?	相关性系数
	大学英语教师课堂上使用英语教学的情况	0.203 **
* $p < 0.05$　** $p < 0.01$		

利用相关分析研究英语学习满意度和教师在课堂上英语使用情况之间的关系，使用 Pearson 相关系数表示相关关系的强弱情况。具体分析可知，英语学习满意度和教师在课堂上英语使用情况的相关系数值为 0.203，并且呈

现出 0.01 水平的显著性，这说明英语学习满意度和教师在课堂上英语使用情况之间有着显著的正相关关系。

本研究进一步对教师"教师教学课堂效率"与学习环境（包括校园环境、班风、学风）进行相关性分析，其结果如表 4 – 7 所示。

表 4 – 7　教师教学课堂效率与学习环境相关性分析表

教师教学课堂效率与学习环境的相关性分析（$n = 101$）	
您对大学英语课堂学习气氛的看法有哪些	0.370**
您认为目前校园英语语言环境对学生英语学习的影响是什么	0.297**
您对大学英语学习的氛围，诸如：校风、班风与学风的看法如何	0.581**
*p < 0.05　**p < 0.01	

利用相关分析研究课堂教学效率和大学英语课堂学习气氛、校园英语语言环境、大学英语学习的氛围的关系，使用 Pearson 相关系数去表示相关关系的强弱情况。具体分析可知，课堂教学效率和英语课堂学习气氛、校园英语语言环境、英语学习的氛围之间的相关系数值分别为 0.370、0.297、0.581，并且呈现出 0.01 水平的显著性，因而说明课堂教学效率和英语课堂学习气氛、校园英语语言环境、英语学习的氛围之间有着显著的正相关关系。

除了学习氛围等学习环境外，目前英语课堂普遍存在"班级人数太多的问题"，超出了语言学习的"生态承载力"。在目前的班级规模下，有的班级采取合班教学，班级人数近 100 人。在教师访谈中，CY 教师认为"教学班级人数太多，不适合语言学习"。

每一个课堂都是教师教学行为的"小生态环境"。良好的课堂教学生态环境是教师与学生行为优化的重要条件，良好的班级文化氛围所创造的"小生态环境"能让学生之间相互学习、共同提高。高校大学课堂教学中，"教学空场"是课堂教学的常态。教师与学生处于"从游"或"游离状态"，师生"共游"的教学场景较为少见。

师生是课堂教学生态的载体。师生之间呈"游离"状态时，师生关系随着教学活动的结束而结束；师生之间呈"从游"状态时，教师在教学中发挥主导作用，学生的积极性没有得到充分发挥；而当师生之间呈"共游"状态时，师生关系则是由简单的师生传授关系转换成伙伴、合作和互生的关系，师生关系的生命在交流、互动和辩论中获得激发。① 大学英语课程注重

---

① 胡立、张放平：《高校教学管理生态的主体存在方式与实践观照》，《东北大学学报（社会科学版）》2015 年第 4 期。

学生的语言能力与自主学习能力，基础差的学生课堂参与程度较低，容易造成优秀学生的"话语霸权"。个性化参与的缺乏，影响学生自主探索、建构知识的积极性，导致课堂教学中教师教学目标与学生实际表现之间的不平衡。这些行为的出现与教师的教学理念、教学经验以及学生的行为表现有很大关系。因此，要改善教师的教学行为需要从改善课堂"小生态环境"入手。在这个"小生态环境"中，师生之间是否存在"共生"关系决定了生态环境的好坏。师生在教学活动中，建立了以学习活动为中心的较为稳定的人际交往关系，师生之间的交流与沟通行为和师生之间的关系影响着教学目标的达成与教学效果的实现。以语言运用习得为核心的大学英语课堂，应更加注重师生之间良好教学氛围的营造。在民主、和谐的"支持型"课堂氛围之下，学生更加敢于表达自我，不害怕出现语言错误，生生之间的合作与交流更为融洽，能实现正向的"在场"效应，此时师生之间的关系为一种"共在"关系。

（三）网络学习环境

每个网络平台都有各自的优势，在直播课程方面，许多平台能够为教师交流提供方便，但是这些平台并不能提供学习过程的记录。能记录学生学情况的"雨课堂"和超星"学习通"平台在"高峰期"登录时会受到影响。58.35%的受访学生认为，在大学英语课程网络学习中，遇到的主要问题是"平台拥堵"；51.8%的受访学生认为，"没有教材，网络学习有困难"。详细情况如表4-8所示。

表4-8　学生网络学习遇到的主要问题响应率和普及率汇总表（n = 6554）

遇到的主要问题维度	响应数	响应率	普及率
平台拥堵	3824	24.90%	58.35%
没有教材，网络学习有困难	3395	22.11%	51.80%
要运用的学习平台或软件太多	2540	16.54%	38.75%
网络支撑条件不好	1727	11.25%	26.35%
缺乏面对面交流的学习氛围	1526	9.94%	23.28%
学习基础不好	1047	6.82%	15.97%
每天上网课时间太长	460	3.00%	7.02%
作业布置太多	363	2.36%	5.54%
老师布置的学习任务不明确	177	1.15%	2.70%
没有遇到什么问题	173	1.13%	2.64%
老师信息化操作不熟练	80	0.52%	1.22%

续表

遇到的主要问题维度	响应数	响应率	普及率
其他	44	0.29%	0.67%
汇总	15356	100%	234.30%
拟合优度检验：$\chi^2 = 15449.661$　$p = 0.000$			

　　针对多选题各选项选择比例分布是否均匀，使用卡方拟合优度检验进行分析。从表 4 - 8 可知，拟合优度检验呈现出显著性（chi = 15449.661，p = 0.000 < 0.05），意味着各项的选择比例具有明显差异性，可通过响应率或普及率具体对比差异性。具体来看，"平台拥堵""要运用的学习平台或软件太多""网络支撑条件不好""没有教材，网络学习有困难"这 4 项的响应率和普及率明显较高。从教师方面来看，在教学实施中所遇到的主要困难如表 4 - 9 所示。

表 4 - 9　教师网络教学过程中遇到的主要问题响应率和普及率汇总表 (n = 204)

遇到的主要问题维度	响应数	响应率	普及率
平台拥堵	122	24.25%	59.80%
学生没有教材，教学实施有困难	105	20.87%	51.47%
师生互动效果差	86	17.10%	42.16%
网络支撑条件不好	57	11.33%	27.94%
信息化教学知识缺乏，缺少相应的信息化教学指导	35	6.96%	17.16%
开展信息化教学氛围不够浓厚	21	4.17%	10.29%
网络资源准备不充分	15	2.98%	7.35%
学生思想上不重视，涌现出"网课学困生"	58	11.53%	28.43%
其他	4	0.80%	1.96%
汇总	503	100%	246.57%
拟合优度检验：$\chi^2 = 245.360$　$p = 0.000$			

　　针对多选题各选项选择比例分布是否均匀，使用卡方拟合优度检验进行分析。从表 4 - 9 可知，拟合优度检验呈现出显著性（chi = 245.360，p = 0.000 < 0.05），意味着各项的选择比例具有明显差异性，可通过响应率或普及率具体对比差异性。具体来看，"平台拥堵""学生没有教材，教学实施有困难""师生互动效果差"这三项的响应率和普及率明显较高。

　　从表 4 - 8 和表 4 - 9 来看，"平台拥堵""没有教材"是"停课不停学"期间遇到的共同问题。在大规模在线学习之前，教师在信息化教学中所遇到的主要问题则是"多媒体设备陈旧或效果不好""信息化教学知识缺乏"等问题，具体情况如图4-2所示。

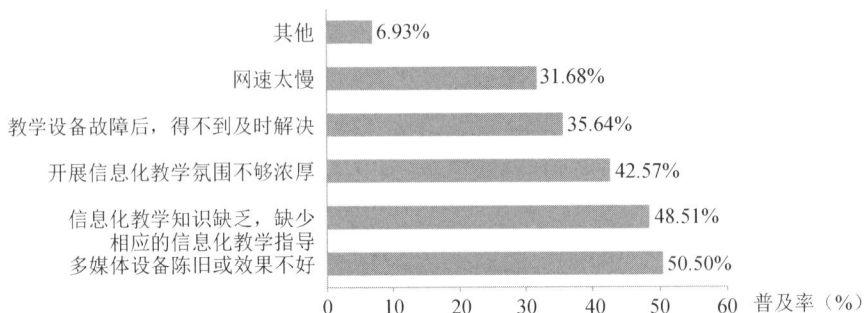

图4-2 教师信息化教学中遇到的主要问题情况图

针对多选题各选项选择比例分布是否均匀，使用卡方拟合优度检验进行分析。拟合优度检验呈现出显著性（chi = 35.761，p = 0.000 < 0.05），意味着各项的选择比例具有明显差异性，可通过响应率或普及率具体对比差异性。具体来看，"多媒体设备陈旧或效果不好""信息化教学知识缺乏，缺少相应的信息化教学指导""开展信息化教学氛围不够浓厚"这三项的响应率和普及率明显较高。在大规模在线学习之前，使用网络平台教学的教师较少，参与调查的101名教师中，"经常使用"的占35.64%，"总是使用"的占1.98%。教师对于网络教学平台的评价情况如图4-3所示。

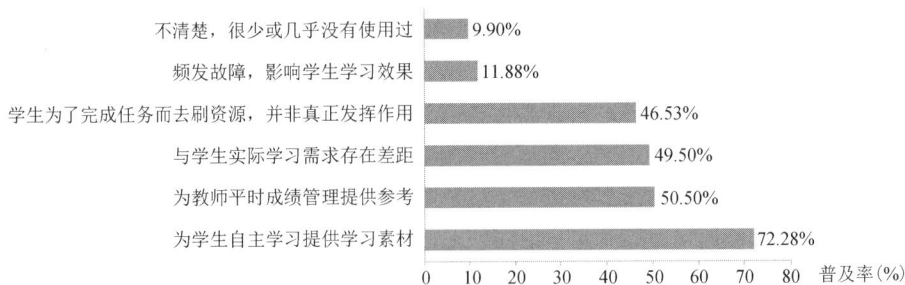

图4-3 教师使用网络教学平台评价情况图

针对多选题各选项选择比例分布是否均匀，使用卡方拟合优度检验进行分析。拟合优度检验呈现出显著性（chi = 75.099，p = 0.000 < 0.05），意味着各项的选择比例具有明显差异性，可通过响应率或普及率具体对比差异性。具体来看，"为学生自主学习提供学习素材""为教师平时成绩管理提

供参考""与学生实际学习需求存在差距""学生为了完成任务而去刷资源，并非真正发挥作用"这四项的响应率和普及率明显较高。

为了进一步发现环境要素对学生学习状况的影响程度，本研究以"大学英语"课程课堂人数、参加"大学英语"课程学习时通常坐在教室的位置、英语学习的氛围（班风与学风）、希望教师课堂上使用英语教学的情况作为自变量，而将现在的英语学习状况满意程度作为因变量进行线性回归分析，其结果如表4－10所示。

表4－10　英语学习状况满意程度线性回归分析表

	非标准化系数		标准化系数	t	p	VIF
	B	标准误	Beta			
常数	0.778	0.095	—	8.223	0.000 **	—
"大学英语"课程课堂人数	0.061	0.021	0.056	2.932	0.003 **	1.016
参加"大学英语"课程学习时通常坐在教室的位置	0.069	0.01	0.13	6.693	0.000 **	1.049
身边的英语学习的氛围（班风与学风）	0.43	0.023	0.371	18.991	0.000 **	1.052
您希望教师课堂上使用英语教学的情况	0.122	0.019	0.124	6.399	0.000 **	1.038
D－W值：1.923　*p<0.05　**p<0.01　F（4，2174）=146.788，p=0.000						
R方值：0.213　D－W值：1.923　*p<0.05　**p<0.01　F（4，2174）=146.788，p=0.000						

从表4－10可知，模型R方值为0.213，意味着这几项因素可以解释现在的英语学习状况满意程度的21.3%变化原因。对模型进行F检验时发现模型通过F检验（F=146.788，p=0.000<0.05），也即说明这几项因素中至少有一项会对现在的英语学习状况满意程度产生影响关系，其模型公式为：现在的英语学习状况满意程度=0.778+0.061*（"大学英语"课程课堂人数）+0.069*（参加"大学英语"课程学习时通常坐在教室的位置）+0.430*［身边的大学英语学习的氛围（班风与学风）］+0.122*（希望教师课堂上使用英语教学的情况）。另外，针对模型的多重共线性进行检验发现，模型中VIF值全部均小于5，意味着不存在共线性问题；D－W值在数字2附近，说明模型不存在自相关性，样本数据之间并没有关联关系，模型较好。最终具体分析可知："大学英语"课程课堂人数、参加"大学英语"课程学习时通常坐在教室的位置、大学英语学习的氛围（班风与学风）、希望大学英语教师课堂上使用英语线上教学平台的情况的回归系数值分别为

0.061（t = 2.932，p = 0.003 < 0.01）、0.069（t = 6.693，p = 0.000 <
0.01）、0.430（t = 18.991，p = 0.000 < 0.01）、0.122（t = 6.399，p =
0.000 < 0.01），意味着这几项会对英语学习状况满意程度产生显著的正向
影响关系。

　　大规模在线学习初期，各种"卡顿"现象使得学生的学习热情被浇灭，
而当学生慢慢适应了网络学习方式，并解决完闪退或者卡顿等问题后，学习
兴趣也丧失了。学习环境为学生的学习、教师的教学提供条件，属于影响学
习效率的外部因素，如果环境因素成为阻碍学生学习、教师教学的限制因素
时，教师和学校教学管理部门应该设法改变"小生态环境"，努力创设有利
于学生学习的环境。

第二节　教师个人生态位

　　教师生态位不仅包括教师"对其物质生活的保障、对良好师生关系的
认同"，还包括教师"对工作的胜任感、对自身价值的追求和对自我实现的
渴望等"[1]。教师在个人生态位发展中有作为"人的需要"，也有作为教师
这一特定职业的"职业的需要"。教师在课堂生态环境的创设中发挥着重要
作用。教室的空间设计、教师在教室中的"物理生态位"、教师对处不同位
置的学生的关注程度，影响着课堂中师生之间、生生之间的交往，影响着整
个课堂气氛，从而对学生的学习成绩、学习态度和课堂参与产生一定的影
响。[2] 在课堂教学行为方面，教师由于教学计划和教学进度的限制，只具备
"知识传递"功能，并没有为学生提供足够的语言知识实践和运用的机会，
学生缺乏语言建构、生成的环境。在课堂教学中，教师们信奉"谆谆教导"
的力量，大都深信"讲深、讲透"的必要性，他们唯恐学生"不认识"，导
致学生被"简约"了，学生与课堂生态环境的和谐被打破了，教学过程被
"简约"了，学生在课堂环境中的生命过程没有得到充分理解。[3] 在课堂教
学之外，教师忙于"日常事务"，无法及时参加各种培训活动，知识结构不
能及时更新，生态位宽度没有得到拓展。教师在网络化教学环境下，关注与
学生的线上交流，却忽略了师生之间的情感交流。教师也很少运用大数据分

---

① 徐淑娟：《大学英语生态教学模式建构研究》，科学出版社，2016，第183页。
② 范国睿：《教育生态学》，人民教育出版社，1999，第239页。
③ 张楚廷：《课程与教学哲学》，人民教育出版社，2003，第191页。

析思维，对学生网络学习情况进行及时查看与反馈，师生之间的沟通受限，容易引起师生关系的和谐发展。

一、课程价值取向下的教师认知行为

衡量教学是否有效的标准是看是否达成了教学目的。传统课堂生态中"教师教、学生学""教师求完成教学任务，学生求考试不挂科"是常态，而在新的课程生态下，大学英语课程重返生活世界，学生学习内容与会话场景更加贴合生活实际。在课程价值取向上，课程实施者只有运用系统整体观念、民主平等原则、尊重差异的思想及动态发展的观点，切实处理好人与自然、人与社会、人与人以及人与自我的辩证关系，才能为课程生态化发展指明方向。课程价值取向决定了课程资源开发与利用的导向。

大学教师该如何定位？教师上课只是在将自己以前接受大学教育时的做法"迁移"到现在自己的教学生活中？教师在大学英语教学中应该如何培养学生的聆听能力、阅读能力、记忆能力和表达能力？教师是否不需要管理课堂？在一项关于"您目前大学英语学习最不满意的地方"的调查中，对学生课堂教学及管理"不满意"的部分意见如下。

学生1：感觉在听没那么详细的高中英语课。

学生2："大学英语"对于学生的学习抓得太松，导致自制力不强的大部分学生都没好好学。

学生3：最不满意的地方是课堂管理太松懈，需要加强课堂纪律管理。

学生认为课堂讲解"讲得不细致"，"管理太松"，这些意见和任课教师的教学观有很大关系，而事实上，外语学习者首先应得到的是环境的给养，其次才是独立个体的吸收、内化与凸现。课堂环境属于外语学习中最强凸现性和负担性能量域，对社会环境和校园环境的改变也会施加反作用力。① 教师如果讲授过多，忽略了让学生在语言环境下去实践、内化，则会使课程听起来"像讲得没那么细的高中课堂"。如果没有利用多种教学方法和管理手段，创造符合学生学习的语境，学生就无法融入课堂教学环境中，从而导致"自制力不强的学生没法学好"。

① 王立德：《外语学习中的生态语言观形成研究》，《黑龙江工业学院学报（综合版）》2019年第7期。

不同教学观的教师在教学中会采取不同的教学方法与策略。本研究对教师处理教学中的方法与学生英语学习状况满意度进行了相关分析，其结果如表 4-11 所示。

表 4-11　教师处理教学中的方法与英语学习状况满意程度相关性分析表

	项目	相关性系数
教师处理方法	"大学英语"课堂上同学们回答问题出错时，老师的做法	0.102**
	"大学英语"课堂上，当大家遇到共同的难题时，老师们采取的方法	0.164**
	平时"大学英语"教师在指导学生学习活动方面做法	0.193**
	*p<0.05　**p<0.01	

利用相关分析去研究教师处理教学中的方法与学生英语学习状况满意度之间的相关关系，使用 Pearson 相关系数去表示相关关系的强弱情况。具体分析可知，教师在学生出现错误时的做法、教师在学生遇到共同难题时的做法、教师在指导学生学习活动方面的做法与学生英语学习状况满意度的相关系数值分别为 0.102、0.164、0.193，并且呈现出 0.01 水平的显著性，因而说明学生英语学习状况满意度和教师在学生出现错误时的做法、教师在学生遇到共同难题的做法、教师在指导学生学习活动方面的做法之间有着显著的正相关关系。

在有关教师"教学中最不满意的地方"的开放性问答中，"学生"成为高频词。主要表现为，学生不积极、学习环境不好、考评机制不完善。在外语学习这个生态系统中，教师、学生和教学环境之间是相互关系、相互影响。当前外语学习环境下，教师必须借助创设利于提高学生积极性的环境，以提高学生个体生态位，这样才能让学生"动起来"。因此，教师自身就必须对自身"教师生态位"进行定位与思考，有效的"教"与"学"才能发生。教师在教学过程中不仅仅是设置各种"学习任务"，还要通过组织学生在实施任务过程中参与有意义的交流活动来提高语言交际能力。① 学生之所以"感觉在听讲得没有那么细的高中英语课"，就是由于教师过于注重语言的"输入"，而没有搭建"脚手架"来帮助学生进行"有效输出"。有的教师在注重"输出"时，没有注重教学过程组织，"放羊式讨论"让"自制力不强的大部分学生都没好好学"。"产出"能力不足一直是困扰中国外语教

---

① Ellis, R. &N. Shintani, *Exploring Language Pedagogy through Second Language Acquisition Research*, London & New York: Routledge, 2014, p135.

育的主要问题，因此教师需要不断认识自身在教学过程中的"生态位"，不能停留在仅仅简单了解学生需求，还需要利用自身的专业知识积极引导学生。教师在帮助学生"产出"的过程中，要让学生能够清楚地认识到自己语言学习的不足和未来努力的方向，从而明白自身的语言学习需求，进而更加深刻地认识自我，使语言教育转化为"全人教育"。[①]

二、课程实施中的评价方式

在课程实施中的评价上，课程评价要素注重教学双方在平等基础上的对话与沟通，使学生在体验性、探索性的框架下进行自主性学习，并且在这一学习过程中建立起民主、平等、对话的新型师生关系。课程实施与课程评价紧密相关。在具体的课程实施中，无论是小组活动、个人展示，还是课后作业与自主学习任务，都需要具体的过程性评价方案。当合理化、客观化、过程化的学习评价贯穿整个学习过程，学生的学习动力、学习热情能得到最大限度激发。学生的进步程度、合作学习表现所形成的"学习轨迹"是终结性评价的重要依据。

信息化的"大学英语"课堂生态，需要和谐的教学评估环境。首先，在评价导向上，存在明显的目的性。课堂教学评价并不是本着"教学促进个体"的本质性需求，而是"考试考什么，学生就学什么"。教师多以考察学生的语言知识结构为目标，注重结果与成绩，而不是学生的动态化发展。教师"以分评人"的评价导向，会促使学生以追求更多的"课程评价分"为目标，课堂参与活动带有目的性，而不是去追求个人学习能力提升的目标。在课堂教学中，有的教师常碰到"老师，我回答问题加分么？"这样的询问。"加分"似乎成为学生积极参与的"动力"。其次，评价方式缺乏客观性标准。大学英语教学多采用"过程性评价"与终结性评价结合的方式。"过程性评价"与"形成性评价"的比率不一，有些院校是按3：7或者4：6进行分配，有的院校甚至按照7：3或6：4进行分配。如果缺乏客观、统一、详细的评价方式，平时表现占比过高，则容易导致课堂生态系统的失衡。教师作为教学活动的"供给"者，并没有给学生提供必要的信息，让学生充分知晓课堂活动的规则、作业评价的标准等。在课堂教学观察中发现，教师在对学习课堂活动进行评价时，并没有固定的量化评价标准。最后，教

[①] 邓海龙：《"产出导向法"与"任务型教学法"比较：理念、假设与流程》，《外语教学》2018年第3期。

学评价结果与实际效果的不匹配。教师给学生课堂活动、作业评价等"过程性评价"分数普遍较高，但"终结性评价"与"过程性评价"差距过大，也容易导致课堂评价功能的失衡。在具体教学评价中，教师并没有全面从学生"在线学习时长""作业完成正确率""在线互动频次"等情况进行动态化评价，导致教学评估与信息技术的失调。利用网络平台进行"教师评价"和"学生评价"的院校，也没有对网络数据进行及时反馈与分析，教师、学生之间的评价并未形成一个良性互动，只是评价平台的"一堆无效数据"。

本研究通过对学生"学习满意度"与"'大学英语'评价方式""'大学英语'教师能及时反馈和必要时讲评作业"进行相关性分析，其结果如表4-12所示。

表4-12 学生学习满意度与大学英语评价与反馈的相关性分析表① （$n = 2179$）

目前"大学英语"评价方式	相关系数	0.222^{**}
	p 值	0.000
"大学英语"教师能及时反馈和必要时讲评作业，指出共同存在的问题及其解决办法	相关系数	0.213^{**}
	p 值	0.000
$^{*}p < 0.05$　$^{**}p < 0.01$		

利用相关分析去研究学生学习满意度与"'大学英语'评价方式""'大学英语'教师能及时反馈和必要时讲评作业"的相关关系，使用 Pearson 相关系数去表示相关关系的强弱情况，从表4-12可知，英语学习满意度与"'大学英语'评价方式""'大学英语'教师能及时反馈和必要时讲评作业"的相关系数值分别为0.222和0.213，并且呈现出0.01水平的显著性，因而说明英语学习满意度与"'大学英语'评价方式""'大学英语'教师能及时反馈和必要时讲评作业"之间有着显著的正相关关系。

目前英语课程考核评价方式和其他课程一样，以期末试卷考核方式为主，在口语和听力方面的考核重视不够。在一项高校教师关于"您认为目前'大学英语'评价方式"情况的问卷调查中，46.53%的教师认为"希望改革成绩评价方式，加大过程性考核的力度"，11.88%的教师"希望改革成绩评价方式，加大学生听力和口语方面的考查力度"。详情如图4-4所示。

---

① "*""**""***"和"****"分别表示通过显著性水平0.1、0.05、0.01和0.001。

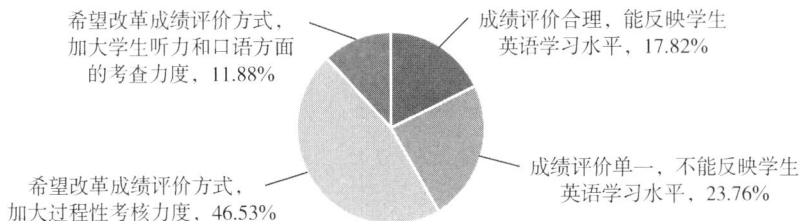

图 4-4　教师对目前大学英语评价方式的看法（ $n=101$ ）

在调查中，某位教师提出"课程评估方式应多元化、多维度、综合评价"。另一位教师认为"评价方式单一，课程不灵活"。不难看出，外语课程本身的考核并没有考虑课程的"内涵"。

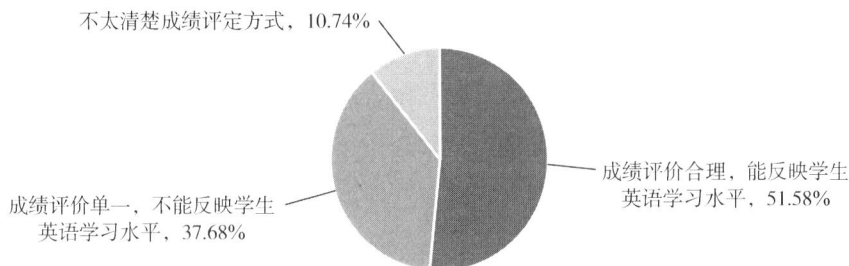

图 4-5　学生对目前大学英语评价方式的看法（ $n=2179$ ）

在学生问卷调查中发现，37.68%的受访学生认为"成绩评价方式单一，不能反映学生英语水平"，还有 10.74%的受访学生"不太清楚成绩评定方式"，如图 4-5 所示。某位学生在"您对'大学英语'教学中最不满意的地方"调查中表示英语评价标准太单一。从类似"只以考试为目的，并没有考虑到以后在生活中的实际应用""应该多一些实用型的学习而非为四六级或各种考试的学习""考试内容不合理"等调查意见反馈来看，学生期待评价制度能指向"实用型"，能更多关注日常生活实际中的语言运用能力。在教学形态发生改变的情况下，如何采集学生学习行为、搜集教学评价依据进行数据驱动的课堂教学评价变得尤为重要。有关"'大学英语'网络教学或学习中最不满意"的开放型问题中，教师和学生有关"课程教学评价"的意见如下。

学生 1：平台拥堵，没有一套完整的课堂评价系统。

教师 1：希望改变课程成绩评价方式，加大学生听力和口语方面的考查力度。

教师 2：根据学生的不同情况，开展不同的教学方式，运用不同的评价体系。

教师3：课程评价制度没有考虑大学英语课程的特点，跟其他课程"一刀切"，希望充分尊重一线教师的意见，加快大学英语课程改革步伐。

教师4：学生参与度不高，缺乏积极性。应该改变学生评价机制，让学生成为课堂主体。

教师5：课程评估方式应多元化，多维度，综合评价。

大部分的教师依旧按照教学进度进行教学，现有评价制度对于网络教学的实施没有明确规定。在参与调查的高校教师中，16.67% 的受访教师认为"成绩评价合理，能反映学生英语学习水平"，21.08% 的受访教师认为"成绩评价方式单一，不能反映学生英语学习水平"，41.67% 的受访教师"希望改革成绩评价方式，加大过程性考核力度"，20.59% 的受访教师"希望改革成绩评价方式，加大学生听力和口语方面的考查力度"。

本研究通过对教学效果和学习效果进行相关性分析，研究发现教学效果与课程评价方式存在显著的相关关系。详细情况如图 4 – 6 所示。

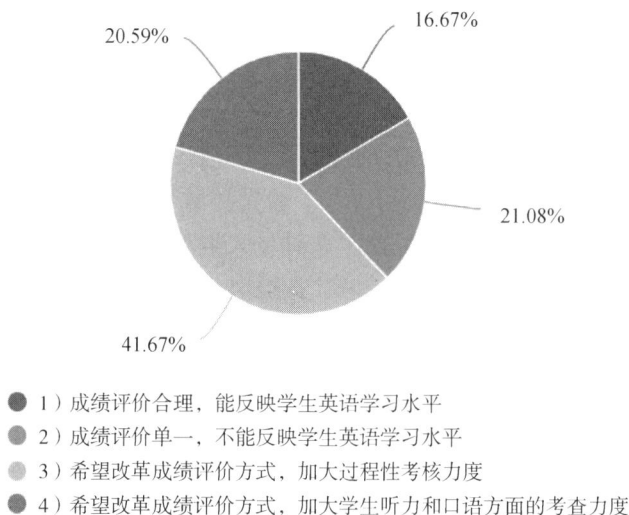

- 1) 成绩评价合理，能反映学生英语学习水平
- 2) 成绩评价单一，不能反映学生英语学习水平
- 3) 希望改革成绩评价方式，加大过程性考核力度
- 4) 希望改革成绩评价方式，加大学生听力和口语方面的考查力度

图 4 – 6　网络教学期间教师对大学英语评价方式的看法（$n = 204$）

表 4 – 13　"停课不停学"期间网络教学效果 Pearson 相关性情况表（$n = 204$）

目前现有课程评价方式	相关系数	0.143^*
	p 值	0.042
$^*p < 0.05$　　$^{**}p < 0.01$		

由表 4 – 13 具体分析可知，"停课不停学"期间网络教学效果与目前现有课程评价方式之间的相关系数值为 0.143，并且呈现出 0.05 水平的显著性，因而说明"停课不停学"期间网络教学效果与这两个项目之间有着显著的正相关关系。

本研究通过对教学效果和学习效果进行相关性分析，研究发现教学效果与课程评价方式存在显著的相关关系。详细情况如表 4 – 14 所示。

表 4 – 14 "停课不停学"期间网络学习效果 Pearson 相关性情况表（$n = 6554$）

大学英语课程评价方式	相关系数	0.194 **
	p 值	0.000
* p < 0.05　** p < 0.01		

由表 4 – 14 可知，"停课不停学"期间，网络学习效果与大学英语课程评价方式之间的相关系数值为 0.194，并且呈现出 0.01 水平的显著性，这说明网络学习效果与大学英语课程评价方式之间有着显著的正相关关系。

通过对教学效果与目前教师对课程评价的交叉（卡方）分析结果可以看出，课程评价会对教学效果产生影响，详情如表 4 – 15 所示。

表 4 – 15 学习效果与课程评价方式交叉（卡方）分析结果（$n = 6554$）

指标	特别好	很好	一般	很差	非常差	总计
评价合理	1（100.00）	10（27.03）	23（15.23）	0（0.00）	0（0.00）	34（16.67）
评价单一	0（0.00）	4（10.81）	33（21.85）	6（50.00）	0（0.00）	43（21.08）
加大过程性考核	0（0.00）	17（45.95）	63（41.72）	5（41.67）	0（0.00）	85（41.67）
加大听说力度	0（0.00）	6（16.22）	32（21.19）	1（8.33）	3（100.00）	42（20.59）
合计	1	37	151	12	3	204
$\chi^2 = 29.205$　$p = 0.004$ **						

由表 4 – 15 可知，"停课不停学"期间网络教学效果与目前现有课程评价方式呈现出 0.01 水平显著性（chi = 29.205，p = 0.004 < 0.01），通过百分比对比差异可知，认为教学效果"特别好"选择"成绩评价合理，能反映学生英语学习水平"的比例为 100.00%，会明显高于平均水平 16.67%。认为教学效果"很好"选择"成绩评价合理，能反映学生英语学习水平"的比例为 27.03%，会明显高于平均水平 16.67%。认为教学效果"很差"选择"成绩评价单一，不能反映学生英语学习水平"的比例为 50.00%，会明显高于平均水平 21.08%。认为教学效果"非常差"选择"希望改革成绩评价方式，加大学生听力和口语方面的考查力度"的比例为 100.00%，会明显高于平均水平 20.59%。教学评价方式是影响教学效果的因素之一，认为

教学效果"非常差"中的50%认为"成绩评价单一"，41.67%的人认为"需要加大过程性考核力度"，8.33%的人认为"需要加大听力和口语的力度"。

本研究通过对学生学习效果和课程评价进行交叉（卡方）分析，发现其研究结果与教师教学效果基本一致，详情如表4-16所示。

表4-16 教学效果与现有课程评价方式的交叉（卡方）分析结果（$n=204$）

课程评价方式	特别好	很好	一般	很差	非常差	总计
评价合理	374(76.33)	840(63.64)	1932(47.26)	139(28.54)	54(31.95)	3339(50.95)
评价单一	47(9.59)	154(11.67)	792(19.37)	134(27.52)	40(23.67)	1167(17.81)
加大过程性考核	23(4.69)	86(6.52)	303(7.41)	38(7.80)	14(8.28)	464(7.08)
加大听说力度	29(5.92)	143(10.83)	575(14.07)	95(19.51)	29(17.16)	871(13.29)
不太清楚	17(3.47)	97(7.35)	486(11.89)	81(16.63)	32(18.93)	713(10.88)
合计	490	1320	4088	487	169	6554
$\chi^2 = 374.139$　　$p = 0.000^{**}$						

由上表可知，"停课不停学"期间，网络学习效果与"大学英语"课程评价方式呈现出0.01水平显著性（chi = 374.139，p = 0.000 < 0.01），通过百分比对比差异可知，认为学习效果"特别好"选择"成绩评价合理，能反映学生英语学习水平"的教师比例为76.33%，会明显高于平均水平50.95%。认为学习效果"很好"选择"成绩评价合理，能反映学生英语学习水平"的教师比例为63.64%，会明显高于平均水平50.95%。认为学习效果"很差"选择"成绩评价方式单一，不能反映学生英语学习水平"的比例为27.52%，会明显高于平均水平17.81%。认为学习效果"非常差"选择"成绩评价单一，不能反映学生英语学习水平"的教师比例为23.67%，会明显高于平均水平17.81%。认为学习效果"很差"选择"希望改革成绩评价方式，加大学生听力和口语方面的考查力度"的教师比例为19.51%，会明显高于平均水平13.29%。认为学习效果"非常差"选择"不太清楚成绩评价方式"的教师比例为18.93%，会明显高于平均水平10.88%。认为学习效果"很差"选择"不太清楚成绩评价方式"的教师比例为16.63%，会明显高于平均水平10.88%。认为学习效果好的学生对课程评价方式持肯定态度的比较显著，认为学习效果差的则持否定态度比较显著，更倾向于选择"希望改革评价方式"或"不太清楚成绩评价方式"。

三、教师个人信息化素养

教师个人信息化素养需要教师不仅具备信息化教学实践的能力，还具备运用信息化教学技术对线上教学进行设计、组织与管理，并且借助信息技术开展课程评价等能力。

1. 教师信息化教学实践能力

信息化的混合式课堂成为当今课程教学改革的一种趋势，可是在"大学英语"课程教学中，很多教师没有转变教学观念，将课堂教学生使用 PPT，给学生播放视频材料这些教学手段等同于信息化教学，没有及时调整教师的课堂角色，把本来可以让学生课后自主完成的学习材料搬到课堂上。师生与信息技术的交互变成了简单地运用信息技术手段开展多媒体教学等低层次的信息技术应用。在网络教学中，教师要充分利用网络平台的作用，在教学内容选择、教学实施和教学评价各个环节中帮助学生完成"语言知识的建构—语言素养的形成—运用语言解决问题的能力"。在网络资源丰富的时代，教师要教学生学会选择适合自己的学习资源，在"碎片"化的资源中重构知识。关联主义学习理论认为，学习是一个知识网络的形成过程，联通比建构更重要。网络时代，知识和学习发生了变化，要学会"零存整取，碎片化处理"。英语学习软件可以帮助学生完成语言知识的积累和"存储"，而培养学生在语言实际中的综合能力需要在一定的语言环境中进行并实现"联通"，在语言交际中实现意义建构。"您对现代教育技术引入大学英语教学的看法"的调查结果揭示了现代教育技术对新时代教育教学的积极作用，具体情况如图 4 – 7 所示。

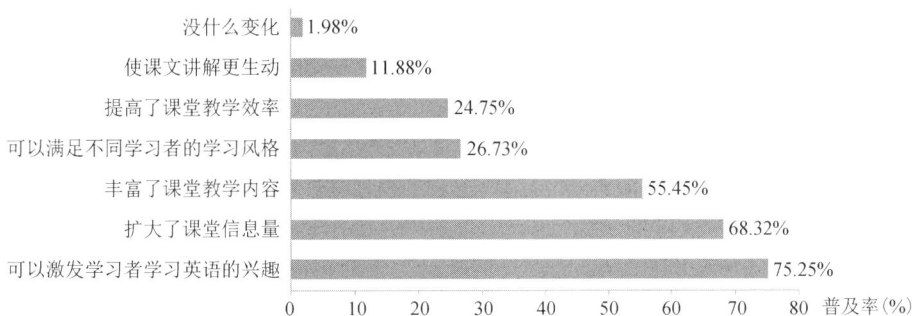

图 4 – 7　现代教育技术引入大学英语教学的看法情况图

针对多选题各选项选择比例分布是否均匀，使用卡方拟合优度检验进行分析。拟合优度检验呈现出显著性（chi = 130.846，p = 0.000 < 0.05），意味着各项的选择比例具有明显差异性，可通过响应率或普及率具体对比差异性。具体来看，"可以激发学习者学习英语的兴趣""扩大了课堂信息量""丰富了课堂教学内容"这三项的响应率和普及率明显较高。

本研究通过对英语学习状况满意度和教师信息化能力进行相关性分析，发现教师信息化能力与课程评价方式存在显著的相关关系。详细情况如表 4 – 17 所示。

表 4 – 17　英语学习状况满意度和教师信息化能力相关性情况表（$n = 2179$）

信息化能力	您对现在的英语学习状况满意吗？	相关性系数
	您认为平时大学英语教师在信息化教学手段方面	0.157**
*p < 0.05　**p < 0.01		

由表 4 – 17 可知，学生英语学习状况满意度与教师信息化能力之间的相关性系数值为 0.157，并且呈现出 0.01 水平的显著性，因而说明英语学习状况满意度与教师信息化能力之间有着显著的正相关关系。

2. 教师线上教学与管理能力

在有关"课堂教学效果提升影响因素"调查中，"教师网络教学课堂管理方式"在几个因素中占比最多，占 25%。其次是"线上教学的讨论与交流渠道"和"教师教学应对能力"，分别占 22.06% 和 17.65%。详细情况如图 4 – 8 所示。

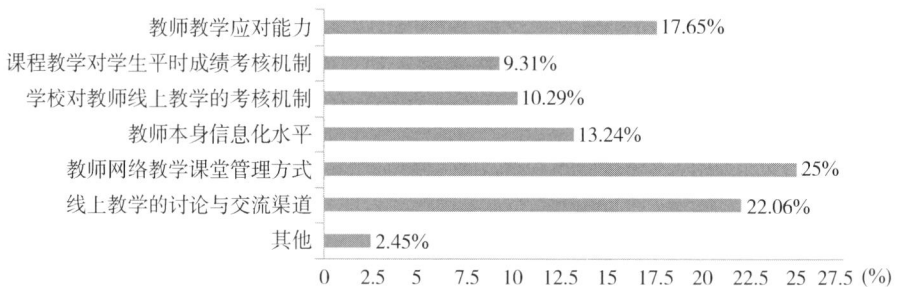

图 4 – 8　教师教学效果影响因素图

本研究通过对教学效果与教学实施的关键因素进行进一步卡方（交叉）分析发现，建立良好的教师考核机制、提升教师的信息化能力是影响教学好坏的关键因素。详细结果如表 4 – 18 所示。

表 4 – 18　教学效果与教学实施关键因素交叉（卡方）分析结果（$n = 204$）

指标	特别好	很好	一般	很差	非常差	总计
合理的教师评价	1（100.00）	10（27.03）	10（6.62）	0（0.00）	1（33.33）	22（10.78）
课程考核评价机制	0（0.00）	8（21.62）	37（24.50）	2（16.67）	0（0.00）	47（23.04）
优质教学平台	0（0.00）	14（37.84）	64（42.38）	5（41.67）	1（33.33）	84（41.18）
教师团队信息化能力	0（0.00）	5（13.51）	40（26.49）	5（41.67）	1（33.33）	51（25.00）
合计	1	37	151	12	3	204
$\chi^2 = 27.236$　$p = 0.007$**						

从表 4 - 18 可知，"停课不停学"期间网络教学效果与"网络教学实施能达到预期成效的关键要素"呈现出 0.01 水平显著性（chi = 27.236，p = 0.007 < 0.01），通过百分比对比差异可知，认为教学效果"特别好"选择"建立合理的教师考核机制，鼓励教师上好网络课程"的教师比例为 100.00%，明显高于平均水平 10.78%。认为教学效果"非常差"选择"建立合理的教师考核机制，鼓励教师上好网络课程"的教师比例为 33.33%，会明显高于平均水平 10.78%。认为教学效果"很差"选择"拥有稳定的网络教学教师团队，提升教师信息化教学能力"的教师比例为 41.67%，会明显高于平均水平 25.00%。认为教学效果"非常差"选择"拥有稳定的网络教学教师团队，提升教师信息化教学能力"的教师比例为 33.33%，会明显高于平均水平 25.00%。认为教学效果"很差"或"非常差"的教师认为"提升信息化能力"是使网络教学效果达到预期成效的关键要素。

教师信息化素养，不仅是指教师可以运用现代教育技术开展教学，更重要的是指教师要运用信息技术这个工具进行教学组织、管理与评价等，满足信息化时代学生个性化学习需求。教师"信息化头脑"绝非通过简单的技术性教学实践生成，而需要教师在教学理念的引导下，让信息化技术成为提升教学质量的"得力助手"。

四、课堂教学模式

在课堂教学中，要提高学生的语言运用能力，就需要给学生创设语言交流环境。教师提供给学生课堂练习的机会太少，对学生表达能力提升有"限制"作用；课堂教学过多的知识点讲解会限制学生"个性"思维的发展；课后同一量化的作业过多会挤占学生的自由支配时间。而教师创设的练习机会、知识点讲解和作业布置"低于基本需求时"[1]，也会影响教学质量，影响课堂教学生态的平衡。在当前形势下，大学英语教学的目的是"使学生在学习、生活、社会交往和未来生活中能够有效地使用英语"[2]，教师教学重要的是"培养学生的英语应用能力，增强跨文化交际意识和交际能力，提高综合文化素养"，而目前语言知识传授式的教学容易让学生失去学习兴趣，无法实现大学英语的教学目标。

---

[1] 吴鼎福、诸文蔚：《教育生态学》，江苏教育出版社，2000，第158页。
[2] 《大学英语教学指南（教育部最新版）》，www.bjdcfy.com/html/41/a8/43932.html。

学生1：教学方式比较传统，与学生互动交流少，激发不起学生学习英语的兴趣。

学生2：不满意的是教学方法太单一，容易让学生没有兴趣，学了感受不到效果。

学生3：不应该完全按照教材讲，很容易让人走神。

学生4：有些老师讲课有些乏味，建议改进讲课方式。

学生5：对于老师的授课方式不是很满意，语法讲解并不完善，只是举例句然后挑出语法句型然后造句，但例句并未扩展延伸，句型的适用情景也未指出，课后习题的讲解也很泛。希望可以增加扩展延伸，丰富英语语法知识。

学生6：课堂枯燥，老师与学生互动较少，老师只站在讲台上讲，一般带不动课堂气氛。

学生7：上课形式太单一，没有创新，老师讲课本上的知识多，课外的内容很少。建议老师可以多讲讲课外的知识，扩充学生的知识面，让学生更好地了解国外的文化，可以丰富一下上课的形式，多举行一些活动。

从学生"不满意"情况来看，学生对于教师的教学模式的"感知"最显著，教师的教学模式包括教师采取的教学内容、教学方法、教学设计以及教学过程的安排等。本研究对学生学习效果和教师教学组织的几个方面进行了相关性研究，其结果如表4-19所示。

表4-19　学生学习效果与教师教学组织 Pearson 相关性情况表（$n = 2179$）

	项目	相关性系数
教学管理与组织	教师在教学内容的选择	0.195**
	教师在教学方法的选择	0.170**
	教师在教学方法的使用	0.209**
	教师在教学设计与教学过程的安排	0.270**

利用相关分析去研究学生学习效果和教学内容的选择、教学方法的选择、教学方法的使用、教学设计与教学过程的安排的相关关系，使用 Pearson 相关系数去表示相关关系的强弱情况。具体分析可知，学生学习效果和教学内容的选择、教学方法的选择、教学方法的使用以及教学设计与教学过程的安排之间的相关性系数值分别为 0.195、0.170、0.209、0.270，并且呈现出 0.01 水平的显著性，因而说明学生学习效果和教学内容的选择、教

学方法的选择、教学方法的使用以及教学设计与教学过程的安排之间有着显著的正相关关系。

从教师课堂教学效率来看，本研究对教师课堂教学效率与教师在教学方法、教学内容、提高课堂效率的要素、教学过程安排、学生能力培养、差异化教学等几个方面进行相关性分析，具体结果如表 4 - 20 所示。

表 4 - 20　教师教学课堂效率与教师教学组织 Pearson 相关性情况表

项目	相关性系数
平时在教学方法的选择	0.275 **
平时在教学内容的选择	0.292 **
提高课堂效率的主要因素	0.809 **
平时在教学过程的安排	0.366 **
在课堂教学中，对于学生学习策略、分析和解决问题能力培养的问题	0.484 **
在大学英语教学中，能够做到尊重学生个体差异，满足不同基础学生的学习兴趣，使各个层次的学生学习能力有不同程度的提高	0.359 **
* p < 0.05 　** p < 0.01	

使用 Pearson 相关系数具体分析可知，课堂教学效率和教师具体教学组织各项目之间的相关性系数值分别为 0.275、0.292、0.809、0.366、0.484、0.359，并且呈现出 0.01 水平的显著性，因而说明课堂教学效率和教学组织之间有着显著的正相关关系。

五、教师课堂教学效率回归模型

教师课堂教学效率与诸多因素有关，既包含了教师在教学安排、教学内容的设计上可以观察、可以测量的"硬技能"，也包含了教师"情感投入"、教学经验等在内的"软技能"。情感投入是教师的教学个性，是教师在长期教学过程中融入的教学情怀，是教师素养的必要部分，从一举一动中体现教师风范。[1] 教师的情感投入和教学经验得以在教学设计和教学过程中呈现，也体现在教学过程的各个环节之中。

为了分析影响教学课堂效率的各要素之间的关系，本研究将"教学过程的安排""大多数学生在大学英语课堂活动中的状态""对于学生学习策

---

[1] 牟智佳、苏秀玲、严大虎：《课堂环境下基于教学行为的教师教学投入度评测建模研究》，《现代远距离教育》2020 年第 3 期。

略、分析和解决问题能力的培养""做到尊重学生个体差异,满足不同基础的学生的学习兴趣,使各个层次的学生学习能力有不同程度的提高""课堂效率"纳入回归模型,其模型回归系数如表4-21所示。

表4-21 教师课堂教学效率回归系数表

X	Y	非标准化路径系数	z	SE	p	标准化路径系数
教学过程的安排	大多数学生课堂活动中状态	0.231	2.907	0.080	0.004	0.278
大多数学生课堂活动中的状态	课堂效率	0.331	3.806	0.087	0.000	0.312
对学生学习策略、分析和解决问题能力的培养	课堂效率	0.401	4.274	0.094	0.000	0.364
能够做到尊重学生个体差异,满足不同基础学生学习兴趣	课堂效率	0.131	2.135	0.061	0.033	0.180
课堂效率	学生对课堂教学最近一次的教学评价情况	0.442	2.277	0.194	0.023	0.221
* $p < 0.05$ ** $p < 0.01$						

从表4-21可知,教师平时教学过程的安排是影响大多数学生在大学英语课堂活动状态的因素时,标准化路径系数值为 $0.278 > 0$,并且此路径呈现出 0.01 水平的显著性($z = 2.907$, $p = 0.004 < 0.01$),因而说明教师教学过程的安排会对大多数学生在大学英语课堂活动中的状态产生显著的正向影响。

当大多数学生在大学英语课堂活动中的状态,是影响教师课堂效率的因素时,标准化路径系数值为 $0.312 > 0$,并且此路径呈现出 0.01 水平的显著性($z = 3.806$, $p = 0.000 < 0.01$),因而说明大多数学生在大学英语课堂活动中的状态会对教师整体课堂效率产生显著的正向影响。

在课堂教学中,当教师对学生学习策略、分析和解决问题能力的培养,成为影响教师整体课堂效率的因素时,标准化路径系数值为 $0.364 > 0$,并且此路径呈现出 0.01 水平的显著性($z = 4.274$, $p = 0.000 < 0.01$),因而说明在课堂教学中,教师对于学生学习策略、分析和解决问题能力的培养会对教师整体课堂效率产生显著的正向影响。

在"大学英语"教学中,教师尊重学生的个体差异,满足不同基础的学生的学习兴趣,使各层次学生的学习能力有不同程度的提高成为影响教师整体课堂效率的因素时，标准化路径系数值为 0. 180 > 0，并且此路径呈现出 0. 05 水平的显著性（z = 2. 135，p = 0. 033 < 0. 05），因而说明教师在大学英语教学中，能够做到尊重学生个体差异，满足不同基础学生的学习兴趣，使各层次学生的学习能力有不同程度的提高，会对教师整体课堂效率产生显著的正向影响。

当教师整体课堂效率是学生对教师课堂教学最近一次的教学评价情况的影响因素时，标准化路径系数值为 0. 221 > 0，并且此路径呈现出 0. 05 水平的显著性（z = 2. 277，p = 0. 023 < 0. 05），因而说明教师整体课堂效率会对学生对教师课堂教学最近一次的教学评价情况产生显著的正向影响关系。其模型图如图 4 - 9 所示。

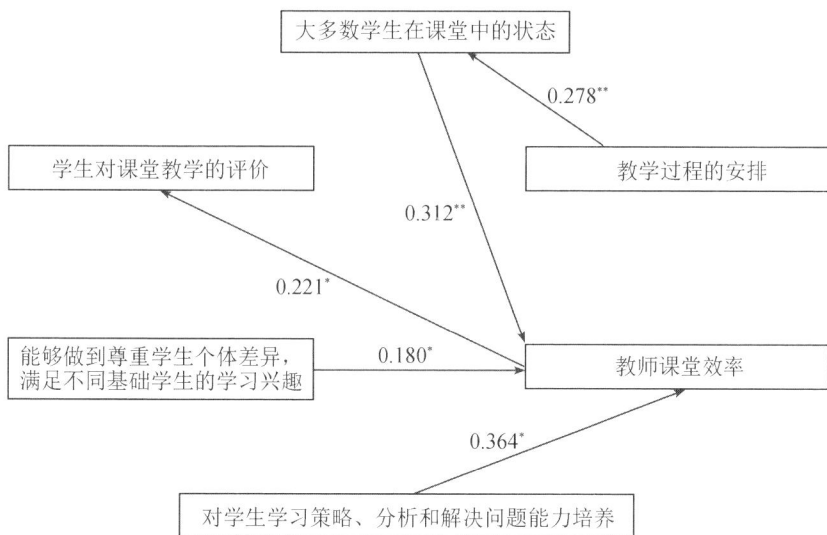

图 4 - 9 教师课堂效率回归模型图

从图 4 - 9 可以看出，教师课堂教学效率受教师教学过程的安排、教师对学生的个性化培养、教师对学生学习能力的培养等因素影响，教师课堂教学效率也会影响学生对于教师教学的评价。

在教师采取在线教学方式时，网络教学效果与网络教学方式、学生参与度等因素相关。为进一步分析影响教师网络教学效果的影响因素，本研究将"网络教学期间学生参与度""教师组织网络教学能力""班级学生适合网络教学方式的比率""教学过程的安排"纳入网络教学效果回归模型，其回归分析情况如图 4 - 10 所示。

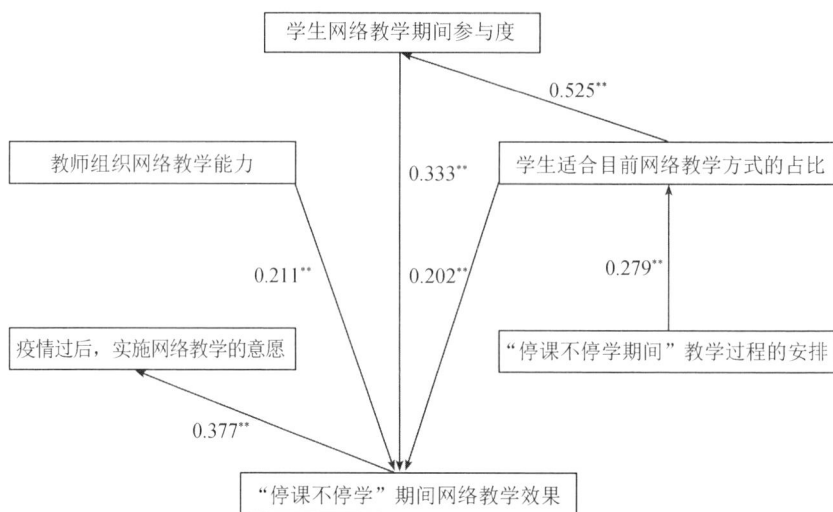

图 4-10 "停课不停学"期间教学效果回归模型图

由图 4-10 可知，"停课不停学"期间，教师教学过程的安排会影响到学生适合网络教学方式的占比，而学生适合网络教学的占比又会影响到学生的参与度，"学生参与度""教师网络教学组织能力""学生适合网络教学方式"共同影响"停课不停学"期间教学效果，而教学效果又会影响教师在疫情过后实施网络教学的意愿。

表 4-22 "停课不停学"期间网络教学效果回归系数表

X	Y	非标准化路径系数	z	SE	p	标准化路径系数
班级学生适合网络教学方式占比	学生在网络教学期间的参与度	0.324	8.811	0.037	0.000	0.525
网络教学过程的安排	班级学生适合网络教学方式占比	0.201	4.154	0.048	0.000	0.279
学生在网络教学期间的参与度	"停课不停学"期间网络教学效果	0.306	4.757	0.064	0.000	0.333
"停课不停学"期间网络教学效果	疫情过后，实施网络教学的意愿	0.436	5.817	0.075	0.000	0.377
具备组织网络教学能力	"停课不停学"期间网络教学效果	0.137	3.535	0.039	0.000	0.211
班级学生适合目前的网络教学方式占比	"停课不停学"期间网络教学效果	0.115	2.886	0.040	0.004	0.202

从表 4 – 22 可知，当学生适合目前网络教学方式的占比对于学生在网络教学期间参与度产生影响时，标准化路径系数值为 0.525 > 0，并且此路径呈现出 0.01 水平的显著性（z = 8.811，p = 0.000 < 0.01），因而说明学生适合目前网络教学方式的占比会对学生网络教学期间参与度产生显著的正向影响。

教师在"停课不停学"期间网络教学过程的安排对于学生班级适合目前网络教学方式的占比产生影响时，标准化路径系数值为 0.279 > 0，并且此路径呈现出 0.01 水平的显著性（z = 4.154，p = 0.000 < 0.01），因而说明教师在"停课不停学"期间教学过程的安排会对学生适合目前网络教学方式的占比产生显著的正向影响。

学生网络教学期间参与度对于"停课不停学"期间网络教学效果产生影响时，标准化路径系数值为 0.333 > 0，并且此路径呈现出 0.01 水平的显著性（z = 4.757，p = 0.000 < 0.01），因而说明学生网络教学期间参与度会对"停课不停学"期间网络教学效果产生显著的正向影响。

"停课不停学"期间网络教学效果对于疫情过后，实施网络教学的意愿产生影响时，标准化路径系数值为 0.377 > 0，并且此路径呈现出 0.01 水平的显著性（z = 5.817，p = 0.000 < 0.01），因而说明"停课不停学"期间网络教学效果会对疫情过后，实施网络教学的意愿产生显著的正向影响。

教师组织网络教学能力对于"停课不停学"期间网络教学效果产生影响时，标准化路径系数值为 0.211 > 0，并且此路径呈现出 0.01 水平的显著性（z = 3.535，p = 0.000 < 0.01），因而说明教师组织网络教学能力会对"停课不停学"期间网络教学效果产生显著的正向影响。

学生适合目前网络教学方式的占比对于"停课不停学"期间网络教学效果产生影响时，标准化路径系数值为 0.202 > 0，并且此路径呈现出 0.01 水平的显著性（z = 2.886，p = 0.004 < 0.01），因而说明学生适合目前网络教学方式的占比会对"停课不停学"期间网络教学效果产生显著的正向影响。

第三节　学生个人生态位

在每个学生面前，都存在人我关系、物我关系、我我关系。[1] 在课堂教学中，学生的我我关系没有得到重视。教师很少关注学生的神情、神思、神

---

[1]　张楚廷：《课程与教学哲学》，人民教育出版社，2003，第 192 页。

悟、神智和神态等，也很少关注他们的神奇、神妙、神姿以及神采等，尤其不能容纳他们的神气、神异以及神怪等。[①] 学生在课堂教学关系中，忙于完成教师教学活动中根据教学计划安排的各项任务，学生的"内生性需求"被忽略。如果不能找到对应学生语言能力发展应用的"生态位"，其语言能力发展及我我关系的发展会出现"不平衡"现象。《中国英语能力等级量表》中对大学生语言能力的测量包括听力理解能力、阅读理解能力、口头表达能力、书面表达能力、组构能力、语用能力、口译能力和笔译能力等。[②]《大学英语教学指南》指出："大学英语在注重发展学生通用语言能力的同时，应进一步增强其学术英语或职业英语交流能力和跨文化交际能力，以使学生在日常生活、专业学习和职业岗位等不同领域或语境中能够用英语有效地进行交流。"[③] 在实际语言运用中，由于受课时安排、课程设置等因素影响，教师更多关注学生"通用性"能力，而缺乏对学生"工具性"能力的培养，学生缺乏在学术或职业领域进行交流的"可持续发展"能力。学生课后自主学习的意愿较差。通过分析学生"听力材料"的自主学习完成情况，得出学生"查阅答案资源"的频次远远高于"听力语音"的频次，学生虽然完成了听力题目，但根本未"启用听力资源"。学生通过各种手段在网络"学习痕迹"上制造"虚假性形成性记录"的现象时常发生。

一、课程价值取向下的学生认知行为

生态价值取向下教师本着尊重学生个体差异和动态发展的原则，开展教学活动，学生对于课程的认知也从"外向型"学习动机转变为"内生性"学习动机。学生认知行为的改变，会直接影响学习行为，从而在学习过程中实现"学习知识—技能提升—素养获得"的一体化学习目标。

在一项"您认为您目前学习英语最主要的目的是什么"的调查中，"通过四六级，为将来工作做准备"的比率占 80.36%。其具体回答情况如图 4–11 所示。

---

① 张楚廷：《课程与教学哲学》，人民教育出版社，2003，第 194 页。
② 教育部考试中心：《中国英语能力等级量表》，高等教育出版社，2018，第 5 页。
③ 《大学英语教学指南（教育部最新版）》，www.bjdcfy.com/html/41/a8/43932.html。

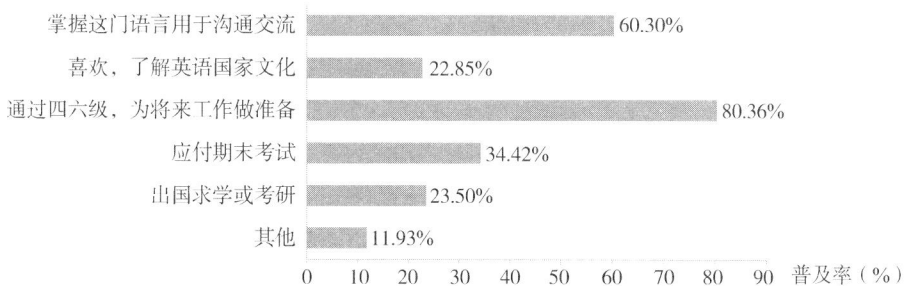

图 4 – 11　学生学习英语的目的情况图

针对多选题各选项选择比例分布是否均匀，使用卡方拟合优度检验进行分析可知，拟合优度检验呈现出显著性（chi = 1915.407，p = 0.000 < 0.05），意味着各项的选择比例具有明显差异性，可通过响应率或普及率具体对比差异性。具体来看，"掌握这门语言用于沟通交流""通过四六级，为将来工作做准备"这两项的响应率和普及率明显较高。

在这种以"四六级为主要目标"的学生眼中，教师的教学需要以四六级为中心，学生对于教学和教师的评价也是以是否服务于"四六级"考试这个"中心"为标准。有的学生在"教学中不满意之处"中则希望教师能多讲四六级考试的内容，认为与其无关的教学活动和内容"无用"。

学生1：最不满意的就是老师总是说做题很重要，但是上课时又很少注重学生的解题能力的培养。建议老师多讲题，多介绍四六级的解题技巧，课堂应该以刷题为主，讲解为辅，这样学生过四六级的概率和效率才能高，学生才能切实地感受到学英语还算有些用处，能够从中获得高峰体验。否则上课时总教一些考试不考的东西和形式主义的东西，还有一些看起来"高大上"，实则很"虚"的、活动之类的，在我看来简直就是浪费时间。因为在这样的课堂上，学生根本学不到什么有助于通过四级考试的东西，还不如在课后花时间自己刷题实在。

学生2：多讲解一些语法知识，然后多提供一些四六级考试策略。

学生3：没有很好地讲解四六级，多讲讲四六级可以集中注意力。

学生4：讲四六级的东西较少，应该围绕四六级来讲。

学生5：多添加关于四六级的课程，这个是刚需。

学生6：直接上四六级习题课，其余都是浪费时间。

学生7：过度强调四六级考试。

当"四六级考试"与毕业各种条件"挂钩"时，学生英语学习的目的"异化"为"为通过考试而学习"。过度强调过级考试不利于学生英语学习。对于英语学习的认知，有的学生对自己有较为清晰的认知，认为自己的自主学习能力不够，一些学生存在消极的认知。

学生1：最不满意的就是我自己，自己不努力罢了。
学生2：不满意我自己没有一颗持之以恒的心。
学生3：过于放松，很难做到自主学习及很好的自制力。
学生4：我没什么不满意，我对自己的这个态度不满意。
学生5：学英语有什么用，如果不是因为英语我怎么会来到这个学校。

从学生回答中可知，学生自己能认识到目前的学习状态，当自身努力一段时间后，看不到学习成果或者没有成功的学习体验时，学生会抱怨环境，会以"有用"或者"没用"来进行价值判断。学生对于课程价值的认知，会直接影响学生的学习心理，学生不同的认知心理又会影响学生在课程中的各种行为。本研究利用相关分析去研究学生学习状况满意度与学生学习认知、学习心理、学习参与和接受学习指导的相关关系，使用 Pearson 相关系数去表示相关关系的强弱情况，其相关性情况如表4-23所示。

表4-23　英语学习状况满意度相关性情况表

	项目	相关性系数
学习认知	除了教师课堂教学外，能确立自主学习计划，有明确的学习目标，且经常反思学习过程中的问题，并能根据学习情况调整学习计划	0.419**
	"大学英语"四级考试的意义	0.058**
学习心理	在英语小组展示活动中更愿意充当的角色	0.154**
	更倾向于"大学英语"教师采取哪种提问方式	0.081**
学习参与	课程的课前预习和课后复习情况	0.327**
	"大学英语"课堂上参与课堂教学活动的程度	0.356**
	在上"大学英语"课程时习惯采用哪种方式学习	0.228**
	学习英语的有效途径	0.067**
	在学习中遇到困难的做法	0.248**

项目		相关性系数
学习指导	"大学英语"课堂上，大家遇到共同的难题时，老师们经常采取的方法	0.164 **
	平时"大学英语"教师在指导学生学习活动方面	0.193 **
* p < 0.05　　** p < 0.01		

具体分析可知，在学习认知方面，学生能确立自主学习计划，有明确的学习目标，且经常反思学习过程中的问题，并能根据学习情况调整学习计划。学生对于大学英语等级考试的看法这两项与英语学习满意度之间的相关系数值分别为 0.419 和 0.058，并且呈现出 0.01 水平的显著性，因而说明学生认知行为和英语学习满意度之间有着显著的正相关关系。

在学习心理方面，在英语小组展示活动中更愿意充当的角色更倾向于大学英语教师采取哪种提问方式与英语学习满意度的相关系数值分别为 0.154 和 0.081，并且呈现出 0.01 水平的显著性，因而说明学生学习心理和英语学习满意度之间有着显著的正相关关系。

在学习参与方面，课程的课前预习和课后复习情况、大学英语课堂上参与课堂教学活动的程度、在上大学英语课程时习惯采用哪种方式学习、学习英语的有效途径、在学习中遇到困难的做法和英语学习满意度之间的相关系数值分别为 0.327、0.356、0.228、0.067 和 0.248，并且呈现出 0.01 水平的显著性，因而说明学生的学习参与度和英语学习满意度之间有着显著的正相关关系。

在接受学习指导方面，"大学英语课堂上，大家遇到共同的难题时，老师们经常采取的方法""平时大学英语教师在指导学生学习活动方面"这两项与英语学习满意度的相关系数值分别为 0.164 和 0.193，并且呈现出 0.01 水平的显著性，因而说明学生所接受到的学习指导和英语学习满意度之间有着显著的正相关关系。

课程生态系统的平衡离不开课程知识的输入、课程信息的传递和课程知识的习得等几方面。在这个"输入—转换—输出"的过程中，内外部环境要素共同影响着课程。语言环境的创设、文化的输入直接影响学生语言输出的水平，而不同的课程内容影响了学生的认知心理。语言材料晦涩难懂，或脱离生活实际，或缺乏文化背景都让学生在认知上难以接受。因此，课程内容上，要把科学、艺术和道德融入学生的生活与成长过程之中。合理的课程内容使得学生的已有知识在语言知识的运用中得以升华，从而内化成自我语言体系的一部分。

二、课程学习方式下的学生学习状态

在"大学就可以放松了"的心理影响下，一部分大学生产生懈怠心理，导致其自制力变差、学习动力不足，在学习习惯、学习方法上不能适应大学生活，在"讨论式"教学中并不能适应"翻转方式"，总觉得"没学到东西"，总希望老师按照传统方式进行授课。正如教师在访谈中提到的学生学习行为特点。

教师1：惰性重，专注力不够，韧性也不够，对英语学习的重视度不够高。

教师2：目前2020级的新生，手机全部上交到了手机袋，由所在学院的学生会干部督促拍照检查，课堂玩手机现象几乎没有了，部分学生学习激情不够，学习兴趣不高，不善于或者根本不愿意做笔记，大部分学生还是能积极参与课堂环节。

教师3：一是学习习惯不好，眼高手低，担心自己英语不好，却没有扎实背单词、多阅读来进行输入。二是基本功不扎实，句子结构语法有多项错误，如果没有老师及时进行纠正，很难有实质性的提高。三是学习方法存在问题，不够高效，只着眼于单词的背诵，却不知道如何转换成实际的输出运用，不善于总结。四是对于英语学习没有长线的视角，总希望在短期内看到立竿见影的效果。

教师4：学生的英语学习缺乏主动性，很多时候需要老师监督、鞭策，布置任务后才会有所行动。不少同学学习没有自己的规划，或者认为英语不是专业课，就不重视。

学生习惯"被动式"学习，因此需要教师给予明确的学习任务，引导学生在课堂学习中形成良好的语言学习习惯，在课外通过学生喜爱的方式引导学生对语言知识进行运用，培养学生独立解决问题、自主学习的习惯。

良好的班风能形成彼此间相互学习、相互鼓舞、共同提高的学习"小生态环境"，实现班级成员间的"共生"。而学生的个体英语表达能力与学生已有知识体系、原有英语学习基础和中文表达能力有关。学生的词汇习得、阅读量以及英语学习时间在一定程度上"限制"了学生英语水平的提升。

从学生需求来说，学生更在意"学习更多有用的知识"或者"能有效提高自己英语学习弱项的内容"。在"您对目前大学英语学习最不满意的地方是什么？您有什么好的意见和建议？"问题回答中，"口语"和"听力"成为学生"吐槽"最多的方面。

学生1：平时不注重大学生的口语交流能力，缺乏将英语运用在实际生活中的环境，讲英语的人很少。平时也可以从别的途径来学习英语，不用学得那么死，比如说可以从学英文歌中轻轻松松地学习英语。多参加一些英语类的竞赛和活动，学以致用，在实践中发现问题，不断学习，不断提高自己的英语水平和应用能力。

在线上线下混合式模式中，学生因"线上课程多"、英语学习动机弱、自控力差等原因，消极应对"线上"课程内容，通过"刷视频"等方式消极应对"线上"考核内容，使用各种手段在网络学习记录上创造"虚假形成性记录"，干扰了网络自主学习的形成性评价。[1]

目前大学英语教学课堂的物理环境处于"超载"状态，学生数量已经超过了英语学习最佳人数的"度"，一定程度上降低了师生之间互动的质量，使师生之间的互动多停留于"一问一答"式的形式上的交流，很难实现语言知识习得的有效建构。正如学生在调查中所说的"学生进入大学以后，学习状态放松""同学们上课玩手机的现象比较严重"，而学生的学习状态与行为直接影响教学效率。本研究分析了教师课堂教学效率和学生参与行为的相关性，其具体情况如表4-24所示。

表4-24 教师课堂教学效率与学生参与行为的相关性情况表

项目	相关性系数
学生学习英语的动机和目的	0.289**
大多数学生在大学的英语学习课堂活动中的状态	0.447**
*p < 0.05 **p < 0.01	

利用相关分析去研究课堂教学效率与学生学习英语的动机和目的、大多数学生在大学的英语学习课堂活动中的状态的相关关系，使用Pearson相关系数去表示相关关系的强弱情况。具体分析可知，"课堂教学效率和学生学习英语的动机和目的"同"大多数学生在大学英语课堂活动中的状态"之

---

① 徐淑娟：《大学英语生态教学模式建构研究》，科学出版社，2016，第86页。

间的相关性系数值分别为 0.289、0.447，并且呈现出 0.01 水平的显著性，因而说明"课堂教学效率与学生学习英语的动机和目的"同"大多数学生在大学英语课堂活动中的状态"之间有着显著的正相关关系。

本研究通过对学生学习效果与学生在网络学习参与度进行卡方（交叉）分析发现，学生参与度是影响学习效果的重要因素。详情如表 4 – 25 所示。

表 4 – 25　学生网络学习参与度与学习效果卡方（交叉）情况表

指标	特别好	很好	一般	很差	非常差	总计
积极参加	445(90.82%)	1177(89.17%)	3010(73.63%)	215(44.15%)	62(36.69%)	4909(74.90%)
被动参与	34(6.94%)	106(8.03%)	855(20.91%)	200(41.07%)	56(33.14%)	1251(19.09%)
消极参与	5(1.02%)	21(1.59%)	110(2.69%)	37(7.60%)	29(17.16%)	202(3.08%)
偶尔参与	5(1.02%)	15(1.14%)	108(2.64%)	31(6.37%)	15(8.88%)	174(2.65%)
根本没参与	1(0.20%)	1(0.08%)	5(0.12%)	4(0.82%)	7(4.14%)	18(0.27%)
合计	490	1320	4088	487	169	6554
$\chi^2 = 746.356$　$p = 0.000^{**}$						

由表 4 – 25 可知，"停课不停学"期间，网络学习效果与在大学英语课程网络学习中的参与度呈现出 0.01 水平显著性（chi = 746.356，p = 0.000 < 0.01），通过百分比对比差异可知，认为学习效果"特别好"选择"积极参与，主动提问，按时完成任务"的学生比例为 90.82%，会明显高于平均水平 74.90%。认为学习效果"很好"选择"积极参与，主动提问，按时完成任务"的学生比例为 89.17%，会明显高于平均水平 74.90%。认为学习效果"很差"选择"被动参与，在多次通知或提醒后完成教师指定任务"的学生比例为 41.07%，会明显高于平均水平 19.09%。认为学习效果"非常差"选择"被动参与，在多次通知或提醒后完成教师指定任务"的学生比例为 33.14%，会明显高于平均水平 19.09%。认为学习效果好的更倾向于"主动参与"，而认为学习效果差被动式参与特征更明显。

在网络教学期间，学生的参与度与教学效果、学习效果均存在显著性效果，详细结果如表 4 – 26 和表 4 – 27 所示。

表 4 – 26　"停课不停学"期间网络教学效果 Pearson 相关性情况表（n = 204）

学生在网络教学期间参与度	相关系数	0.486**
	p 值	0.000
* p < 0.05　** p < 0.01		

由表 4 - 26 具体分析可知，"停课不停学" 期间网络教学效果与学生在网络教学期间参与度的相关系数值为 0.486，并且呈现出 0.01 水平的显著性，因而说明 "停课不停学" 期间网络教学效果与网络教学期间参与度之间有着显著的正相关关系。

表 4 - 27　"停课不停学" 期间网络学习效果 Pearson 相关性情况表（n = 6554）

指标	相关系数	p 值
整体网络学习状态	0.278 **	0.000
网络学习参与度	0.262 **	0.000
自身自主学习能力缺乏	0.100 **	0.000
不停在交流群抱怨 "打卡" 失败	- 0.079 **	0.000
直播时，有同学随意开麦聊天	- 0.045 **	0.000
老师发布学习任务或通知时，"视而不见"	0.059 **	0.000
打完卡就干与学习无关的事情	0.144 **	0.000
只顾 "刷网课"，未认真参与学习	0.179 **	0.000

由表 4 - 27 可知，"停课不停学" 期间网络学习效果与整体网络学习状态、网络学习参与度之间的相关系数值为 0.278、0.262，并且呈现出 0.01 水平的显著性，因而说明网络学习效果与整体网络学习状态、网络学习参与度之间有着显著的正相关关系。"停课不停学" 期间，网络学习效果与 "自身自主学习能力缺乏" "打完卡就干与学习无关的事情" "只顾 '刷网课'，并没有认真参与学习" "老师发布学习任务或通知时，'视而不见'" 之间的相关系数值分别为 0.100、0.144、0.179、0.059 并且呈现出 0.01 水平的显著性，因而说明 "停课不停学" 期间，网络学习效果与学生的行为之间有着显著的正相关关系。网络学习效果与 "不停在交流群抱怨 '打卡' 失败" "直播时，有同学随意开麦聊天" 之间的相关系数值分别为 - 0.079、- 0.045，并且呈现出 0.01 水平的显著性，因而说明网络学习效果与这两个行为有着显著的负相关关系。由此可以看出，无论是正相关关系还是负相关关系，网络教学过程中出现的这些现象和行为对学生学习效果都产生影响。

基于以上分析结果，本研究将疫情过后教师实施网络教学的意愿、学生在网络教学期间的参与度、教师具备组织网络教学能力作为自变量，"停课不停学" 期间网络教学效果作为因变量进行线性回归分析，其研究结果如表 4 - 28 所示。

表 4 - 28 "停课不停学"期间网络教学效果线性回归分析结果（$n = 204$）

	非标准化系数		标准化系数	t	p	VIF
	B	标准误	Beta			
常数	1.702	0.123	—	13.848	0.000**	—
疫情过后实施网络教学意愿	0.232	0.052	0.261	4.42	0.000**	1.085
学生在网络教学期间参与度	0.353	0.057	0.373	6.214	0.000**	1.118
具备组织网络教学能力	0.133	0.04	0.2	3.307	0.001**	1.136
D - W 值：1.936F（3，200）= 36.925，p = 0.000 * p < 0.05 ** p < 0.01						

对模型进行 F 检验时发现模型通过 F 检验（F = 36.925，p = 0.000 < 0.05），模型公式为：网络教学效果 = 1.702 + 0.232* 实施网络教学的意愿 + 0.353* 网络教学期间参与度 + 0.133* 组织网络教学能力。另外，针对模型的多重共线性进行检验发现，模型中 VIF 值全部小于 5，意味着不存在共线性问题；并且 D - W 值在数字 2 附近，因而说明模型不存在自相关性，样本数据之间并没有关联关系，模型较好。经过分析可知，疫情过后，教师网络教学的意愿、学生在网络教学期间的参与度、教师具备组织网络教学能力的回归系数值分别为 0.232（t = 4.42，p = 0.000 < 0.01）、0.353（t = 6.214，p = 0.000 < 0.01）、0.133（t = 3.307，p = 0.001 < 0.01），意味着疫情过后，教师网络教学的意愿、学生在网络教学期间的参与度、教师网络教学的能力会对"停课不停学"期间网络教学效果产生显著的正向影响关系。

本研究将"大学英语"课程评价方式、"停课不停学"期间，整体网络学习状态、学生参与度、网络学习整体评价、学习英语最主要的目的作为自变量，而网络学习效果作为因变量进行线性回归分析，其研究结果如表 4 - 29 所示。

表 4 - 29 "停课不停学"期间网络学习效果线性回归分析结果（$n = 6554$）

	非标准化系数		标准化系数	t	p	VIF
	B	标准误	Beta			
常数	1.855	0.027	—	69.202	0.000**	—
"大学英语"课程评价方式	0.056	0.006	0.102	8.874	0.000**	1.058
整体网络学习状态	0.144	0.014	0.126	10.256	0.000**	1.213
"大学英语"课程网络学习中参与度	0.208	0.017	0.155	12.596	0.000**	1.214
使用网络学习平台整体评价	0.142	0.006	0.265	22.717	0.000**	1.096
D - W 值：1.985F（4，6549）= 377.091，p = 0.000 * p < 0.05 ** p < 0.01						

对模型进行 F 检验时发现模型通过 F 检验［F（4，6549）= 377.091，p = 0.000 < 0.05］，即说明这些因素中至少有一项会对"停课不停学"期间

网络学习效果产生影响关系。对模型的多重共线性进行检验发现，模型中 VIF 值全部小于 5，所以不存在共线性问题；并且 D－W 值在数字 2 附近，说明模型不存在自相关性，样本数据之间并没有关联关系，模型较好。大学英语课程评价方式的回归系数值为 0.056（t = 8.874，p = 0.000 < 0.01），整体网络学习状态的回归系数值为 0.144（t = 10.256，p = 0.000 < 0.01），"大学英语"课程网络学习中参与度的回归系数值为 0.208（t = 12.596，p = 0.000 < 0.01），使用网络学习平台整体评价的回归系数值为 0.142（t = 22.717，p = 0.000 < 0.01），这意味着"大学英语"评价方式、网络学习状态、网络学习内容、学生在学习中的参与度、网络学习中遇到的问题、班级存在的学习行为等以上项目会对学习效果产生显著的正向影响关系。

三、学生学习满意度

学生对于课程学习的"不满意"之处，包括对教学环境、教师教学、自身学习弱项等方面的意见或建议。在"您对目前大学英语学习最不满意的地方是什么？您有什么好的意见和建议？"调查中，"口语"和"听力"教学的不完善影响了学生的满意度。部分学生意见如下。

学生 1：口语教学几乎没有。听力教学时间有点太少，并且以考试为主，而不是日常口语。

学生 2：只以考试为目的，并没有考虑到以后在生活中的实际应用。应该多加强学生的口语训练。

学生 3：不满意的地方就是口语教学方面，尽管在课堂上会用英语回答问题，但可能因为没有一个很好的口语环境，所以在口语方面很差。希望有一个很好的英语口语环境，大家可以一起学习口语。

学生 4：没有多方面地拓展，只是为了完成书本而上课，学生表达少，口语用得少，我觉得可以组织英语沙龙。

学生 5：听力训练较少，课堂上老师使用英语的频率也不高，同学们使用英语的机会也不多。

学生 6：平时不注重学生的口语交流能力，无法将英语运用在实际生活中，讲英语的人很少。平时也可以从别的途径来学习英语，不用学得那么死，比如说可以在听英文歌时轻松地学习英语。多参加一些英语类的竞赛和活动，学以致用，在实践中发现问题，不断学习，不断提高自己的英语水平和应用能力。

学生 7：基础层面的教学不完善，没有落到实处。建议加强学生的自主学习能力，多多进行口语交流。

学生 8：多直播进行口语练习，或者多发布一些口语素材。

学生 9：学习软件很鸡肋。口语和听力要安排上。

学生 10：没有互动，无法提升口语学习及英语听力学习，能提供一些比较好的精品课程，听力学习、口语提升方法。

学生 11：对口语的训练不足，希望增加口语的练习。单词记忆只能做到瞬间记忆，无法达到长久记忆。

学生 12：无法锻炼学生的口语和听力。

学生 13：加大听力方面的教学力度。

学生 14：教学太单一。希望老师以四六级考试内容来训练大家，特别是听力，老师可以针对这方面改善内容。

从学生的意见可以看出，学生希望自己的薄弱项能在学习中得以加强。从理论上讲，教师在教学中如果能充分考虑学生的需求，采取更加个性化的教学方案，能让学生"感知"到自己的薄弱项，并能有所提高，学生对学习状况满意度会更高。可本研究发现英语学习状况满意度和一年"大学英语"课程结束后英语水平进步程度之间的相关系数值为 -0.264，并且呈现出 0.01 水平的显著性，进而说明英语学习状况满意度和一年"大学英语"课程结束英语水平进步程度之间有着显著的负相关关系。这其中的原因可能是学生的个体需求不一样，虽然学生感觉进步不大是由于自己本身努力不够或者其他原因，虽然学生对教学存在"不满意之处"，但是整体而言对教师的教学和自身学习是"满意"的。

本研究还发现学生英语学习满意度和"除了课堂时间外，利用网络教学平台进行英语自主学习情况"之间的相关系数值为 -0.177，并且呈现出 0.05 水平的显著性，进而说明英语学习状况满意度和课后利用网络教学平台进行英语自主学习情况之间有着显著的负相关关系。这其中的原因可能与学生本身学习基础、学习认知态度或教师平台启用情况有关，学习满意程度高的学生，因为自身英语基础好或者英语基础不好不愿意花时间投入英语学习，或者教师很少引导学生利用网络教学平台学习，从而导致花在网络教学平台上的时间较少。

在网络教学平台使用方面，学生更习惯传统教学方式，49% 的受访学生认为对学习有效的方式仍旧是利用多媒体课件，教师讲解词汇和语法等。38.7% 的受访学生认为词汇及句型练习是一种有效的学习方式。学生对于

"翻转课堂"模式的自主学习不是很适应,在集中网络学习时,更是不愿意积极主动参与学习活动。在学生"怎样才能提高课堂效率"调查中,72.26%的受访学生认为,"自己应有积极的学习态度";12.29%的受访学生认为,"老师要及时调整教学形式和方法";认为"学校要积极完善网络课程评价制度"和"网络学习平台应该更加优化"的学生分别占6.73%和8.36%。这与"哪些因素影响你学习"的调查结果一致。72.26%的受访学生认为"自律性"最影响学习效率的占53.31%,认为"学习态度"最影响的占22.22%,认为"教师的监督与考核办法"和"学校课程考核机制"最影响的分别占2.53%和1.22%。

把英语学习满意度作为因变量,学生课前预习、课堂参与度等学习行为作为自变量,进行线性回归分析,其结果如表4-30所示。

表4-30 学习满意度线性回归分析表

| | 非标准化系数 | | 标准化系数 | t | p | VIF |
	B	标准误	Beta			
常数	0.871	0.072	—	12.037	0.000**	—
课程的课前预习和课后复习情况	0.107	0.016	0.141	6.705	0.000**	1.267
大学英语课堂上,参与课堂教学活动的程度	0.254	0.027	0.194	9.28	0.000**	1.254
能确立自主学习计划,有明确学习目标,且经常反思学习过程中的问题,并根据学习情况调整学习计划	0.312	0.022	0.293	13.955	0.000**	1.26
常数	0.871	0.072	—	12.037	0.000**	—
D-W值:1.937 *p<0.05 **p<0.01 F(3,2175)=226.866,p=0.000						

从表4-30可知,将"大学英语"这门课程的课前预习和课后复习情况等几个因素作为自变量,而将现在的英语学习状况满意度作为因变量进行线性回归分析可以看出,模型R方值为0.238,意味着"大学英语"这门课程的课前预习和课后复习情况等因素可以解释现在的英语学习状况满意度的23.8%变化原因。对模型进行F检验时发现模型通过F检验[F(3,2175)=226.866,p=0.000],也即说明"大学英语"这门课程的课前预习和课后复习情况等因素中至少一项会对现在的英语学习状况满意度产生影响关系,其模型公式为:现在的英语学习状况满意度=0.871+0.107*课前预习和课后复习情况+0.254*参与课堂教学活动的程度+0.312*能确立自主学习计划,有明确

学习目标，且经常反思学习过程中的问题，并根据学习情况调整学习计划。另外，针对模型的多重共线性进行检验发现，模型中 VIF 值全部小于 5，意味着不存在共线性问题；并且 D－W 值在数字 2 附近，因而说明模型不存在自相关性，样本数据之间并没有关联关系，模型较好。

通过最终分析可知：这门课程的课前预习和课后复习情况的回归系数值分别为 0.107（$t=6.705$，$p=0.000<0.01$）、0.254（$t=9.280$，$p=0.000<0.01$）、0.312（$t=13.955$，$p=0.000<0.01$），意味着课前预习和课后复习情况、参与课堂教学活动的程度、在大学的英语学习过程中，除了教师课堂教学外，能确立自主学习计划，有明确的学习目标，经常反思学习过程中的问题，并根据学习情况调整学习计划会对英语学习状况满意度产生显著的正向影响关系。

第四节　师生存在关系

一、课程目标下的师生存在关系

课程目标上，生态化英语课程致力于人的自然性、社会性和自主性的和谐健康发展，注重一致性与差异性的统一、理性与非理性的统一、意识与潜意识的统一及个体需要与社会需要的辩证统一。师生之间的关系不仅体现在"显性"课堂中的师生交往活动，更重要的是师生课堂活动外的"隐性"作用。在课堂活动中，若师生之间的交往是一种"共游"式交往，则师生间生命得以共同激发，形成"学生个体发展需求—师生教学成长—良好教学生态环境"之间的良性循环。在大学的英语教学课堂中，师生之间的交往需要建立在良好文化氛围与和谐的语言情境之中，否则，学生的语言习得与教师的教学环境创设之间的联系无法建立。

师生之间应该是哪种关系？调查反映出不和谐的师生关系会影响到学生的学习效果。

学生1：课堂枯燥，老师与学生互动较少，老师只站在讲台上讲，一般带不动课堂气氛。

学生2：老师上课似乎是在读书，书上的内容应该稍微解释一下，应该重点讲一些从书上延展出来的东西。

学生3：老师的态度让人不舒服，感到不被尊重，从而不喜欢上英语课。

学生4：希望可以加大师生间的互动，老师可以降低语速。

学生5：教师教学水平不高，甚至我觉得不如我的高中英语老师。

学生6：希望老师在讲课的时候不能只盯着课本讲课不抬头，注意下面学生有没有在认真听课，是否在玩手机。

从学生的意见中可以看出，这些不和谐的行为与教师的教学理念、教学方法和教学组织等方面有关。教师用什么理念来指导教学，就会呈现出不同的教学方法与教学组织行为。教师因此需要及时向学生搜集反馈信息，与学生进行积极沟通，让学生更清楚大学英语学习的主要目标。在与学生积极沟通中，教师需要不断调整教学策略，帮助学生提升学习能力。在一项"您是以什么理念指导教学行为"的调查中，71.29%的受访教师"以学生为主体，以教师为主导，以引导者的身份出现"，其具体情况如图4-12所示。

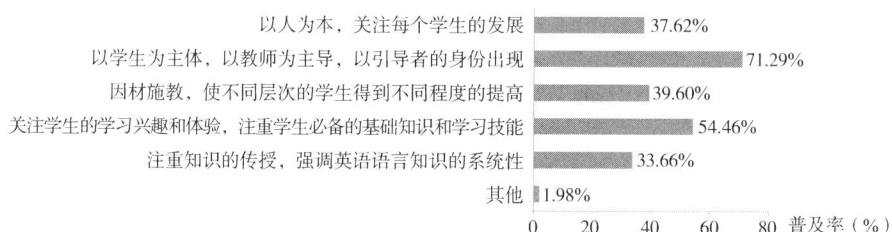

图4-12 教师教学理念情况图

针对多选题各选项选择比例分布是否均匀，使用卡方拟合优度检验进行分析可知，拟合优度检验呈现出显著性（chi = 68.037，p = 0.000 < 0.05），意味着各项的选择比例具有明显差异性，可通过响应率或普及率具体对比差异性。具体来看，"以学生为主体，以教师为主导，以引导者的身份出现""关注学生学习兴趣和体验，注重学生必备的基础知识和学习技能"这2项的响应率和普及率明显较高。

这个结论与"教师在教学中所扮演的实际角色"调查结果是一致的，78.22%的受访教师认为自身扮演的角色为"引导者"，其详情如图4-13所示。

针对多选题各选项选择比例分布是否均匀，使用卡方拟合优度检验进行分析可知，拟合优度检验呈现出显著性（chi = 144.481，p = 0.000 < 0.05），意味着各项的选择比例具有明显差异性，可通过响应率或普及率具体对比差异性。具体来看，"动机激发者""知识传播者""学习资源提供者""引导者"和"监督者"这5项的响应率和普及率明显较高。

普及率（%）

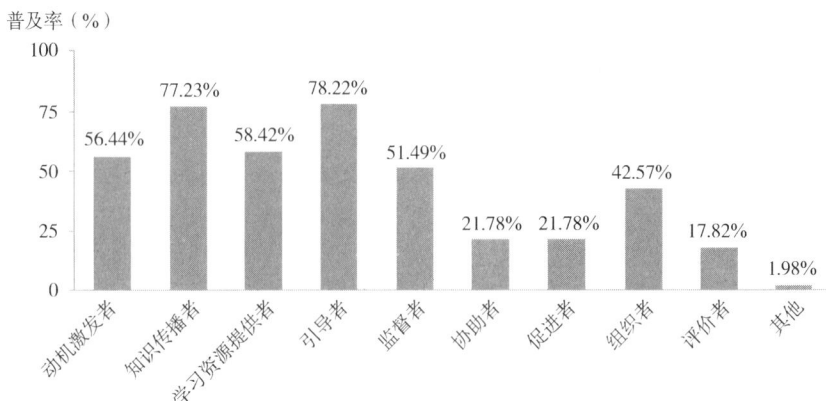

图 4 - 13　教师在教学中扮演角色情况图

在以学生为主体的教学理念下，教师对于学生在教学中的角色的看法也会影响教师处理师生关系。在一项"学生实际充当角色"的调查中，82.18%的受访教师认为学生是"知识的接受者"，71.27%的受访教师认为学生在教学过程中是以"合作者"身份出现。具体情况如图 4 - 14 所示。

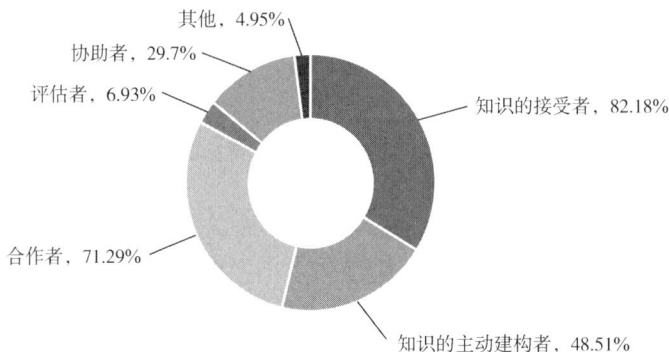

图 4 - 14　教师认为学生在实际教学中充当的角色情况图

针对多选题各选项选择比例分布是否均匀，使用卡方拟合优度检验进行分析可知，拟合优度检验呈现出显著性（chi = 130.780，p = 0.000 < 0.05），意味着各项的选择比例具有明显差异性，可通过响应率或普及率具体对比差异性。具体来看，"知识的接受者"和"合作者"这两项的响应率和普及率明显较高。

从以上分析可以看出，教师将学生当作"知识的接受者"，在教学中不自觉会采取更多讲授的方式，从而导致学生感觉老师在"讲"，学生自然也就有"希望可以加大师生间的互动"的需求。

二、教学主体间的互动关系

教学主体间的互动关系，是教学生态环境和谐发展的关键因素。以"学习活动为中心"的"翻转课堂"教学模式，需要师生课前对教学资源中的教学难点进行"线上交流与互动"、课中教师与学生进行"面对面"的质疑以及讨论与探究，同样需要师生课后对"学习项目与任务"的完成情况进行交流、答疑与评价。"翻转课堂"教学模式下，教学主体间的互动关系包括师生之间、学生之间和师师之间的互动。师生之间良好互动关系的发展在教学活动中得以体现。"线上线下"的讨论式教学活动能更好促进生生之间互动。教学主体间的互动关系也处于不断变化之中，不同教学设计、不同教学内容，使主体间关系发生变化。构建大学英语教学生态模式，必须注重生态系统的"整体效应"，不仅要关注生态系统中教师、学生和网络平台教学环境这些"关键因素"，还要关注各因素之间所形成的"生态链"。教师需要适时观察生态主体间关系的变化，共同寻找教学"生态圈"中不同层级、不同时期出现的不同问题，从生态系统可持续发展的角度出发解决问题，才能实现师生之间的"共生"发展。

本研究对学生一年后英语水平进步的程度与大学英语课堂中的师生关系进行了交叉（卡方）分析，其结果如表4-31所示。

表4-31　学生一年后英语水平进步程度与大学英语课堂中师生关系交叉（卡方）分析表

题目	题目	一年大学英语课程结束英语水平			总计
		和以前差不多	有一点进步	有很大进步	
大学英语课堂教学中的师生关系	老师是中心，高高在上，学生以接受和服从为主，师生关系不融洽	158（16.34%）	78（7.24%）	18（13.43%）	254（11.66%）
	学生为中心，老师处处为学生服务，师生关系很融洽	287（29.68%）	434（40.26%）	56（41.79%）	777（35.66%）
	学生为中心，老师不能有效地调动教学活动的进行	93（9.62%）	93（8.63%）	11（8.21%）	197（9.04%）
	老师为主导，学生为主体，师生关系民主、互动、融洽	378（39.09%）	450（41.74%）	38（28.36%）	866（39.74%）
	其他	51（5.27%）	23（2.13%）	11（8.21%）	85（3.90%）
总计		967	1078	134	2179
$\chi^2 = 80.039$　$P = 0.000^{**}$					

学生英语水平提高的程度对于平时大学英语课堂教学中的师生关系呈现出0.01水平显著性（chi = 80.039，p = 0.000 < 0.01），通过百分比对比差异可

知，认为学习"有很大进步"的学生选择"学生为中心，老师处处为学生服务，师生关系很融洽"的比例为41.79%，会明显高于平均水平35.66%。

在学生认为"最不满意的"调查中，2179人参与问卷，其中366人意见为"无"；30人表示"上课枯燥无味"或"无聊"；122人在意见中提及了"老师"，而教师在教学中不满意之处的93条意见中，51人提及了"学生"。

在教学中，具有符合学生心理特点的师生关系观念的教师才能处理好师生关系。在调查中61.39%的受访教师认为课堂教学中的师生关系是"老师为主导，学生为主体，师生关系民主、互动、融洽"，具体情况如图4－15所示。

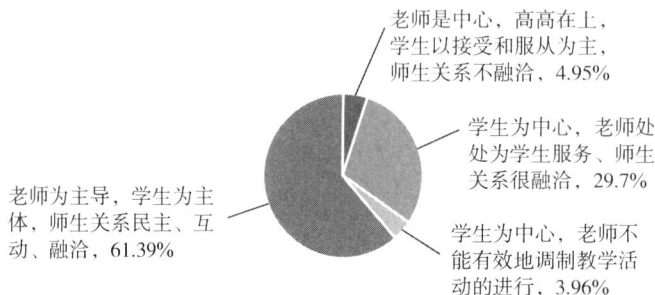

图4－15　教师认为课堂教学中的师生关系情况图

本研究分析了学习满意度与师生关系的相关情况，其具体情况如表4－32所示。

表4－32　学习满意度与师生关系的相关性情况表（$n=2179$）

您认为平时"大学英语"课堂教学中的师生关系	相关系数	0.154 **
	p 值	0.000
* p < 0.05　　** p < 0.01		

从表4－32可知，学习满意度与师生关系的相关性系数为0.154，并且呈现出0.01水平的显著性，因而说明学生的学习满意度与师生关系之间有着显著的正相关关系。

师生交互行为在教师对学生学习情况的个性化"案例教学"中得以"生成"。差异化"教学处方"的开设是在学生学习行为留下的"学习痕迹"的基础上，通过大量的案例研究，分析学生学习行为与学习效果之间的相关性过程中生成的。"教学处方"是动态化教学过程的体现。生态化教学强调教学计划、教学内容、教学过程的生成性。教师不是以"灌输者"的姿态去灌输教学内容，而是根据学生的学习情况，采取适合学生的教学方式，构建激发学生学习热情、表达欲望的"教学情境"。把学生放在真实的"情境"中,在"学生—语言情境—教师"构建的语言环境中,学生与教师之间的行为才更有意义。教师的教学行为与语言情境存在"共生"关系,因此教师的教学行为帮助学生产生语言情境,学生在语言情境中不断调整改变自身的语言发展行为,这样师生之间才能构建和谐、有效的互动关系。教师需要运用大数据分析手段对"教学片段"或"教学情境"进行细致入微的刻画和深描,并根据学生在这个过程中的可能发展规律进行预测,以发现如何在师生教学互动中诱发学生深层次思考、促进学生语言能力提升的有效途径。[1]

三、学生学习效果回归模型

为了分析学生学习进步程度的影响要素和各要素之间的影响关系,本研究将学生课堂参与程度、"大学英语"课程评价方式、教师纠错行为、学生复习预习行为和自主学习情况纳入回归模型,其模型回归系数如表4-33所示。

表4-33　"停课不停学"期间网络教学模型回归系数表

X	Y	非标准化路径系数	z	SE	p	标准化路径系数
目前"大学英语"课程评价方式	"大学英语"课堂上,参与课堂教学活动的程度	0.157	6.992	0.022	0	0.139
课后利用网络教学平台进行英语自主学习情况	一年"大学英语"课程结束,英语水平进步程度	0.210	7.900	0.027	0	0.163
课程的课前预习和课后复习情况	"大学英语"课堂上,参与课堂教学活动的程度	0.207	18.012	0.012	0	0.357
"大学英语"课堂上,参与课堂教学活动的程度	英语学习状况满意度	0.389	15.074	0.026	0	0.301
"大学英语"课堂上回答问题出错时,教师的做法	一年"大学英语"课程结束,英语水平进步程度	0.075	5.807	0.013	0	0.120
目前"大学英语"评价方式	英语学习状况满意度	0.224	7.679	0.029	0	0.153

[1]　Wolff – Michael Roth, Kenneth Tobin, Cristobal Carambo, Chris Dolland, "Coteaching: Creatin Resources for Learning and Learning to Teach Chemistry in Urban High Schools", *Journal of Research in Science Teaching*, Vol. 41, No. 9, 2004.

从表 4 - 33 可知，"目前'大学英语'课程评价方式"对于"大学英语课堂上，参与课堂教学活动的程度"产生影响时，标准化路径系数为 0.139 > 0，并且此路径呈现出 0.01 水平的显著性（z = 6.992，p = 0.000 < 0.01），因而说明目前"大学英语"评价方式会对"大学英语"课堂中参与课堂教学活动的程度产生显著的正向影响关系。

"课后利用网络教学平台进行英语自主学习情况"对于"一年'大学英语'课程结束，英语水平进步程度"产生影响时，标准化路径系数为 0.163 > 0，并且此路径呈现出 0.01 水平的显著性（z = 7.900，p = 0.000 < 0.01），因而说明"课后利用网络教学平台进行英语自主学习情况"会对"一年'大学英语'课程结束，英语水平进步程度"产生显著的正向影响关系。

"课程的课前预习和课后复习情况"对于"'大学英语'课堂上，参与课堂教学活动的程度"产生影响时，标准化路径系数为 0.357 > 0，并且此路径呈现出 0.01 水平的显著性（z = 18.012，p = 0.000 < 0.01），因而说明"课程的课前预习和课后复习情况"会对"'大学英语'课堂上参与课堂教学活动的程度"产生显著的正向影响关系。

"'大学英语'课堂中参与课堂教学活动的程度"对于"英语学习状况满意度"产生影响时，标准化路径系数为 0.301 > 0，并且此路径呈现出 0.01 水平的显著性（z = 15.074，p = 0.000 < 0.01），因而说明"'大学英语'课堂上，参与课堂教学活动的程度"会对"英语学习状况满意度"产生显著的正向影响关系。

"'大学英语'课堂上回答问题出错时，教师的做法"对于"一年'大学英语'课程结束，英语水平进步程度"产生影响时，标准化路径系数为 0.120 > 0，并且此路径呈现出 0.01 水平的显著性（z = 5.807，p = 0.000 < 0.01），因而说明"'大学英语'课堂上回答问题出错时，教师的做法"会对"一年大学英语课程结束，英语水平进步程度"产生显著的正向影响关系。

"目前'大学英语'评价方式对于英语学习状况满意度产生影响时，标准化路径系数值为 0.153 > 0，并且此路径呈现出 0.01 水平的显著性（z = 7.679，p = 0.000 < 0.01），因而说明"目前'大学英语'评价方式会对英语学习状况满意度"产生显著的正向影响关系。其回归关系模型如图 4 - 16 所示。

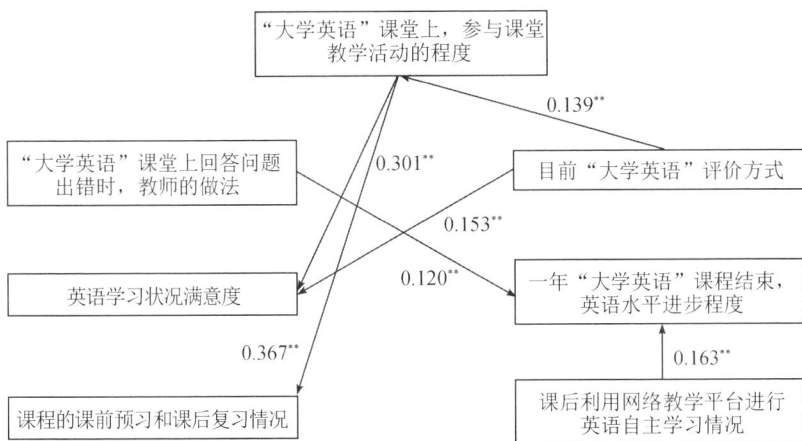

图 4 - 16　学生英语学习进步程度回归模型图

由图 4 - 16 可知，"目前'大学英语'评价方式"影响"学生在课程中的参与程度"和"学生的学习满意度"，"学生在课程中参与度"影响"学生的学习满意度"和"课程中课前预习和课后复习情况"。"'大学英语'课堂上回答问题出错时，教师的做法"和"学生课后利用网络教学平台进行英语自主学习情况"共同影响"学生的学习进步程度"。

本研究对英语学习满意度进行了进一步分析，其回归分析情况如表 4 - 34 所示。

表 4 - 34　学生英语学习满意度回归分析表

	非标准化系数		标准化系数	t	p	VIF
	B	标准误	Beta			
常数	1.601	0.075	—	21.321	0.000＊＊	—
"大学英语"教师在教学设计与教学过程的安排	0.139	0.018	0.175	7.683	0.000＊＊	1.274
课后"大学英语"教师布置的作业帮助学生加强对课程的理解	0.135	0.032	0.098	4.263	0.000＊＊	1.304
"大学英语"课堂教学中的师生关系	0.078	0.018	0.092	4.43	0.000＊＊	1.045
目前大学英语评价方式	0.181	0.032	0.123	5.593	0.000＊＊	1.179
D - W 值：1.896　＊p < 0.05　＊＊p < 0.01　F (4, 2174) = 67.840, p = 0.000						

从表 4 - 34 可知，将"大学英语"教师在教学设计与教学过程的安排、"大学英语"教师所布置的作业对于帮助学生加强对课程的理解、"大学英语"课堂教学中的师生关系、目前"大学英语"评价方式作为自变量，而将现在的英语学习状况满意度作为因变量进行线性回归分析可以看出，模型 R 方值为 0.111，意味着这几项可以解释英语学习状况满意情况的 11.1% 变化原因。对模型进行 F 检验时发现模型通过 F 检验（F = 67.840，p = 0.000 <0.05），也说明这几个因素中至少有一项会对英语学习状况满意度产生影响关系，模型公式为：现在的英语学习状况满意度 = 1.601 + 0.139* "大学英语"教师在教学设计与教学过程的安排 + 0.135* 教师所布置的作业对于帮助学生加强对课程的理解 + 0.078* 课堂教学中的师生关系 + 0.181* "大学英语"评价方式。另外，针对模型的多重共线性进行检验发现，模型中 VIF 值全部均小于 5，意味着不存在着共线性问题；并且 D - W 值在数字 2 附近，说明模型不存在自相关性，样本数据之间并没有关联关系，模型较好。最终具体分析可知，"大学英语"教师在教学设计与教学过程的安排、"大学英语"教师所布置的作业对于帮助学生加强对课程的理解、"大学英语"课堂教学中的师生关系、目前"大学英语"评价方式的回归系数值分别为 0.139（t = 7.683，p = 0.000 < 0.01）、0.135（t = 4.263，p = 0.000 < 0.01）、0.078（t = 4.430，p = 0.000 < 0.01）、0.181（t = 5.593，p = 0.000 < 0.01），意味着这几个要素会对英语学习状况满意度产生显著的正向影响关系。

对于学生学习效果而言，英语学习目的、网络学习参与度、整体网络学习状态、课程评价方式、课程学习主要内容之间存在一定的影响关系，在"停课不停学"期间各影响因素对学习效果的回归情况如表 4 - 35 所示。

表 4 - 35 "停课不停学"期间学生网络学习效果回归系数表

X	Y	非标准化路径系数	z	SE	p	标准化路径系数
"大学英语"学习的主要目的	"停课不停学"期间整体网络学习状态	0.055	9.181	0.006	0	0.113
"停课不停学"期间整体网络学习状态	"停课不停学"期间网络学习效果	0.257	16.486	0.016	0	0.194
"停课不停学"期间网络学习参与度	"停课不停学"期间网络学习效果	0.191	14.273	0.013	0	0.170
目前"大学英语"课程评价方式	"停课不停学"期间网络学习效果	0.075	11.610	0.006	0	0.138

续表

X	Y	非标准化路径系数	z	SE	p	标准化路径系数
目前"大学英语"课程评价方式	"停课不停学"期间网络学习参与度	0.064	10.791	0.006	0	0.132
"停课不停学"期间最适合网络教学方式	"停课不停学"期间网络学习参与度	0.038	4.871	0.008	0	0.060
"大学英语"课程网络学习的主要内容	"停课不停学"期间网络学习参与度	0.063	8.459	0.008	0	0.105
"停课不停学"期间网络学习效果	目前使用网络学习平台整体评价	0.646	29.296	0.022	0	0.340

从表 4 - 35 可知，"大学英语"学习主要目的对于"停课不停学"期间整体网络学习状态产生影响时，标准化路径系数为 0.113 > 0，并且此路径呈现出 0.01 水平的显著性（z = 9.181，p = 0.000 < 0.01），因而说明"大学英语"学习主要目的会对"停课不停学"期间整体网络学习状态产生显著的正向影响关系。

"停课不停学"期间整体网络学习状态对于学习效果产生影响时，标准化路径系数为 0.194 > 0，并且此路径呈现出 0.01 水平的显著性（z = 16.486，p = 0.000 < 0.01），因而说明"停课不停学"期间整体网络学习状态会对学习效果产生显著的正向影响关系。

"停课不停学"期间网络学习参与度对于学习效果产生影响时，标准化路径系数为 0.170 > 0，并且此路径呈现出 0.01 水平的显著性（z = 14.273，p = 0.000 < 0.01），因而说明"停课不停学"期间网络学习参与度会对学习效果产生显著的正向影响关系。

目前"大学英语"课程评价方式对于"停课不停学"期间网络学习效果产生影响时，标准化路径系数为 0.138 > 0，并且此路径呈现出 0.01 水平的显著性（z = 11.610，p = 0.000 < 0.01），因而说明目前"大学英语"课程评价方式会对学习效果产生显著的正向影响关系。

"大学英语"课程评价方式对于"停课不停学"期间网络学习参与度产生影响时，标准化路径系数值为 0.132 > 0，并且此路径呈现出 0.01 水平的显著性（z = 10.791，p = 0.000 < 0.01），因而说明目前"大学英语"课程评价方式会对学习参与度产生显著的正向影响关系。

"停课不停学"期间最适合网络教学方式对于"停课不停学"期间网络学习参与度产生影响时，标准化路径系数为 0.060 > 0，并且此路径呈现出

0.01 水平的显著性（z = 4.871，p = 0.000 < 0.01），因而说明"停课不停学"期间最适合网络教学的方式会对学习中参与度产生显著的正向影响关系。

"大学英语"课程网络学习主要内容对于"停课不停学"期间网络学习参与度产生影响时，标准化路径系数为 0.105 > 0，并且此路径呈现出 0.01 水平的显著性（z = 8.459，p = 0.000 < 0.01），因而说明"停课不停学"期间"大学英语"课程网络学习主要内容会对学习参与度产生显著的正向影响关系。

"停课不停学"期间网络学习效果对于目前使用网络学习平台整体评价产生影响时，标准化路径系数为 0.340 > 0，并且此路径呈现出 0.01 水平的显著性（z = 29.296，p = 0.000 < 0.01），因而说明"停课不停学"期间网络学习效果会对目前使用网络学习平台整体评价产生显著的正向影响关系。

本研究将英语学习目的、网络学习参与度、整体网络学习状态、课程评价方式、课程学习主要内容纳入学习效果回归模型，其回归关系模型如图 4 - 17 所示。从图 4 - 17 可知，学生的学习目的影响"停课不停学"期间学生整体网络学习状态。学生在网络学习期间的主要内容、最适合学生的网络学习方式、课程评价方式影响学生的参与度。网络学习状态、"大学英语"评价方式、学生在课程学习中的参与度共同影响学生学习效果，而"停课不停学"期间学生学习效率又会影响学生对于网络教学平台的整体评价。

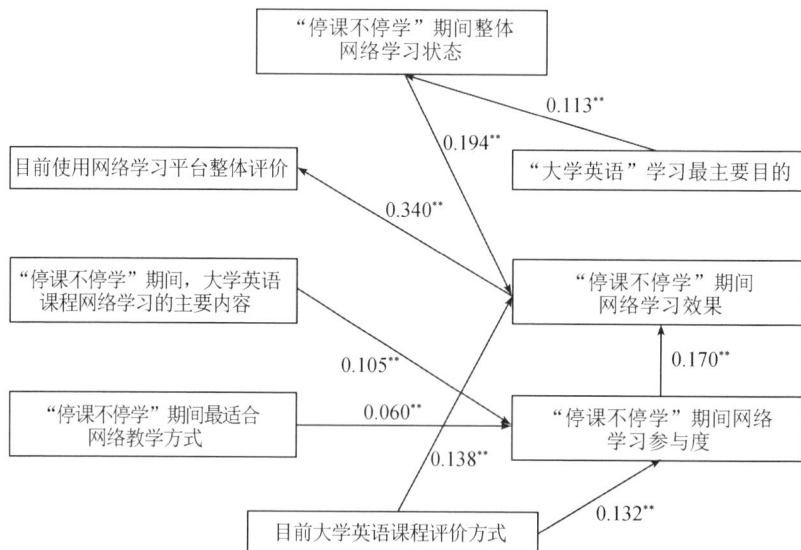

图 4 - 17 "停课不停学"期间学习效果回归模型图

第五章 高校英语空间教学行为优化策略

第一节 概 述

目前，大学英语教学在人才培养过程中起着积极的作用。大学英语课程设置分为读写课程、听力课程，有的院校还单独设置了口语课程。本研究对目前大学英语课程设置和课时安排情况进行调查后发现，46.53% 的受访教师认为大学英语教学"促进了学生的英语学习，提高了英语水平"，29.70% 的受访教师认为"两种课型的具体教学模式差别不大，没有必要分开课型"，具体情况如图 5-1 所示。

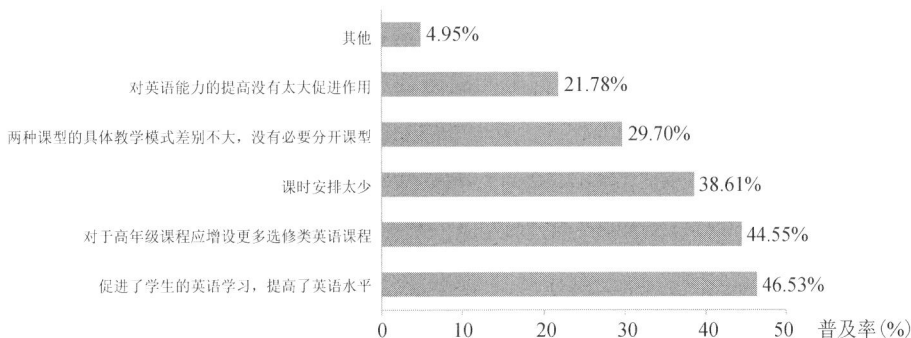

图 5-1 大学英语课程设置及课时安排情况图

针对多选题各选项选择比例分布是否均匀，使用卡方拟合优度检验进行分析可知，拟合优度检验呈现出显著性（chi = 40.638，p = 0.000 < 0.05），意味着各项的选择比例具有明显差异性，可通过响应率或普及率具体对比差异性。具体来看，"促进了学生的英语学习，提高了英语水平""课时安排太少""对于高年级课程应增设更多选修类英语课程"这三项的响应率和普及率明显较高。

从大学英语的整体发展趋势来看，"课时减少"是目前大学英语教师面临的问题，在课程已有教学课时情况下，教师如何利用教学平台，开展线上线下混合式教学成为必然趋势。如何让大学英语网络空间教学朝着生态化课堂方向发展，成为广大大学英语教师面临的新课题。

生态化课堂的"本真"状态是发展的、和谐的、共生的。课堂主体与课堂环境是一个相互联系、相互影响的整体。生态化英语课堂交往是以对话互动的形式来进行的，师生之间是和谐平等的关系。如何使师生之间的互动从"低层次互动"走向"高层次对话"是构建当前生态化英语课堂模式的关键所在。

教师可以通过观测学生的多维信息坐标体系，实现"教学资源的精准匹配—个性化教学设计—差异化教学处方—有教学行为痕迹的教学过程—动态化教学评价—针对性教学实施—客观性教学记录—新一轮教学设计"教学模式的良性循环。

总之，在高校大学英语教学过程中，课程实施者需要运用系统与生态学中的平衡原则，从处理好教师与学生生命价值的关系、个体与社会需要、个人知识与文化习得和新型师生关系建立等几个方面不断探索，关注英语课程改革的价值取向—课程目标—课程内容—课程实施环节中主体间生态环境的"限制因素"，并加以合理调控，从而促进课程生态环境的平衡。

网络教学平台对教师教学，学生学习情况进行"实时记录"，可是在教学开展过程中，教师并未充分利用网络空间教学的优势和数据分析功能，开展有效的教学分析与研究。

第二节　进行精准教学设计，规避课堂教学"花盆效应"

教师在教学过程中的各种行为，包括何时提问、何时讲授、何时开展小组活动、何时创设情境等都直接影响学生学习效果。而这些行为都需要教师进行精准化教学设计。空间教学过程的动态性和复杂性使得课堂教学的不确定因素增加，教师的教学设计不能遵循某一既定模式。教师有针对性的教学设计能使教学过程更生动有趣，学生的创造性思维能得到更好地发挥。

教师可以通过学生在空间的"活动数据"记载情况，实时掌握教学实施情况和学生学习情况，并通过学生的反馈灵活调整教学计划，并在教学过程中根据班级不同特点设计个性化内容。教师若能创造更多这样的机会，学生的参与程度与学习效率也能得到提高。教师不仅看到"云空间"的庞大数据，而且需要对数据进行聚类分析，看到数据之间的相关性，发现事物之间的相关性。如教师在小组活动设计环节时发现，学习合作小组展示方式很多，性格外向型组合更愿意以"情景剧"表演的方式呈现，性格内向型组合更愿意以"一问一答"方式呈现，英语基础薄弱的小组更愿意通过讲解单词与词组的方式呈现。因此，在下一轮教学设计中，教师会尽可能照顾到不同组员的特点，鼓励小组成员间和小组间的相互交流与合作，锻炼学生各个方面的能力。教师只有做到以"数"为"据"，才能及时掌握学生的学习任务完成情况和后续教学的重点和难点，才能开展精准教学设计。

非英语专业学生在真实语言情境下出现"想用英语交流却词穷"的尴尬现象，是因为其将所学语言知识进行交际的"迁移能力"较差。基于此，高校英语课堂教学中教师常采取"情境模拟""角色扮演"等方式为学生创设语言交流的环境，在语言知识输入中也有意识进行跨文化交流对比。如果学生缺乏真实语言情境，就很难在实际语言交际中运用课堂所习得语言进行自由交流。课堂是一个相对封闭的环境，"花盆效应"会对高校学生英语应用能力的培养产生影响。因此，高校大学英语教学改革中教师需要革新课堂教学模式，在以现有课堂"小组活动"方式来锻炼学生表达能力的基础上，激励学生在课堂之外运用英语学习软件进行自主学习，拓展语言运用的环境。

由于不同专业、不同班级的学生学习水平和学习需求存在差异性，教师则需要根据学生的学习特点和专业发展需求进行调整。比如，当学生以"通过大学英语四级考试"作为学习动机时，教师可以对教学进行适当调整。正如一位教师在"教师的课堂教学是否要考虑学生四级过级率的问题"的回答中提到的那样。

教师1（担任A班教学）：我认为对于高考成绩在120分以上的学生，大一第一个学期就可以开始考虑备考四级。开学第一次课，我就建议同学们制订四个学期的学习安排和计划，并入手《星火词汇》一本；安排背诵段落和章节，并随时抽查背诵情况。我还在课堂上每个单元都安排一次快速阅读，并当场进行答案核对讲解；每个单元课后的练习题，采取答疑的形式；每个单元的书面作业为作文或者翻译，全批全改。

在以教学平台为媒介的"翻转课堂"教学中，教学设计可以依据平台的数据确定学生学习的难点和重点。在进行课前、课中、课后教学时，把握好任务的难度与数量。正如 CJ005 教师在访谈中谈到关于"平台的优势和不足"时所说的那样。

CJ005：如果任务过多，势必影响学生的参与热情、加重他们的学业负担，因此教师需要进行不断的动态调整。

由于学生的学习水平存在差异性，有一部分学生存在消极、懈怠的情况，不能积极参与学习活动，所以无法掌握这部分学生具体的学习状态。没有运用教学平台的教师只能通过期末考试成绩了解学生的英语水平，但对他们在学习行为方面的具体情况无从了解。因此，在采取教学平台进行教学设计的过程中，可以通过学习平台统计学生学习任务的完成情况，以了解学生的学习情况。

语言类教学具备其自身特点，主要目的是提升学生的语言输出能力。然而，若在教学设计中只关注语言输入，而没有注重语言输出环境的创设，则很容易导致学生在真实语境和语言运用场景下无法进行有效输出。因此，在教学设计中要充分考虑"花盆"内外的环境差异，即学生在学习到的语言材料和语言运用中的文化差异，有意识地让学生感知很多真实语境，促进学生语言表达和跨文化交际能力的提升。

在教学设计中，课堂教学目标是一个不能忽视的重要部分，教师在课堂教学设计中，需要根据班级学生特点和学生未来发展需求设定教学目标，需要关注学生个体的语言能力、价值塑造的一体化发展，而不是只关心"教学进度完成了多少"。在现实教学情境中，学生的情感、态度、价值的目标随着"课程思政"教学改革的推进，已经得到一定程度的重视，但是一些教师还只是停留在"课程思政"教学视频的增加，大多仅为"点缀"，并没有从课程教学培养目标整体出发，也没有设计符合学生语言能力发展需求、培养学生思辨能力和跨文化能力的深层次的学习活动。目前部分教师的"课程思政"教学行为多为"显性"的语音材料的加入，"课程思政"的"隐性"融入度不够高。因此，在课堂教学中，教师需要根据班级学生的特点，设计有利于学生"语言输出"的学习环境，在培养学生语言学习能力的同时，注重学生跨文化能力的培养，设计引发学生深层次学习的教学活动，将能力培养与价值塑造融合于教学活动中。

第三节 完善差异化教学过程，保障学生主体生态位

　　教学过程是师生心理活动的过程，空间教学加快了师生交互作用的进程，教师教学任务的设计可以根据学生空间"访问痕迹"和"留言痕迹"实时反馈进行动态调整。教师对教学知识点和教学进度的安排，要以学生的"个人学习数据"为依据，及时收集学生的知识"盲点"。教师可以通过回看、反复浏览学生学习数据来分析学生普遍存在的"疑难问题"，这样可以发现学生的"个性问题"，对不同学生的行为进行分析，预测学生的学习规律。比如，教师通过分析不同学生上交作业的时间来预测学生学习最有效的时间段，并根据他们的特点调整作业任务。教师可以根据小组作业贡献度排名来判断小组协作中各成员的学习情况，通过学生一段时间的表现来分析并预测小组合作效果，并根据情况适时调整小组合作的形式和作业呈现方式。教师可以利用大数据预测结果，促使"教学设计—教学过程—教学反馈—新一轮教学设计"这一循环过程产生积极效应。教师根据学生对教学资源建设、互动讨论的参与程度，来判断学生的学习进程和学习效果，从而在课堂教学中开展有针对性的教学。在教师教学实践过程中发现，英语学习基础差的学生更不愿意完成书面表达作业，在此类型作业上花费的时间较少，更不愿意在课堂上主动发起提问，英语学习提高慢。教师要对这类任务完成情况不高的学生实施教学干预，有针对性地布置"啄木鸟"式挑错任务等，让学生从自己的写作作业中的常见表达错误入手，逐步改变学习习惯。

　　在"停课不停学"期间，学生网络学习时间较长，提高网络课堂学习的效率尤为关键。因此，教师需要更多关注学生的"声音"，根据学生的难点和疑点，进行有针对性的讲授或者小组讨论，发挥学习小组的优势。以下是学生在网络学习期间的意见。

　　学生1：课堂积极性不高，缺乏沟通讨论。老师可以建立课堂小组，对老师提出的问题先进行讨论，然后再由老师讲解。

　　学生2：老师和同学可以进行课堂互动，小组交流讨论合作，课后复习。

　　在教学的不同过程与阶段中，学生的学习行为都会留下一系列的"个人小数据"，数据之间相互联系与影响，形成该课程教学的"系列大数据"。课前采集的数据，是课堂有效教学的基础，课中、课后采集的数据，既是调整

教学节奏、开展个性化辅导的依据，又是因材施教、推进分层教学的证据。[①] 以数据分析为基础的空间教学促使教师教育教学从"经验主义"走向"数据主义"，将使课堂教学发生从关注"宏观群体"到"微观个体"的转变，让课堂教学发生在每个个体身上，使差异化教学成为可能。[②] 正如在 HY 校的教师访谈中提到教师如何利用网络学习平台帮助学生克服"自主学习性差"这一问题时提及的那样。

教师 1：教师可适时借助在线学习大数据优势记录和反馈学习者的学习行为信息（包括学习时间、地点、路径和与其他用户交互等有价值的信息），帮助学习者更清晰地认识自身学习进程，及时对自身学习加以反思、评估与调节，这都将对在线学习和教学效果的改进有所助益。

在同一班级内，良好的班风能形成同学间相互学习、相互鼓舞、共同提高的学习"小生态环境"，实现班级成员间的"共生"。学生的个体英语表达能力与学生已有知识体系、原有英语学习基础和中文表达能力有关。学生的词汇习得、阅读量以及英语学习所用时间在一定时期内限制了学生英语水平的提升。对于教师而言，提供给学生课堂练习的机会太少，对学生表达能力提升会起限制作用；课堂过多的知识点讲解会限制学生个性思维的发展；课后过多同一量化的作业会限制学生自由支配的时间。但教师创设的练习机会、知识点讲解和作业布置"低于基本需求时"，也会限制教学质量，影响课堂教学生态的平衡。[③] 只有对影响教学生态平衡的"限制因素"进行合理调控，才能保障学生主体生态位，实现教学生态链中能量流和信息流的动态平衡。目前，大学英语教学课堂的物理环境处于"超载"状态，学生数量已经超过了英语学习最佳人数的"度"，这在一定程度上也限制了师生之间互动的质量，使师生之间的互动多停留于"一问一答"形式，很难实现语言知识习得的有效建构。在考核内容上可以根据班级或者学生的特点"分类考核"。通过教师采取"一班一评"，或对英语学习要求相同的学院进行"一院一评"的考核方式，既能倡导教师对学生的"个性化"培养，也能激

---

① 何小儒：《基于大数据思维的高中物理常态化翻转课堂实践研究》，四川师范大学硕士学位论文，2017，第 14 页。
② 姜强、赵蔚、李松，等：《个性化自适应学习研究——大数据时代数字化学习的新常态》，《中国电化教育》2016 年第 2 期。
③ 吴鼎福、诸文蔚：《教育生态学》，江苏教育出版社，2000，第 158 页。

发教师督促学生积极参与课堂活动的热情。一体化的教学内容会导致教师在教学中给予学习基础好、课堂参与积极的学生更多参与机会，而"边缘学生"却很少参与，从而导致这部分学生学习积极性差，形成一种恶性循环。因此，本书建议：大学英语课程考试可以根据二级学院学生的特点，设置课程考核的内容对一定范围内的学生采取一套考核标准，对学生英语水平进行评价。另外，还可以根据该专业用人单位对于英语学习水平的要求进行分专业设置考核重点。

第四节　开设有针对性的学习处方，
改变生态主体的"小生态环境"

在英语学习的"小生态环境"中，教师、学生、学习环境都发挥着各自的作用，在课堂教学中，以对学生学习策略、分析和解决问题等能力的培养、大学的英语学习氛围、大多数学生在大学英语课堂活动中的状态作为自变量，将课堂教学效率作为因变量进行线性回归分析。

表 5 - 1　课堂效率与生态环境的线性回归分析表

	非标准化系数		标准化系数	t	p	VIF
	B	标准误	Beta			
常数	0.690	0.229	—	3.016	0.003 **	—
在课堂教学中，对学生学习策略、分析和解决问题能力的培养	0.340	0.091	0.301	3.756	0.000 **	1.149
大学的英语学习氛围（校风、班风与学风）	0.348	0.076	0.395	4.574	0.000 **	1.336
大多数学生在大学的英语课堂活动中的状态	0.207	0.092	0.189	2.246	0.027 *	1.276

从表 5 - 1 可以看出，模型 R 方值为 0.459，意味着"教师对学生学习策略、分析和解决问题能力的培养""大学的英语学习氛围""大多数学生在大学英语课堂活动中的状态"，可以解释课堂效率 45.9% 的变化原因。对模型进行 F 检验时发现模型通过 F 检验（$F = 27.472$，$p = 0.000 < 0.05$），也说明"教师对学生学习策略、分析和解决问题能力培养""大学的英语学习氛围""大多数学生在大学英语课堂活动中的状态"中至少有一项会对课堂效率产生影响关系，其模型公式为：课堂效率 = 0.690 + 0.340 * 教师对学

生学习策略、分析和解决问题能力培养 + 0.348 *大学的英语学习氛围 + 0.207 *大多数学生在大学的英语课堂活动中的状态。另外，针对模型的多重共线性进行检验发现，模型中 VIF 值全部小于 5，意味着不存在着共线性问题；并且 D - W 值在数字 2 附近，因而说明模型不存在自相关性，样本数据之间并没有关联关系，模型较好。最终具体分析可知："教师对学生学习策略、分析和解决问题能力培养""大学的英语学习氛围""大多数学生在大学的英语课堂活动中的状态"的回归系数值为 0.340（t = 3.756，p = 0.000 < 0.01）、0.348（t = 4.574，p = 0.000 < 0.01）、0.207（t = 2.246，p = 0.027 < 0.05），意味着"教师对学生学习策略、分析和解决问题能力培养""大学英语学习的氛围""大多数学生在大学英语课堂活动中的状态"会对课堂效率产生显著的正向影响关系。

空间教学使得师生之间的"庄严感"弱化，在"寻找"与"探索"中得到更多探究知识的乐趣。学生在师生关系中逐步告别"聆听"，开始走向"质疑"，学生对于知识的态度也需要从"理解"转向"反思"。学生对于教学方式也从"适应"教师，转为对自我认知的"超越"，在学习方式上，学生的"体验"要比教师"经验"更加重要。在这种教师与学习者行为转变的背景下，教师对于个性化学习的指导，需要强化学生的发展性思维、反思性理解力、体验性认知等方面。教师根据学生空间的"浏览痕迹"可以得知学生对不同类型资源的浏览频次，了解学生对学习内容的喜好程度，从而及时推送、更新学习资源。同时，教师通过课前学习资源被访问的时间、学生完成学习主题"lead - in"问题的时间和答题情况，可以得知学生对知识点的掌握程度。另外，课堂上教师可以根据学生"group - work"活动反馈出的问题进行强化训练，并进行及时测试，收集学习后的学生掌握情况。学生课后作业提交时间、答题情况等为下一模块的学习和讨论提供了训练素材。

例如，教师在教学实践中，发现某些班级学生由于英语学习基础差，对于教师以"自主学习"为指导的"翻转课堂"不适应，造成了课前自主学习完成情况较差，课前"lead - in"问题主观题完成人数不理想；课中"group - work"汇报人总是集中在少数人，课后作业完成中的错误"雷同率"较高等问题。这些学习行为为教师下一步教学方式的改变提供了及时反馈，通过教师的积极引导，学生英语学习习惯逐步改变。教师通过一学期"课前—课中—课后"一系列学习行为和学习习惯跟踪研究，可以发现不同学习任务和不同教学环节中学生的学习规律和特点，从而采取不同教学方法、设置不同教学任务，让学生形成良好的自主学习习惯。

网络平台教学有其自身的优势，尤其是从目前大学英语学习现状来看，在班级规模较大，学生没有足够多的机会在线下课堂上充分表达，或者"羞于表达"时，教师可以根据学生实际情况利用网络教学平台，为学生提供交流的方式，例如通过音频作业、视频作业等方式监督学生的课后英语学习。正如 CY05 教师在访谈中谈到"网络教学平台的优势"时提到的那样。

CY05：网络平台教学的一个优势是，消除了在语言课堂上中国学生普遍感觉紧张、不敢开口练习的顾虑，孩子们参加口语练习的积极性要比在课堂上更加踊跃。

目前，在空间教学中，学生自主学习方面存在普遍性的问题，即学生自主学习呈"被动型"特征，自主学习任务完成质量也参差不齐，此时需要教师关注学生的学习行为，并采取对应的策略调整教学行为。正如 CJ005 教师所言，目前自主学习完过程中"应付式"情况比较普遍。

CJ005："应付式"的情况比较普遍。不想参与的学生，即使去单个儿督促，也参与热情不高。通过学习小组的形式，形成学习共同体，学生之间相互督促，是较为理想的一种手段。

当出现这些不和谐行为时，教师和学生这两个主体在教学生态中出现了"不平衡"，若不加以调整就会影响教学效率。师生关系中存在的不平衡需要通过改变生态主体的"小生态环境"来达成师生关系的和谐发展。教师通过教学活动的开展，让学生慢慢融入自主学习与小组活动的氛围当中。当班级规模较大或课堂展示活动受限时，可以通过多样化的、学生容易接受的课后学习小组活动来完成，比如录制展示视频并在网络教学平台中展示，让学生充分参与语言输出活动。良好的教学总是以情感的认同为基础，以个人身心融入为依据。① 只有让学生找到进入教学活动的方式，才能为学生的自主思考与语言输出找到合适的切入口。

信息化环境下的高校英语课堂中，教师可以充分运用信息化手段尽可能丰富课堂的物质环境，促进课堂交互互动的开展。教师要适时对学生课堂行为进行观察和评价，了解学生对课堂的期望，不断修改教师对学生的要求与

---

① 刘铁芳：《什么是好的教育——学校教育的哲学阐释》，高等教育出版社，2014，第 152 页。

期望，通过互动活动不断优化"课堂情境"。①

信息化课堂更加关注课堂生态主体的自由和个性化发展，在课堂设计上更多体现出人性化关怀。②目前多媒体教室和语音室主要是行列式座位编排，教师与学生的互动与双向交往受到一定程度的影响。因此，教师需要改变课堂"小生态环境"，通过调整教师自身的位置来改变教学活动的"中心区"，让后排的学生和边座的学生积极参与到课堂教学活动中，不要让一些学生长久地被排在"活跃地带"之外。③可以说，真正优质的教学是充分唤起个体身心进入教学情境之中。根据学生的特点，进行个性化设计，并根据学生在网络空间教学平台及线下课堂学习行为中的表现开展个性化教学，调整教学手段，引导学生融入教学情境之中，才能促使学生主动学习。教师要创设适合学生学习特点的"小生态环境"开展教学活动，不要把学生当成完成外在教学目标的工具。

第五节　实施动态化教学测量，优化英语
教学语言输入环境

大数据不仅仅意味着数据之多，还意味着每个数据都能在互联网上获得生命、产生智能、散发活力和光彩。④ 大量实时的数据为课程评价与教师教学评价中"让数据说话"成为可能。教师对课堂教学中的所有数据进行统计分析，并实施及时反馈，实现教学测量的过程化、动态化与精准化。大数据分析能直观呈现学习者学习效果的轨迹，这种及时有效的反馈能帮助学生强化学习行为，激发学生自主学习的动机，为进一步的教学实施提供参考。大数据时代的教学评价以数据为基础，呈现多元化、动态化等特征，然而教师不能过度依赖数据，大数据只是作为教师找寻学生学习行为与学习效果相关规律的一种技术手段。

每个教师根据学习者行为特征采取的教学设计调整及教学资源更新，在空间所留下的"痕迹"构成系列小数据，学习者参与程度、互动情况在空间所留下的状态数据也是大数据的一部分。因此，教师在进行教学测量时，需

---

① 郑金洲：《教育文化学》，人民教育出版社，2019，第276页。
② 郭丽君、陈中：《信息化背景下的大学课堂生态：变革、问题与对策》，《现代大学教育》2017年第6期。
③ 范国睿：《教育生态学》，人民教育出版社，1999，第253页。
④ 涂子沛：《大数据：正在到来的数据革命》，广西师范大学出版社，2012，第99页。

要关注数据的动态性。例如，各协作小组的整体表现和发言积极程度的变化、小组成员参与程度的变化、学生学习能力与初始测试的变化幅度以及学生作业的平均值等，而不是以一次测试成绩作为测量学生学习效果的依据。

面向未来的教育，要求教师更加关注学习者个性化学习能力的提升。基于大数据的学习行为分析，及时记录学习者学习过程，并根据学习者的不同特征进行个性化学习资源推送，是未来英语教学改革的趋势。这个趋势既符合数字化时代的特征，又是未来可持续发展网络空间学习生态的重要标志。

在英语教学生态系统中，只有当能量流与信息流保持一定平衡时，才能维持生态系统的稳定。当能量流低于基本需求时，教学质量就会下降，学生的语言能力发展将受到限制。因此，教师需要改变课堂局部"小生态环境"，以避免"限制因素"发生作用。具体而言，教师需要优化语言的输入环境，为学生的语言输出环境创设情境，而语言输入与输出的平衡发展依赖于课堂生态系统的反馈机制。在目前的英语"语用"环境下，学生使用英语交流的机会较少，学生很难在已有知识与创设的情景中建立联系，更难实现知识建构，习得新的语言知识的目的。因此，课堂情景"应该具有引起思维的性质"，让"它和现有的习惯有足够的联系，足以引起有效的反应"。教师需要不断创设能帮助学生"返回到校外日常生活中引起思维的情景"[1]，从而激发学生的思维，让学生运用语言知识去表达自我，而不是单纯地学习词汇、语法、阅读技能与写作技巧等。课堂"小生态环境"的优化能在一定程度上改善学生的语言输入环境，让学生有更多机会习得语言、文化知识。而大数据分析的结果能够帮助教师根据学生语言输出的状况"采取更具针对性和更加温和的干预措施"[2]。英语教学语言输入环境包括输入内容、输入方式。教师为了保障有效的语言输入，必须自身保持源头的"活水效应"，不断提高自身素养，用富含"溶氧"和各种营养元素的"活水"来滋润学生，让学生茁壮成长。[3] 教师需要观察和分析学生的课堂学习活动情况，根据学生的反馈情况，调整课堂教学方式，对教学内容进行整合。

在传统课堂教学中，教师多采取的是单向的、线性的、"任务链"式的教学模式，根据教学计划与安排，设置不同的教学任务。而在生态化教学模

---

① 杜威：《民主主义与教育》，王承绪译，人民教育出版社，1999，第169页。

② 维克托·迈尔－舍恩伯格，肯尼思·库克耶：《与大数据同行：学习和教育的未来》，赵中建、张燕南译，华东师范大学出版社，2015，第45页。

③ 吴鼎福、诸文蔚：《教育生态学》，江苏教育出版社，2000，第200页。

式下，教师、学生与课堂内外生态环境之间会形成有机整体，他们是在一定教学任务驱动下，根据学生个性化需求设置不同教学活动，学生、师生、教师之间形成一个"学习共同体"，最后构建成一个动态的、非线性的"生态圈"。要使大学英语教学行为生态从"任务链"向"生态圈"转变，[①] 大学英语教师需要充分利用"大数据＋"思维方式，充分把握学生的学习特点，让教学平台发挥"随时""随地""随需"的功能，使"教师—教学平台—学生"之间进行有效的能量流动与信息交换。

在一项关于"学生英语学习评价的主要依据"的调查中，93.07% 的受访教师认为，学生的"平时表现（课堂参与度、出勤率等）"是学习评价的主要依据。具体情况如图 5 - 2 所示。

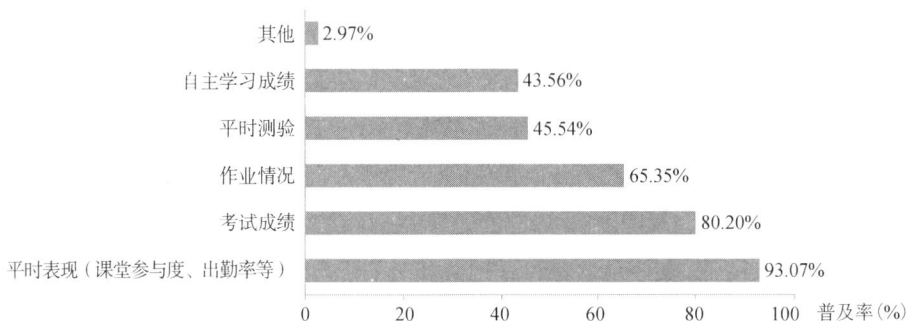

图 5 - 2　教师认为学生英语学习的评价依据图

针对多选题各选项选择比例分布是否均匀，使用卡方拟合优度检验进行分析可知，拟合优度检验呈现出显著性（chi = 93.796，p = 0.000 < 0.05），意味着各项的选择比例具有明显差异性，可通过响应率或普及率具体对比差异性。具体来看，"考试成绩""平时表现（课堂参与度、出勤率等）""作业情况"这三项的响应率和普及率明显较高。

在"停课不停学"期间，在教师对学生学习情况不能"直观"感受的情况下，学生的学习情况需要通过学生更多的"参与度"得以呈现。在"停课不停学"期间，一项关于"本次网络教学期间对学生学习情况评价的主要依据"的调查中，47.72% 的受访教师选择了"课程参与度"，46.7% 的教师选择了"平台学习资源完成情况"。具体情况如图 5 - 3 所示。

---

① 胡芳毅、王宏军：《从"任务链"到"生态圈"：大学英语教学的生态建构》，外语教学，2019，第 76 - 79 页。

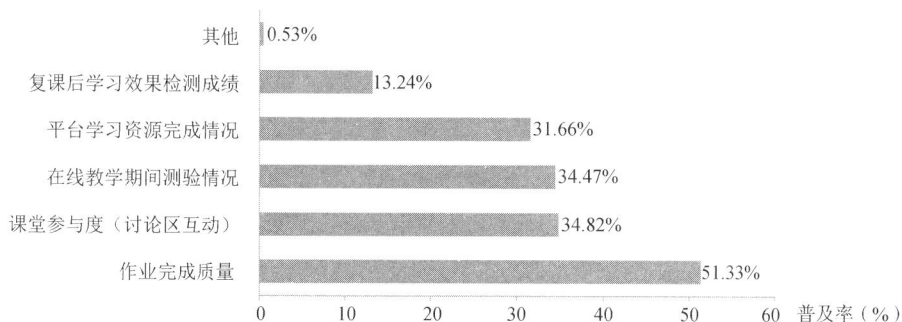

图 5 - 3 网络教学期间对学生学习情况的评价主要依据情况图

　　针对多选题各选项选择比例分布是否均匀，使用卡方拟合优度检验进行分析可知，拟合优度检验呈现出显著性（chi = 3830.245，p = 0.000 < 0.05），意味着各项的选择比例具有明显差异性，可通过响应率或普及率具体对比差异性。具体来看，"作业完成质量""在线教学期间测验情况""课堂参与度（讨论区互动）"这三项的响应率和普及率明显较高。

　　在网络课程学习中，若考核机制要求"学习时长"，学生就会出现"刷分"现象。教师如果对学习任务"完成期限"做出要求，学生会有意识养成"守时""按时完成任务"的习惯。教师既要注重学生在学习时间、学习任务完成效率"输入"过程的考核，又要注重学生输出质量的考核，所以可以考虑平时成绩占期末成绩的 50% 。如果已经启用在线平台，可以用平台成绩作为学生平时成绩。平台建设不完善的，可以采取考勤占 10% 、在线课堂表现占 20% 、平台成绩占 20% 的模式。在平时的成绩考核中，任课教师可以根据所担任课程学生专业特点，适当加入口语考核的内容。为了全面考核学生的进步程度，可以进行多次测试。

　　因此，教师须根据学科需要，完善网络教学期间和恢复面授课堂后各学科类课程的课程评价制度。要根据学科特点，设置课程考核的规定，增加课程平时成绩的比重，弱化期末"卷面成绩"。外语课程注重学生互动，教师可以适当增调平时过程性学习的比重。根据英语学习的需求，对于听力、阅读等题目，教师完全可以通过网络平台实现"电子化测试"，以提高教师批阅期末试卷的效率，而对于写作和翻译等题型，可以在"电子化自动评阅"基础上进行"手动批改"。在技能考核上，教师要注重对学生学习过程的"形成性"，除了利用现代技术，考核学生学习时长等"显性学习数据"，还需要检测阶段性学习效果。在学生自主学习能力较差的情况下，课程考核的导向会影响学生的学习行为。因此，本研究建议将听力考试提前至期末考试前，教师采取"学习通"平台在线测试的形式，在课堂完成考核，该成绩占期末考试的 35%。教师可以根据班级学生的特点，开展多次测试，将平均成绩或者最后一次成绩作为考核的成绩。如果条件成熟，再逐步加大在线平台测试的力度。

根据学科需要，教学管理部门打破"统一规划"局面。面对当前形势，应该帮助学生积极面对疫情，静心学习，引导学生合理利用网络资源，提高自主学习能力，而不是一味"抱怨网络卡顿"或者"打完卡就去干其他事情"。教育部 2007 年 7 月颁布了修订版的《大学英语课程教学要求》，该要求在教学目标方面明确提出三个内容：培养学生的英语综合应用能力，特别是"听说能力""增强其自主学习能力""提高综合文化素养"。学校对老师可以多一些信任，具体的网络教学方式可以更灵活多样，追求的是教学效果，而不是统一规划的教学过程。不同院校学生学习能力和自律性不一样，教师可以根据学生学习情况进行灵活处理，自主性好的班级，可以以答疑为主，发挥"翻转课堂"的优势；自主性差的班级，教师可以适当采取网络平台监督的方式，比如"腾讯课堂"可以记录学生在线时长，再辅以在线互动等方式，促进学生养成良好的学习习惯。

依赖于教学平台的教学评价能客观反映学生学习情况，而在访谈中发现，有的教师并没有使用教学平台记录学生的成绩。在平时成绩评定时，有的教师评分标准简单化，仅仅把几次作业的成绩或者任务点完成情况作为平时成绩给定的依据。从使用教学平台和不使用教学平台的成绩对比中也发现，使用教学平台成绩呈正态分布，而未使用教学平台的成绩普遍"虚高"，具体情况如表 5 – 2 所示。

表 5 – 2　使用教学平台和未使用教学平台成绩对比表

班级情况	班级	平时成绩平均分	期末成绩平均分	总成绩平均分
使用教学平台班级	20DS01	78.46	66.67	72.49
	20SJ01	76.51	63.13	69.13
	20SJ02	80.2	66.47	73.28
未使用教学平台班级	20JR04	90.63	64.95	70.64
	20YX02	92.29	63.34	71.78
	20YX01	92.97	64.13	72.46
	20KJ02	92.41	64.79	72.02
	20KJ03	90.48	66.13	72.96
	20KJ04	92.22	66.04	72.57
	20KJ01	91.90	64.75	71.91

从表 5 - 2 可知，未使用教学平台记录学生成绩的教师，给学生的平时成绩普遍较高，均超过了 90 分。通过了解得知，这些教师对平时成绩的考核点为作业、考勤和学习笔记情况，注重的是学生的参与度，对作业完成质量的区分度不高。而使用教学平台考核的教师从考勤、作业、章节测验、分组任务、考试、课堂互动、课程任务点、讨论等各个方面来进行考核，小组任务的成绩并不是教师单独给出，而是由教师评价（50%）、组间互评（20%）、组内评价（20%）、学生互评（10%）四部分构成。

因此，教师使用网络教学平台进行课程评价时，需要从优化学生语言输入环境入手，对学生学习的各种行为进行动态化测量，注重学生语言输出能力的综合评价。

第六章 结 论

一、主要研究内容与总结

本书主要围绕高校大学英语网络空间教学生态展开研究，首先调查了高校大学英语网络空间教学过程中存在的问题，分析教师教学行为对学习者学习行为的影响；其次通过分析影响因素，提出优化高校网络空间教学行为生态环境的策略和建议。

（一）主要创新点

纵观全文，本书的主要工作和创新点如下。

第一，关注了教师"教学行为"，也对学生的学习行为进行了分析。本书紧密结合自身网络空间教学实践，在实践中发现问题，并根据学生的学习行为，不断调整教师的教学行为；根据学生在平台的"学习痕迹"，分析学生行为，并通过学习行为的"干预"，纠正学生学习中的"不良行为"。

第二，在行动研究过程中，采取班级对比方式，分析了同一教学行为在不同班级产生的不同教学效果，并对比不同教学行为，找寻影响教学效果的相关性因素。

第三，在研究过程中不断发现新问题，尤其是在"停课不停学"这一特殊时期，针对网络在线教学行为开展进一步问卷调查与研究。

（二）主要研究结论

本书在对教师教学行为和学生学习行为进行问卷调查、问卷访谈的基础上开展了研究，旨在发现教师的教学行为和教学效果、学生的学习行为和学习效果之间的关系，从而找寻影响教师教学效果和学生学习效果的内外部环境因素，最终实现网络空间教学生态模式构建。

1. 在网络空间教学中，教师哪些教学行为有助于学生学习行为的改变？

教师"教"的行为、学生"学"的行为与周围环境一起构成了课堂行为生态系统。教师需要考虑网络教学的特点，在教学设计中对学生课前学习任务情况进行分析，在教学过程中无论是讲授行为，还是讨论行为，其目的都是在教学活动中坚持"以学习成果为导向",提高学生的思辨能力,在课后还需要不断反思教学,研究教学平台中学生的"学习痕迹"以不断调整教学设计。教师教学行为的改变与调整是基于学生学习行为的"种种表现"。生态系统的平衡需要教师恰当使用教学媒体,在不同教学阶段根据不同教学内容调整教师的提问、组织小组活动、课堂教学管理、教学互动、课程评价等行为。只有教师不断为课堂教学行为生态注入"充分营养",在实践教学中不断调整自己的教学习惯、构建专业性实践知识,才能逐步改善课堂生态的"小生态环境",力求创设和谐"共生"的师生关系,使教学过程恢复"动态、生成"的本来面目。

2. 教师的这些行为受哪些因素的影响?

师生关系改变、学生心理环境调试等,是制约生态化高校大学英语课堂模式良性循环的因素,教师只有运用大数据思维模式,尽其所能地检测教学过程中的各种行为,并找到学习行为与学习效果之间的关系,才能优化教学生态环境、促进生态环境的平衡。

3. 怎样才能实现教师教学行为的优化?

教学行为的优化离不开教师对于课堂教学观察中各种数据的反思。构建和谐的高校英语教学生态,就必须对生态系统的"限制因素"加以控制,在改变课堂"小生态环境"中教师与学生行为的同时,还需要逐步改变校园文化大环境,让课堂中的教师能拥有先进的教学理念、更新教学模式,为课堂生态的优化注入"活水",为生态化课堂的信息流动、能量传递创造条件。

4. 基于网络教学平台的大学英语教学生态系统

基于网络学习平台的大学英语教学生态系统,分为课前教学行为生态、课中教学行为生态和课后教学行为生态(见图6-1)。在课前教学行为生态系统中,教师通过"发布资源""学习任务"等"显性"行为,引导学生进行"难点疑点"的思考与讨论。教师将课堂教学设计理念"内隐"在资源上传、课堂实施等一系列行为中。在课中教学行为生态系统中,教师与学生的"平台互动""课堂讨论""检测评价"等教学行为在网络教学平台留下一系列"学习痕迹",教师通过"观察分析"这些"学习数据",发现学生学习的学习规律。在课后教学行为生态系统中,学生之间可以通过网络教学平台进行"随时""随地""随需"的"互动交流",教师通过"作业布置""检测评价"学生对"难点疑点"的讨论等留下来的"一系列学习数据"进行分析整合,形成有针对性的"学习处方",为下一轮的"教学设计"提供参考。"课前—课中—课后"生态子系统之间的循环是动态发展的（图 6 - 1 中用虚线表示），各子系统间相互作用，形成一个"生态圈"。

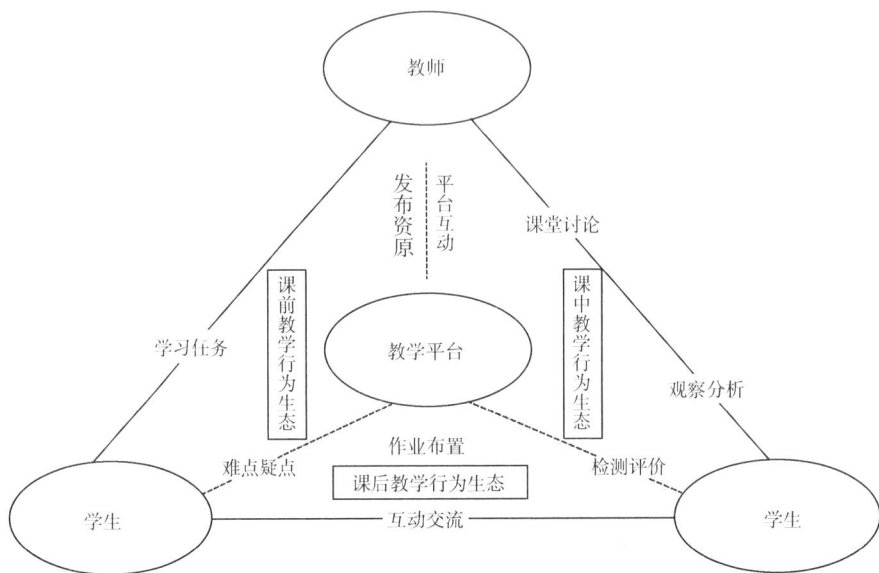

图 6 - 1　基于网络教学平台的大学英语教学生态系统

从图 6 - 1 可知，在以教学平台为媒介的网络空间教学中，教师可以通过学习平台对学生多维度信息坐标体系的观测，实现"课前互联网教学资源的精准匹配—网络空间教学设计—基于学习问题的教学内容—侧重思辨能力提升的教学实施（课中教学资源的生成）—量化与质化结合的教学评价（课后资源的推送）—基于教学效果反思的教学处方—新一轮网络空间教学设计"教学模式的良性循环。

二、研究的不足之处

在进行课堂观察的过程中发现，尽管"翻转课堂"在教学理念上做到了全方位"翻转"，课前布置了教学任务，课后也有答疑和教学指导，但是在课中依旧是按照教学流程开展，而不是"集中在重难点问题的讲解以及解答学生课前常见疑难问题，修正学生对知识点的认知错误"。[①] 从这层意义上说，无论是疫情期间的线上教学还是疫情防控常态化趋势下的"混合

---

① 马婧：《混合教学环境下大学生学习投入影响机制研究——教学行为的视角》，《中国远程教育》2020 年第 2 期。

式教学"，"翻转课堂"仅仅只是形式上的全方位"翻转"，而未实现"以学生学习为中心"①"以学习成果为导向"②的全方位"翻转"。

在第一次问卷调查中，调查结果显示网络教学平台的使用率不是很高，其问卷针对性不是很强，实施问卷的学生为 2018 级学生。在"停课不停学"期间进行了纯在线教学的问卷调查，学生为 2019 级学生。由于在线教学的程度不一，因此两次问卷调查呈现出的问题也有些差异。问卷访谈，主要针对 2019 级和 2020 级的大一学生。在数据采集过程中，有的院校三届学生都在其列，而有的学校只调查了"停课不停学"期间在线教学情况。由于有的学校只在大一开设了"大学英语"课程，在研究过程中，只了解了大一学生的量化数据，没有"跟踪"学生学习行为的变化。

三、未来展望

本书对高校英语网络平台教学生态的研究，已经取得一定成果，但由于行动研究仅涉及几所高校，所反映出的问题与实际生态还存在一定差别，因此在生态教学模式的优化和教学行为优化等方面，还有一些亟待解决的问题，可以从以下三个方面探讨。

第一，需要根据学生的学习行为和教师的教学行为特点构建教学行为体系，而不是简单地从课前—课中—课后行为进行分析。

第二，在进行教学研究过程中，建立课程教学行动研究团队，让更多教师参与网络教学行动与研究工作，在更广的范围内进行教学行为与学生学习行为的研究。

第三，在进行学生学习平台行为干预的过程中，学生出现一些"异常行为"或"不良行为"时，如何进行有效干预，使得"过程化学习记录"更加符合教学需求，而不是形成"虚假性学习行为记录"。

因此，笔者后续将围绕疫情防控常态化下外语网络空间教学生态的现状，精准把握学生的心理现状，并巧妙运用现代教育技术弥补线上课堂中的交流缺失，③ 提高教师的"教学存在感"和学生的"学习获得感"，坚持"基于学生学习成果的教育"，从而建构疫情防控常态化下的外语网络空间教学生态模式。

---

① 曾文婕、周子仪、刘磊明：《怎样设计"以学生学习为中心"的大学翻转课堂》，《现代远程教育研究》2020 年第 5 期。

② 张武威、杨秀珍、魏茂金：《疫情期间以学习成果为导向的翻转课堂教学创新》，《高等工程教育研究》2020 年第 4 期。

③ 段鹏：《疫情应急体系下高校线上教学运行机制研判》，《中国高等教育》2020 年第 9 期。

参考文献

中文文献

专著

陈坚林：《计算机网络与外语课程的整合：一项基于大学英语教学改革的研究》，上海外语教育出版社，2010。

陈实：《课堂教学行为研究——基于教学行为三层次分析的视角》，科学出版社，2018。

丁鸿富等：《社会生态学》，浙江教育出版社，1987。

范国睿：《教育生态学》，人民教育出版社，2000。

方海光：《教育大数据：迈向共建、共享、开放、个性的未来教育》，机械工业出版社，2018。

贺祖斌：《高等教育生态论》，广西师范大学出版社，2005。

胡庆芳等：《倾听课堂：教师行动研究例析》，教育科学出版社，2016。

李森等：《课堂生态论：和谐与创造》，人民教育出版社，2011。

李馨：《信息化教学设计的理论与模式研究》，东北师范大学出版社，2015。

刘良华、王小明：《指向改进的教学与评价》，华东师范大学出版社，2015。

刘铁芳：《什么是好的教育——学校教育的哲学阐释》，高等教育出版社，2014。

沈毅、崔允漷：《课堂观察——走向专业的听评课》，华东师范大学出版社，2008。

魏华：《大学英语生态课堂与生态教学模式的路径》，东南大学出版社，2018。

王骥：《新未来简史：区块链、人工智能、大数据陷阱与数字化生活》，电子工业出版社，2018。

王竹立：《碎片与重构：面向智能时代的学习》，电子工业出版社，2018。

王作冰：《人工智能时代的教育革命》，北京联合出版公司，2017。

吴鼎福、诸文蔚：《教育生态学》，江苏教育出版社，2000。

吴林富：《教育生态管理》，天津教育出版社，2006。

夏雪梅：《以学生为中心的课堂观察》，教育科学出版社，2012。

徐淑娟：《大学英语生态教学模式建构研究》，科学出版社，2016。

涂子沛：《大数据：正在到来的数据革命》，广西师范大学出版社，2012。

余谋昌：《生态文化论》，河北教育出版社，2001。

左焕琪：《英语课堂教学的新发展》，华东大学出版社，2007。

张楚廷：《课程与教学哲学》，人民教育出版社，2003。

郑金洲：《教育文化学》，人民教育出版社，2000。

钟志贤：《信息化教学模式》，北京师范大学出版社，2015。

期刊

陈巧、丁卫泽：《大数据背景下数字资源智慧服务门户的构建及关键技术研究》，《现代远距离教育》2015年第2期。

邓海龙：《"产出导向法"与"任务型教学法"比较：理念、假设与流程》，《外语教学》2018年第3期。

段鹏：《疫情应急体系下高校线上教学运行机制研判》，《中国高等教育》2020年第9期。

冯大鸣、刘胜男：《指向人工智能与教育深度融合的学校领导变革》，《中国教育学刊》2020年第10期。

冯建军：《后疫情时期重构教育新常态》，《中国电化教育》2020年第9期。

付帅、许春玲：《大数据时代网络课程建设与人才培养模式的研究》，《电脑知识与技术》2021年第1期。

甘容辉、何高大：《大数据时代高等教育改革的价值取向及实现路径》，《中国电化教育》2014年第11期。

顾小清等：《大数据时代的教育决策研究》，《中国电化教育》2016年第1期。

顾小清、李世瑾：《人工智能教育大脑：以数据驱动教育治理与教学创新的技术框架》,《中国电化教育》2021 年第 1 期。

郭丽君:《教育生态视阈下的高校教学评价问题研究》,《湖南农业大学学报（社会科学版)》2017 年第 8 期。

郭丽君、陈中:《信息化背景下的大学课堂生态：变革、问题与对策》,《现代大学教育》2017 年第 6 期。

郭英剑:《疫情防控时期的线上教学：问题、对策与反思》,《当代外语研究》2020 年第 1 期。

韩锡斌、程建钢:《基于网络教学平台的学习分析模型构建与应用》,《电化教育研究》2018 年第 7 期。

郝兆杰等:《网络学习空间中实施有效教学的经验、制约因素及优化建议——基于 11 名高校教师的深度访谈》,《现代远距离教育》2020 年第 2 期。

洪常春:《人工智能时代大学英语生态教学模式构建研究》,《外语教学研究》2018 年第 12 期。

胡芳毅、王宏军:《从"任务链"到"生态圈"：大学英语教学的生态建构》,《外语教学》2019 年第 3 期。

胡立:《高校英语空间教学行为生态模式的构建》,《黑龙江工业学院学报》2018 年第 11 期。

胡立:《基于翻转课堂的高校英语教师教学行为分析》,《重庆科技学院学报》2019 年第 1 期。

胡立、李贞金:《基于大数据分析的高校英语空间教学行为优化研究》,《齐齐哈尔大学学报（哲学社会科学版)》2020 年第 1 期。

胡立、杨琼微:《基于大数据分析的大学英语教学行为生态研究》,《武陵学刊》,2020 年第 2 期。

胡小平、谢作栩:《疫情下高校在线教学的优势与挑战探析》,《中国高教研究》,2020 年第 4 期。

黄国文、王红阳:《给养理论与生态语言学研究》,《外语与外语教学》2018 年第 10 期。

黄丽燕等:《英语教师的基本语言知识结构要素及其预测能力研究》,《外语教学与研究》2016 年第 7 期。

姜强等:《个性化自适应学习研究——大数据时代数字化学习的新常态》,《中国电化教育》2016 年第 2 期。

柯健、胡杨林啸:《高校网络教学信息生态系统评价及优化对策研究》,

《现代情报》2019 年第 7 期。

雷丹、柳华妮：《外语教师角色与教师生态位研究》，《外语电化教学》2015 年第 2 期。

李泽林、伊娟：《人工智能时代的学校教学生态重构》，《课程教材教法》2019 年第 8 期。

刘娟：《基于云平台的翻转课堂教学模式研究》，《中国成人教育》，2016 年第 8 期。

陆莉玲：《指向教学行为改进的课程分析》，《江苏教育研究》2018 年第 5 期。

骆贤凤等：《"停课不停学"背景下大学英语在线教学实践研究：问题、措施与效果》，《外语电化教学》2020 年第 3 期。

马婧：《混合教学环境下大学生学习投入影响机制研究——教学行为的视角》，《中国远程教育》2020 年第 2 期。

牟智佳、苏秀玲、严大虎：《课堂环境下基于教学行为的教师教学投入度评测建模研究》，《现代远距离教育》2020 年第 3 期。

齐军：《美国"翻转课堂"的兴起、发展、模块设计及对我国的启示》，《比较教育研究》2015 年第 1 期。

任庆梅：《大学英语课堂有效教学调查研究》，《教育研究》2013 年第 9 期。

孙众、吕恺悦、施智平等：《TESTII 框架：人工智能支持课堂教学分析的发展走向》，《电化教育研究》2021 年第 2 期。

索格飞、迟若冰：《基于慕课的混合式跨文化外语教学研究》，《外语界》2018 年第 3 期。

唐汉卫：《人工智能时代教育将如何存在》，《教育研究》2018 年第 11 期。

王海啸：《大数据时代的大学英语写作教学改革》，《现代远程教育研究》2014 年第 3 期。

王立德：《外语学习中的生态语言观形成研究》，《黑龙江工业学院学报（综合版）》2019 年第 7 期。

王文丽：《教学理念与教学行为中"变"与"不变"的矛盾——西北地区大学英语教师课堂教学活动调查研究》，《当代教育与文化》2020 年第 4 期。

王哲、张跃：《数据方法与外语教学创新研究》，《外语电化教学》2015

年第 9 期。

谢萍：《基于慕课的混合式学习在英语学科教育课程中的应用研究》，《外语教育研究前沿》2020 年第 2 期。

邢丽丽：《基于精准教学的混合式教学模式构建与实证研究》，《中国电化教育》2020 年第 9 期。

徐晔：《从"人工智能 + 教育"到"教育 + 人工智能"——人工智能与教育深度融合的路径探析》，《湖南师范大学教育科学学报》2018 年第 5 期。

徐晔、黄尧：《智慧教育：人工智能教育的新生态》，《宁夏社会科学》2019 年第 3 期。

杨雪等：《大数据学习分析支持个性化学习研究》，《现代远距离教育》2016 年第 8 期。

叶绘宇：《生态化视角下的基础英语教学现状》，《当代教育理论与实践》2016 年第 2 期。

袁莉：《"互联网 + "时代英语生态课堂的建设》，《教学与管理》2019 年第 8 期。

张伟平等：《教育信息化 2.0 时代课堂教学新生态的构建》，《苏州大学学报（教育科学版)》2020 年第 1 期。

张武威：《疫情期间以学习成果为导向的翻转课堂教学创新》，《高等工程教育研究》2020 年第 4 期。

张海生：《人工智能与教育深度融合发展：逻辑、困境与策略》，《当代教育论坛》2021 年第 1 期。

郑艳：《英语翻转课堂教学生态的建构》，《外语学刊》2016 年第 3 期。

钟绍春、唐烨伟：《人工智能时代教育创新发展的方向与路径研究》，《电化教育研究》2018 年第 9 期。

周平：《基于现代教育技术的翻转课堂及其理论基础溯源》，《外语电化教学》2015 年第 3 期。

周晓玲、刘燕梅：《大学英语翻转课堂教学模式的实验研究》，《广西师范大学学报（ 哲学社会科学版)》2016 年第 5 期。

译著

［美］阿兰·柯林斯、［美］理查德·哈尔弗森：《技术时代重新思考教育：数字革命与美国的学校教育》，陈家刚、程佳铭译，华东师范大学出版社，2013。

［美］凯文·塔尔博特、［美］比尔·马克、［美］埃里克·托普等：《移动革命：人工智能平台如何改变世界》，吴建新译，机械工业出版社，2017。

［美］马尔科姆·弗兰克、［美］保罗·罗里格、［美］本·普林：《AI＋人：新机器时代我们如何生存》，张翰文译，人民邮电出版社，2018。

［美］麦克斯·泰格马克：《生命3.0：人工智能时代生而为人的意义》，汪婕舒译，浙江教育出版社，2018。

［美］约翰·杜威：《民主主义与教育》，王承绪译，人民教育出版社，2001。

［美］美国EMC教育团队：《数据科学与大数据分析》，曹逾等译，人民邮电出版社，2016。

［美］皮埃罗·斯加鲁菲：《智能的本质：人工智能与机器人领域的64个大问题》，任莉、张建宇译，人民邮电出版社，2017。

［英］维克托·迈尔－舍恩伯格、［英］肯尼思·库克耶：《与大数据同行：学习和教育的未来》，赵中建、张燕南译，华东师范大学出版社，2015。

论文

何小儒：《基于大数据思维的高中物理常态化翻转课堂实践研究》，四川师范大学硕士学位论文，2017。

胡立：《主体与环境：高等职业教育就业生态系统的平衡》，湖南师范大学博士学位论文，2016。

贾振霞：《大学英语混合式教学中的有效教学行为研究——以大学英语为例》，上海外国语大学博士学位论文，2019。

梁小杰：《基于慕课混合式教学下的高校英语教师教学能力发展的调查研究》，河北师范大学硕士学位论文，2020。

刘长江：《信息化语境下大学英语课堂生态的失衡与重构》，上海外国语大学博士学位论文，2013。

马牧青：《高校外语教师信息资源给养转化行为研究》，上海外国语大学博士学位论文，2018。

王静：《我国高校外语教育信息化政策发展研究》，上海外国语大学博士学位论文，2018。

王思迪：《基于网络课程的混合式教学模式应用研究——以大学英语为例》，东北师范大学硕士学位论文，2019。

周婷：《大学英语翻转课堂中的学生自主性研究》，南京航空航天大学硕士学位论文，2016。

朱云翠：《生态语言学视域下的大学英语教学研究——基于吉林省三所大学的探索》，上海外国语大学博士学位论文，2015。

其他

教育部关于印发《教育信息化十年发展规划（2011—2020 年）的通知》，http：//www. moe. Edu. cn/publicfiles/business/htmlfiles/moe/s3342/201203/xxgk_ 133322. html。

习近平：《习近平在中国共产党第十九次全国代表大会上的报告》，人民网，http：//cpc. People. com. cn/n1/2017/1028/c64094 – 29613660 – html。

英文文献

专著

Ben Kei, Daniel, *Big Data and Learning Analytics in Higher Education*, Switzerland：Springer International Publishing, 2016.

Davidson, C. and Goldberg, D. *The future of thinking*：*Learning institutions in a digital age*, Cambridge Ma.：MIT Press, 2011.

Ellis, R. &N. Shintani, *Exploring Language Pedagogy through Second Language Acquisition Research*, New York：Routledge, 2014.

E·Haugen, *The Ecology of Language*, Stanford：Stanford University Press, 1972.

EMC Education Services, *Data Science and Big Data Analytics*：Discovering, Analyzing, Visualizing and Presenting Data, Wiley, 2015.

Leather, J. & Dam, J. V. , *Ecology of Language Acquisition*, Dor-drecht：Kluwer Academic Publisher, 2003.

Marina Dodigovic, *Artificial Intelligence in Second Language Learning*：*Raising Error Awareness*, Clevedon, UK：Multilingual Mat-ters Ltd. , 2005.

Palloff, R. M. and Pratt, K. , *Building online learning communities*：*Effective strategies for the virtual classroom*（2nd Edition）, San Francisco, Ca：Jossey-Bass, 2007.

Perkins, D. N. , *Smart Schools*：*From Training Memories to Educating Minds*,

New York：The Free Press，1992.

Taylor. R. , *The Computer in the School：Tutor, Tool, Tutee*, New York：Teachers College Press，1980.

Turkle，S. , *Alone together：Why we expect more from technology and less from each other*, New York：Basic Books，2011.

Van Lier. L. *Ecology and semiotics of language learning：A Sociocultural Perspective*, Boston：Kluwer Academic Publishers，2004.

Viktor Mayer-Schonberger，Kenneth Cukier, *Big Data：A Revolution That Will Transform How We Live, Work, and Think*, Houghton Mifflin Harcourt，2015.

West，Darrell M. , *Big Data for Education：Data Mining, Data Analytics, and Web Dashboards. Governance Studies at Brookings*, Washington：Brookings Institution，2012.

期刊

Alammary，A. , Sheard，J. &Carbone，A. "Blended learning in higher education：Three different design approaches", *Australasian Journal of Education Techonology*, No. 4，2004.

Bonnie Oglensky, "Saving Face in Cyberspace：Transition to Online Teaching in a Sociology Program", *Sociology and Anthropology* 4 No. 10，2016.

Diep，A. n. , Zhu，C. , Struyven，K. &Blieck，Y. , "Who or what contributes to student satisfaction in different blended learning modalities", *British Journal of Education Technology*, No. 2，2017.

Elboubekri A. , "The intercultural communicative competence and digital edu-cation：The case of Moroccan University students of English in Oujda", *Journal of Educational Technology Systems*, Vol. 45，No. 4，2017.

Enfield J. , "Looking at the impact of the flipped classroom model of instruction on undergraduate multi media students at CSUN", *Tech Trends*, Vol. 57，No. 6，2013.

Fulton K. , "Upside down and inside out：Flip your classroom to improve student learning", *Learning & Leading with Technology*, Vol. 39，No. 8，2012.

Mitra S. , "Self-organising systems for mass computer literacy：Findings from the "Hole in the Wall" experiments", *International Journal of Devel-opment Issues*, Vol. 4，No. 1，2005.

O'flaherty J & Phillips C. , "The use of flipped classrooms in higher education: A scoping review", *The Internet and Higher Education*, Vol. 25, 2015.

Schildkamp, K. , & Kuiper, W. , "Data-informed curriculum reform: Which data, what purposes, and promoting and hindering factors", *Teaching and teacher education*, Vol. 26 No. 3, 2010.

Siemens G, Long P. "Penetrating the fog: Analytics in learning and education", *Education Review*, Vol. 46, No. 5, 2011.

Wright, E. R. and Lawson, A. H. , "Computer-mediated communication and student learning in large introductory sociology classes", *Teaching Sociology*, Vol. 33, 2005.

Zacharis, N. Z. , "A multivariate approach to predicting student outcomes in Web-enabled blended learning courses", *The Internet and Higher Education*, No. 2, 2015.

附　录

附录一：“大学英语”学习行为现状问卷调查（学生版）

亲爱的朋友：

　　您好！

　　非常感谢您在百忙之中抽出时间来完成此份问卷。本问卷调查旨在全面、真实地了解高校“大学英语”网络空间教学生态现状。您的回答不会对您的学习和生活造成任何影响，您可以轻松作答。同时，您能否真实回答将直接影响到调查结果的真实性和准确性，因此，请您认真、如实填写。

　　恳请您的大力支持，不胜感激！

1. 您的性别是（　　）。［单选题］*

A. 男　　　　　　　　　　B. 女

2. 您对现在的英语学习状况满意吗？（　　　）［单选题］

A. 特别满意　　　　　B. 比较满意　　　　　　　C. 一般

D. 不满意　　　　　　E. 特别不满意

3. 您所在的“大学英语”课程课堂人数是（　　　）。［单选题］*

A. 20 人以下　　　　　B. 20~40 人　　　　　　C. 41~60 人

D. 61~80 人　　　　　E. 80 人以上

4. 您在参加“大学英语”课程学习时通常坐在教室的什么位置？（　　　）［单选题］*

A. 前三排中间座位　　B. 前三排两旁座位

C. 教室中间排的中间座位　D. 教室中间排的两旁座位

E. 后三排中间座位　　F. 后三排两旁座位

G. 其他

5. 您认为"大学英语"课堂教室座位的行列式编排方式（   ）。［多选题］

    A. 突出教师的地位引起学生的注意

    B. 使教师和学生有一定距离减少学生拘束感

    C. 学生可以根据需要自由选择前排或后排座位

    D. 拉长了师生的距离不利于交流

    E. 不便于同学之间的交流

    F. 后排同学总是被教师忽视

    G. 其他

6. 在"大学英语"学习中您目前遇到的最大困难是（   ）。［单选题］ *

A. 听力   B. 阅读   C. 写作

D. 翻译   E. 口语   F. 其他

7. 您除了课堂时间外，利用网络教学平台进行英语自主学习情况（   ）。［单选题］ *

    A. 从不使用   B. 有时使用   C. 经常使用

8. 您认为您目前学习英语最主要目的是（   ）。［多选题］ *

    A. 掌握这门语言用于沟通交流

    B. 喜欢，了解英语国家文化

    C. 通过四六级，为将来工作做准备

    D. 应付期末考试

    E. 出国求学或考研

    F. 其他

9. 您认为"大学英语"四级考试的意义是（   ）。［单选题］ *

A. 衡量英语水平的唯一标准   B. 找工作的有利砝码

C. 督促学生学习英语的动力   D. 无所谓

E. 其他

10. 您的"大学英语"这门课程的课前预习和课后复习情况是（   ）。［单选题］ *

    A. 能坚持课前预习和课后复习

    B. 有时能做到课前预习和课后复习

    C. 能做到课前预习，但很少课后复习

    D. 能做到课后复习，但很少课前预习

    E. 从不进行课前预习和课后复习

11. 您在"大学英语"课堂上，参与课堂教学活动时（　　）。〔单选题〕＊

　　A. 非常积极，踊跃发言

　　B. 积极，能参与课堂活动，但不主动发言

　　C. 不大积极，不太愿意参与课堂活动，很少发言

　　D. 很不积极，感觉英语课很痛苦

12. 您在上"大学英语"课程时，习惯采用哪种方式学习？（　　）〔单选题〕＊

　　A. 不停地记笔记，课后再复习　　　　B. 认真听老师讲，偶尔做笔记

　　C. 不听老师讲，自己看书学习　　　　D. 只听老师讲，从不做笔记

13. 在学习中遇到困难，您会怎么样？（　　）〔单选题〕＊

　　A. 主动请教老师

　　B. 到学习平台发起提问，与同学讨论

　　C. 自己查有关资料，参考书目

　　D. 置之不理

　　E. 其他

14. 您（若）在英语小组展示活动中，更倾向于（　　）。〔单选题〕＊

　　A. 翻译句子　　　　　　　　　　　B. 朗读句子或文章

　　C. 设计小组活动　　　　　　　　　D. 解释语法

　　E. 英语情景剧表演　　　　　　　　F. 提问

　　G. 当听众　　　　　　　　　　　　H. 其他

15. 您更倾向于"大学英语"教师采取哪种提问方式？（　　）〔单选题〕＊

　　A. 让学生齐答　　　　　　　　　　B. 让学生自主回答

　　C. 叫举手者回答　　　　　　　　　D. 叫不举手者回答

　　E. 随机点答

16. 您在"大学英语"学习过程中，除了教师课堂教学外，您能确立自主学习计划，有明确学习目标，且经常反思学习过程中的问题，并根据学习情况调整学习计划。（　　）〔单选题〕＊

　　A. 完全符合　　　　B. 符合　　　　　　C. 不确定

　　D. 不符合　　　　　E. 完全不符合

17. 您认为目前使用网络平台学习（　　）。〔多选题〕＊

　　A. 内容丰富　　　　　　　　　　　B. 信息单一或超载

C. 与学生学习需求存在一定差距　　D. 网络不好，影响学习效果

E. 方便学生之间、师生之间互动交流　F. 很少使用网络学习平台

18. 您对身边的"大学英语"学习的氛围（班风与学风）的看法如何（　　）？［单选题］*

A. 很好　　　　　　　　B. 好　　　　　　　　C. 一般

D. 差　　　　　　　　　E. 十分差

19. 您认为自己身边的"大学英语"课堂学习环境（　　）。［多选题］*

A. 有良好的光线，通风好，环境安静舒适

B. 教室灯光或多媒体设施让人感觉不舒适

C. 多媒体设备陈旧，投影效果欠佳

D. 行列式座位编排不利于课堂互动

E. 课堂人数太多

F. 玩手机或干与上课无关事情人很多

G. 其他

20. 您"大学英语"教师课堂上使用英语的比例大概占（　　）。［单选题］*

A. 小于30%　　　　　B. 30%～50%　　　　　C. 51%～70%

D. 71%～90%　　　　　E. 90%以上

21. 您希望"大学英语"教师课堂上使用英语教学的情况是（　　）。［单选题］*

A. 全英文教学，让学生适应英文环境

B. 基本用英文教学，必要时用中文

C. 基本听不懂，希望老师尽量少用英语

D. 根据学生情况，中英结合

E. 其他

22. 您认为平时大学教师在教学内容上（　　）。［单选题］*

A. 讲授知识丰富，创设情境，反映最新信息，把所学知识与实际生活相结合

B. 以教材为主，有时把所学知识与实际生活相结合

C. 讲授内容和举例陈旧，脱离实际生活，枯燥无味

D. 授课内容选择非常随意，脱离教学内容闲扯

E. 其他

23. 您认为平时"大学英语"教师在教学方法上（　　）。［单选题］＊

A. 积极采用现代教学理念，虚心征求学生意见，不断改进教学

B. 比较注意教学方法，但很少征求学生意见

C. 使用传统教学方法，不征求学生意见

D. 从不注意教学方法的使用，没有明确有效的教学方法

E. 其他

24. 您认为平时"大学英语"教师在教学方法的使用方面（　　）。

［单选题］＊

A. 注意因材施教，以学生为中心，方法灵活，课堂活动丰富多样

B. 教学方法比较灵活，课堂上开展一定的教学活动

C. 教学方法单一，以教师的讲授为主，照本宣科

D. 关注学生的情绪变化，不断调整自己的教学方式和方法

E. 其他

25. 您认为平时"大学英语"教师在信息化教学手段方面（　　）。

［单选题］＊

A. 善于使用各种教学手段、工具，经常使用网络平台开展教学

B. 教学手段简单，偶尔采用多媒体教学

C. 教学手段单一、传统，无多媒体教学

D. 不合理地使用多媒体辅助教学，滥用课件

E. 其他

26. 您认为平时大学教师在教学设计与教学过程的安排方面（　　）。

［单选题］＊

A. 总是注重循序渐进，有层次性，有创新

B. 根据学生实际及时调整教学设计和进度

C. 有一定的设计与安排，偶尔有创新

D. 有一定的设计与安排，但没有创新

E. 没什么设计与安排，比较平淡，没有创新

F. 其他

27. 在英语学习中，您认为"大学英语"教师开展的哪些活动对您的学习最有效？（　　）［多选题］＊

A. 课堂合作小组展示

B. 角色扮演或情境模拟练习

C. 课堂面对面讨论

D. 开展游戏和竞赛

E. 利用多媒体课件，教师讲解词汇和语法等

F. 讲解四六级模拟试卷

G. 通过学习平台开展讨论

H. 词汇及句型操练

I. 教师提问，学生回答

J. 其他

28. 您认为"大学英语"教师经常提问的学生是（　　）。［单选题］*

A. 积极回答问题的学生　　　　　B. 不集中精神听讲的同学

C. 运用学习平台随机选人　　　　D. 按一定顺序轮着回答问题

F. 运用学习平台开展抢答模式

29. "大学英语"课堂上同学们回答问题出错时，您的老师怎么做？
（　　）［单选题］*

A. 立即打断进行纠正　　　　　　B. 发言完毕后课上纠正

C. 课后私下纠正　　　　　　　　D. 课堂集中讲评时一齐指出

E. 课后线上讲解　　　　　　　　F. 不纠正

30. "大学英语"课堂上，当大家遇到共同的难题时，老师们经常
（　　）。［单选题］*

A. 让学生独立思考　　　　　　　B. 让同学们共同讨论

C. 老师直接讲解　　　　　　　　D. 布置作业，让学生课后完成

E. 其他

31. 课后"大学英语"教师所布置的作业对于帮助学生加强对课程的理
解（　　）。［单选题］*

A. 作业的选择非常具有代表性，效果非常好

B. 一般选择课本上的练习，偶尔加入一些精彩好题，效果较好

C. 选择比较随意，代表性不够强，效果一般

D. 非常随意，毫无根据，效果非常不理想

32. "大学英语"教师能及时反馈并在必要时讲评作业，指出共同存在
的问题及其解决办法（　　）。［单选题］*

A. 总是这样　　　　　　　　　　B. 经常这样

C. 有时这样　　　　　　　　　　D. 从未这样

33. 您认为平时"大学英语"教师在指导学生学习活动方面（　　）。
［单选题］*

A. 给予积极指导，鼓励学生思考和开展合作学习

B. 有时有指导，偶尔开展合作学习活动

C. 主要关注学生的个体学习状态，不太注重开展合作学习

D. 没有任何指导，对学生的学习活动不管不问

34. 您认为平时"大学英语"课堂教学中的师生关系主要是（　　　）。
［单选题］＊

A. 老师是中心，高高在上，学生以接受和服从为主，师生关系不融洽

B. 学生为中心，老师处处为学生服务，师生关系很融洽

C. 学生为中心，老师不能有效调控教学活动的进行

D. 老师为主导，学生为主体，师生关系民主、互动、融洽

E. 其他

35. 您认为目前"大学英语"评价方式（　　　）。［单选题］＊

A. 成绩评价合理，能反映学生英语学习水平

B. 成绩评价单一，不能反映学生英语学习水平

C. 不太清楚成绩评定方式

36. 一年的"大学英语"课程结束后，您认为自己的英语水平（　　　）。
［单选题］＊

A. 和以前差不多　　　　B. 有一点进步　　　　C. 有很大进步

37. 您认为学习英语的有效途径是（　　　）。［单选题］＊

A. 完全依赖课堂　　　　　　　　B. 完全依赖自主学习

C. 课堂学习为主，自主学习为补　　D. 自主学习为主，课堂学习为补

38. 您对目前"大学英语"学习最不满意的地方是什么？您有什么好的意见和建议？［填空题］＊

附录二："大学英语"教学行为现状调查（教师版）

亲爱的老师：

您好！

非常感谢您在百忙之中抽出时间来完成此份问卷。本问卷调查旨在全面、真实地了解高校"大学英语"网络空间教学生态现状。您的回答不会对您的学习和生活造成任何影响，您可以轻松作答。同时，您能否真实回答将直接影响到调查结果的真实性和准确性，因此，请您认真、如实填写。

恳请您的大力支持，不胜感激！

1. 您的性别是（　　　）。［单选题］*

A. 男　　　　　　　　B. 女

2. 您的年龄是（　　　）。［单选题］*

A. 30 岁以下　　　　　B. 30 ~ 40 岁　　　　　C. 41 ~ 50 岁

D. 51 ~ 60 岁　　　　　E. 60 岁以上

3. 您从事"大学英语"课程教学的教龄是（　　　）。［单选题］*

A. 1 ~ 5 年　　　　　　B. 6 ~ 10 年　　　　　C. 11 ~ 15 年

D. 16 ~ 20 年　　　　　E. 20 年以上

4. 您的最后学位是（　　　）。［单选题］*

A. 无学位　　　　　　B. 学士

C. 硕士　　　　　　　D. 博士

5. 您的职称是（　　　）。［单选题］*

A. 助教　　　　　　　B. 讲师　　　　　　　C. 副教授

D. 教授　　　　　　　E. 其他

6. 您所授"大学英语"课的班级人数一般是（　　　）。［单选题］*

A. 20 人以下　　　　　B. 20 ~ 40 人　　　　　C. 41 ~ 60 人

D. 61 ~ 80 人　　　　　E. 80 人以上

7. 您运用网络教学平台开展教学的情况是（　　　）。［单选题］*

A. 从不使用　　　　　B. 很少使用　　　　　C. 偶尔使用

D. 经常使用　　　　　E. 总是使用

8. 在"大学英语"教学中，您能够做到尊重学生个体差异，满足不同基

础学生的学习兴趣，使各个层次的学生学习能力有不同程度的提高。（　　）

［单选题］ *

    A. 完全符合　　　　　B. 基本符合　　　　　C. 基本不符合

    D. 完全不符合　　　　E. 不确定

9. 在"大学英语"教学中，您是以什么理念指导您的教学行为？（　　）

［多选题］ *

    A. 以人为本，关注每个学生的发展

    B. 以学生为主体，以教师为主导，以引导者的身份出现

    C. 因材施教，使不同层次的学生得到不同程度的提高

    D. 关注学生的学习兴趣和体验，注重学生必备的基础知识和学习技能

    E. 注重知识的传授，强调英语语言知识的系统性

    F. 其他

10. 您在"大学英语"教育教学中扮演的实际角色是（　　）。［多选题］ *

    A. 动机激发者　　　B. 知识传播者　　　C. 学习资源提供者

    D. 引导者　　　　　E. 监督者　　　　　F. 协助者

    G. 促进者　　　　　H. 组织者　　　　　I. 评价者

    J. 其他

11. 您在"大学英语"教学过程中，您的学生实际充当的角色是（　　）。

［多选题］ *

    A. 知识的接受者　　　B. 知识的主动建构者　C. 合作者

    D. 评估者　　　　　　E. 协助者　　　　　　F. 其他

12. 您对"大学英语"课堂学习气氛的看法是（　　）。［单选题］ *

A. 课堂气氛活跃，交流互动良好

B. 课堂气氛较好，有一定的师生互动

C. 课堂气氛不活跃，偶尔出现课堂沉默现象

D. 课堂气氛沉闷，经常出现课堂沉默现象

E. 课堂气氛压抑，教师唱独角戏而学生玩手机或干其他事情

13. 您认为"大学英语"课堂学习环境（　　）。［多选题］ *

A. 有良好的光线，通风好，环境安静舒适

B. 教室灯光或多媒体设施让人感觉不舒服

C. 多媒体设备陈旧，投影效果欠佳

D. 行列式座位编排不利于课堂互动

E. 课堂人数太多

F. 玩手机或干与上课无关事情的人很多

G. 其他

14. 您认为目前"大学英语"课堂座位的行列式编排（　　　）。［多选题］*

　　A. 突出教师的地位引起学生的注意

　　B. 很好地监控学生课堂活动

　　C. 学生可以根据需要自由选择前排或后排座位

　　D. 拉长了师生的距离不利于交流

　　E. 不便于同学之间的交流

　　F. 后排同学总是被教师忽视

　　G. 教室内是活动座椅

15. 您"大学英语"课堂教学中的讲课位置是（　　　）。［单选题］*

　　A. 一直在讲台上　　　　　　　　B. 偶尔走下讲台走到学生中间

　　C. 经常走下讲台走到学生中间　　D. 多在讲台下学生中间

16. 您会根据需要调整学生座位吗？（　　　）［单选题］*

　　A. 从来不　　　　　　　B. 偶尔　　　　　　　C. 经常

17. 您认为目前校园英语语言环境对学生英语学习的影响（　　　）。［单选题］*

　　A. 积极　　　　　　　　　　　B. 一般

　　C. 不利　　　　　　　　　　　D. 无所谓

18. 您对学生参与校园英语学习社团和英语角的态度（　　　）。［单选题］*

　　A. 硬性规定参与　　　　　　　B. 鼓励积极参与

　　C. 没过问过　　　　　　　　　D. 轻描淡写说说

19. 您认为学生参加"大学英语"四、六级考试的意义（　　　）。［单选题］*

　　A. 衡量英语水平的唯一标准　　B. 找工作的有利砝码

　　C. 督促学生学习英语的动力　　D. 其他

20. 您认为在"大学英语"教学中是否有必要对学生进行"大学英语"四、六级强化训练？（　　　）［单选题］*

　　A. 非常必要　　　　　　　　　B. 必要

　　C. 一般　　　　　　　　　　　D. 没必要

21. 您对"大学英语"学习的氛围，诸如：校风、班风与学风的看法如何？（　　）［单选题］*

A. 很好　　　　　　　B. 好　　　　　　　C. 一般

D. 不好　　　　　　　E. 差

22. 您认为学生学习英语的动机和目的是？（　　）［单选题］*

A. 掌握这门语言用于沟通交流　　　B. 找工作需要

C. 对付考试　　　　　　　　　　　D. 出国求学或旅行

E. 对英语国家的兴趣　　　　　　　F. 其他

23. 您认为平时在教学方法上（　　）。［单选题］*

A. 积极采用现代教学理念，虚心征求学生意见，不断改进教学

B. 比较注意教学方法，但很少征求学生意见

C. 使用传统教学方法，不征求学生意见

D. 从不注意教学方法的使用，没有明确有效的教学方法

24. 您认为平时在教学手段上（　　）。［单选题］*

A. 善于使用各种教学手段、工具，特别是多媒体、网络现代教育技术手段

B. 教学手段简单，偶尔采用多媒体教学

C. 教学手段单一、传统，无多媒体教学

D. 不合理地使用多媒体辅助教学，滥用课件

25. 对于小组讨论的授课形式，您认为（　　）。［单选题］*

A. 学生不配合，效果很差　　　　　B. 效果不好，很少采用

C. 效果良好，经常进行　　　　　　D. 费时低效，没采用过

26. 在英语课堂上，您开展的主要课堂活动有（　　）。［多选题］*

A. 解释课文　　　　　　　　　　　B. 讲解语法

C. 口语训练或练习　　　　　　　　D. 听力训练或练习

E. 翻译训练或练习　　　　　　　　F. 写作训练或练习

G. 看电影或开展游戏活动　　　　　H. 开展小组活动

I. 课后习题讲解　　　　　　　　　J. 听写或随堂检测

K. 角色扮演或情境模拟练习　　　　L. 讲解四级模拟试卷

M. 其他

27. 在"大学英语"课堂上，您最需要改进的课堂活动形式是（　　）。［多选题］*

A. 解释课文　　　　　　　　　　　B. 讲解语法

C. 口语训练或练习　　　　　　　D. 听力训练或练习

E. 翻译训练或练习　　　　　　　F. 写作训练或练习

G. 看电影或开展游戏活动　　　　H. 开展小组活动

I. 课后习题讲解　　　　　　　　J. 听写或随堂测验

K. 角色扮演或情境模拟练习　　　L. 讲解四级模拟试卷

M. 其他

28. 您平时在教学内容的选择方面（　　）。[单选题] *

A. 讲授知识丰富，创设情境，反映最新信息，把所学知识与实际生活相结合

B. 以教材为主，有时把所学知识与实际生活相结合

C. 讲授内容和举例陈旧，脱离实际生活，枯燥无味

D. 授课内容非常随意，脱离教学内容闲扯

29. 您平时在教学过程的安排方面（　　）。[单选题] *

A. 注重循序渐进，有层次性，有创新

B. 根据学生实际及时调整教学速度或进度

C. 有一定的安排，偶尔有创新

D. 没什么安排，比较平淡，没有太多创新

30. 您认为大多数学生在"大学英语"课堂活动中的状态是（　　）。[单选题] *

A. 非常积极，踊跃发言

B. 积极，能参与课堂活动，但不主动发言

C. 不大积极，不太愿意参与课堂活动，很少发言

D. 很不积极，感觉上英语课很痛苦

E. 十分消极，玩手机或干其他事情

31. 您平时在指导学生学习活动方面（　　）。[单选题] *

A. 给予积极指导，鼓励学生思考和开展合作学习

B. 有时有指导，偶尔开展合作学习活动

C. 主要关注学生的个体学习状态，不太注重开展合作学习

D. 学生反应不积极，没有任何指导，对学生的学习活动不管不问

32. 课堂上，您出现知识性（包括语音）错误的频率为（　　）。[单选题] *

A. 特别频繁　　　　　　　　　　B. 经常出现

C. 偶尔出现　　　　　　　　　　D. 从未出现

33. 在课堂教学中，您对于学生学习策略、分析和解决问题能力培养的问题（　　）。［单选题］＊

　　A. 非常注意，而且方法得当　　　　　B. 偶尔有，方法一般

　　C. 从来没有　　　　　　　　　　　　D. 不知道

34. 您给学生布置课后作业时（　　）。［单选题］＊

　　A. 作业的选择非常具有代表性，效果非常好

　　B. 一般选择课本上的练习，偶尔加入一些精彩好题，效果较好

　　C. 选择比较随意，代表性不够强，效果一般

　　D. 非常随意，毫无根据，效果非常不理想

35. 您认为现代信息技术引入"大学英语"教学（　　）。［多选题］＊

　　A. 可以激发学习者学习英语的兴趣

　　B. 扩大了课堂信息量

　　C. 丰富了课堂教学内容

　　D. 可以满足不同学习者的学习风格

　　E. 提高了课堂教学效率

　　F. 使课文讲解更生动

　　G. 没什么变化

36. 您在信息化教学中，遇到的主要问题有（　　）。［多选题］＊

　　A. 多媒体设备陈旧或效果不好

　　B. 网速太慢

　　C. 教学设备故障后，得不到及时解决

　　D. 信息化教学知识缺乏，缺少相应的信息化教学指导

　　E. 开展信息化教学氛围不够浓厚

　　F. 其他

37. 您认为目前使用网络教学平台（　　）。［多选题］＊

　　A. 为学生自主学习提供学习素材

　　B. 为教师平时成绩管理提供参考

　　C. 与学生实际学习需求存在差距

　　D. 频发故障，影响学生学习效果

　　E. 学生为了完成任务而去刷资源，并非真正发挥作用

　　F. 不清楚，很少或几乎没有使用过

38. 您对目前"大学英语"课程设置（读写课程和听力课程）、课时安排的看法是（　　）。［多选题］＊

A. 两种课型的具体教学模式差别不大，没有必要分开课型

B. 对英语能力的提高没有太大促进作用

C. 促进了学生的英语学习，提高了英语水平

D. 课时安排太少

E. 高年级课程应增设更多选修类英语课程

F. 其他

39. 从整体上说，您认为课堂效率（　　）。［单选题］*

　　A. 很高　　　　　　　B. 高　　　　　　　C. 一般

　　D. 较低　　　　　　　E. 很低

40. 您认为提高课堂效率的主要因素在（　　）。（认为高的，跳过）

［单选题］*

　　A. 调动学生的积极性和主动性　　　B. 加大平时表现的考核分值

　　C. 减少"大学英语"课的学时　　　D. 教师提高教学水平

　　E. 加强课堂管理　　　　　　　　　F. 其他

41. 您认为平时课堂教学中的师生关系主要是（　　）。［单选题］*

A. 老师是中心，高高在上，学生以接受和服从为主，师生关系不融洽

B. 学生为中心，老师处处为学生服务，师生关系很融洽

C. 学生为中心，老师不能有效的调制教学活动的进行

D. 老师为主导，学生为主体，师生关系民主、互动、融洽

42. 您认为评价学生英语学习的主要依据是（　　）。［多选题］*

A. 考试成绩

B. 平时测验

C. 平时表现（课堂参与度、出勤率等）

D. 作业情况

E. 自主学习成绩

F. 其他

43. 您认为以下学生的哪些表现与学生学习成绩相关度最大？（　　）

［单选题］*

　　A. 课堂表现　　　　　　　　　B. 平时作业完成质量

　　C. 网上自主学习成绩　　　　　D. 期末成绩

44. 您认为目前"大学英语"评价方式（　　）。［单选题］*

A. 成绩评价合理，能反映学生英语学习水平

B. 成绩评价单一，不能反映学生英语学习水平

C. 希望改革成绩评价方式，加大过程性考核力度

D. 希望改革成绩评价方式，加大学生听力和口语方面的考查力度

45. 学生对您课堂教学最近一次的教学评价情况是（　　　）。［单选题］*

A. 90 分以上　　　　　　　　　B. 80~90 分

C. 80 分以下　　　　　　　　　D. 不清楚

46. 您目前"大学英语"教学过程中最不满意的地方是什么？您有什么好的意见或建议？［填空题］*

附录三："停课不停学"期间高校英语教师网络教学情况调查

尊敬的教师：

您好！我们正在进行一项有关"停课不停学"期间高校英语课程网络教学情况的调查，调查数据仅用于学术研究。此次调查采取匿名的形式，您填写的任何信息，我们将为您严格保密。回答无对错之分，请认真、如实填写。

恳请您大力支持，不胜感激！

1. 您的性别是（　　　）。［单选题］*

A. 男　　　　　　　　B. 女

2. 您从事高校英语课程教学的教龄是（　　　）。［单选题］*

A. 1～5 年　　　　　　B. 6～10 年　　　　　　C. 11～15 年

D. 16～20 年　　　　　E. 21～25 年　　　　　　F. 26～30 年

G. 30 年以上

3. 您的最后学位是（　　　）。［单选题］*

A. 无学位　　　　　　B. 学士

C. 硕士　　　　　　　D. 博士

4. 您的职称是（　　　）。［单选题］*

A. 助教　　　　　　　B. 讲师　　　　　　　C. 副教授

D. 教授　　　　　　　E. 其他

5. 您在本次"停课不停学"之前运用教学平台开展线上教学的情况是（　　　）。［单选题］*

A. 从不使用　　　　　B. 很少使用　　　　　C. 偶尔使用

D. 经常使用　　　　　E. 总是使用

6. 在本次"停课不停学"教学之前，您开展网络教学的操作程度？（　　　）［单选题］*

A. 开展过，且操作熟练

B. 开展过，但操作能力有待提升

C. 偶尔开展，基本能操作

D. 几乎没有开展过

7. 您认为自己具备组织网络教学能力（　　）。［单选题］*

A. 完全具备　　　　　　B. 基本具备　　　　　　C. 不具备

D. 差距较大　　　　　　E. 差距很大

8. 本次"停课不停学"网络教学是从何时开始？（　　）［单选题］*

A. 2 月 17 日之前　　　　　　　　B. 2 月 17 日—2 月 23 日

C. 2 月 24 日—3 月 1 日　　　　　　D. 3 月 2 日以后

E. 已经申请复课后补课

9. 您在"停课不停学"期间主要使用哪种网络教学平台？（　　）［单选题］*

A. 腾讯会议或腾讯课堂　　　　B. 平台同步课堂

C. 学习通平台　　　　　　　　D. U 校园

E. 蓝墨云班　　　　　　　　　F. 钉钉

G. QQ 群或微信　　　　　　　H. 其他

10. 您在"停课不停学"期间使用哪种网络教学方式？（　　）［单选题］*

A. 教师在线（直播）上课 + 课后在线答疑

B. 教师发布资源到平台 + 学生自学

C. 发放教师自己录制或相关教学资源 + 在线答疑

D. 发放平台建设的在线课程资源 + 在线答疑

E. 没有开展网络教学

F. 其他

11. 您在"停课不停学"期间开展教学的主要内容是什么？（　　）［单选题］*

A. 根据教材进度进行教学为主　　B. 为学生进行考试有关的专项训练

C. 答疑指导和辅导学生为主　　　D. 其他

12. 您在"停课不停学期间"对于教学过程的安排（　　）。［单选题］*

A. 注重循序渐进，有层次性，有创新

B. 根据学生实际及时调整教学速度或进度

C. 根据学生实际，调整交流方式

D. 按照课表完成教学任务

E. 没什么安排，学生有疑问就回答

F. 没什么安排，主要通过平台监督学生学习情况

G. 其他

13. 您发布的主要学习资源类型是 （　　　）。［多选题］ *

A. 视频资源　　　　　　　　　　B. 音频资源

C. 课程内容 PPT　　　　　　　　D. 与学生过级考试相关的资料

E. 作业或者测试题　　　　　　　F. 其他

14. 您所担任教学班的学生在网络教学期间参与度怎样？（　　　）［单选题］ *

A. 积极参与，主动提问，按时完成任务

B. 被动参与，在多次通知或提醒后完成教师指定任务

C. 消极参与，仅完成打卡任务

D. 根本不参与

15. 您所任课的班级，学生适合目前网络教学方式的占（　　　）。［单选题］ *

A. 80% 以上　　　　　　　　　　B. 61% ~ 80%

C. 40% ~ 60%　　　　　　　　　　D. 40% 以下

16. 您认为目前使用网络教学平台（　　　）。［单选题］ *

A. 为学生自主学习提供学习素材

B. 为教师平时成绩管理提供参考

C. 与学生实际学习需求存在差距

D. 频发故障，影响学生学习效果

E. 学生为了完成任务而去刷资源，并非真正发挥作用

F. 不清楚，没有去深入了解

17. 在网络教学过程中，您最不满意学生的哪种行为？（　　　）［单选题］ *

A. 不停在交流群抱怨"打卡"失败

B. 直播时，学生随意开麦讲话

C. 直播时，学生太过于安静

D. 群内交流时，随意聊天，发表情包

E. 发布学习任务和通知时，"视而不见"

F. 学生抱怨网络不好，网络课程学习记录非常少

G. 没有不满意的地方

18. 您在网络平台教学中，遇到的主要问题有（　　　）。［多选题］ *

A. 平台拥堵

B. 学生没有教材，教学实施有困难

C. 师生互动效果差

D. 网络支撑条件不好

E. 信息化教学知识缺乏，缺少相应的信息化教学指导

F. 开展信息化教学氛围不够浓厚

G. 网络资源准备不充分

H. 学生思想上不重视，涌现出"网课学困生"

I. 其他

19. 您认为本次网络教学期间对学生学习情况的评价主要依据是（　　）。［多选题］ ＊

　　A. 作业完成质量　　　　　　　　B. 在线教学期间测验情况

　　C. 课堂参与度（互动）　　　　　D. 平台学习资源完成情况

　　E. 复课后学习效果检测成绩

20. 您认为以下学生的哪些表现与学生学习效果相关度最大？（　　）［单选题］ ＊

　　A. 学生个体学习态度　　　　　　B. 学生个体自律性

　　C. 学生个体学习基础　　　　　　D. 班级学习氛围

　　E. 教师的监督与考核办法　　　　F. 学校课程考核机制

　　G. 其他

21. 您觉得"停课不停学"期间网络教学效果怎样？（　　）［单选题］ ＊

　　A. 特别好　　　　　　B. 很好　　　　　　C. 一般

　　D. 很差　　　　　　　E. 特别差

22. 您认为影响目前网络教学课堂效率的主要因素在（　　）。［单选题］ ＊

　　A. 教师教学应对能力

　　B. 课程教学对学生平时成绩考核机制

　　C. 学校对教师线上教学的考核机制

　　D. 教师本身信息化水平

　　E. 教师网络教学课堂管理方式

　　F. 线上教学的讨论与交流渠道

　　G. 其他

23. 您认为网络教学实施能达到预期成效的关键要素是什么？（　　）［单选题］ ＊

A. 建立合理的教师考核机制，鼓励教师上好网络课程

B. 完善课程的考核评价机制，激励学生提高网课效率

C. 提供优质教学资源平台，充分利用网络教学优势

D. 拥有稳定的网络教学教师团队，提升教师信息化教学能力

24. 您对以后网络教学的期待是（　　　）。[单选题] *

A. 能够多渠道给学生提供更优质的资源

B. 提供更多网络教学的交流和研究平台

C. 希望建立网络教学工作量核算制度

D. 加强课程建设的合作力度

E. 建立完善的网络教学课程评价制度

F. 其他

25. 疫情过后，您对实施网络教学的意愿是？（　　　）[单选题] *

A. 将继续组织实施　　　B. 根据安排组织实施　　　C. 不愿意组织实施

26. 您认为目前现有课程评价方式（　　　）。[单选题] *

A. 成绩评价合理，能反映学生英语学习水平

B. 成绩评价单一，不能反映学生英语学习水平

C. 希望改革成绩评价方式，加大过程性考核力度

D. 希望改革成绩评价方式，加大学生听力和口语方面的考查力度

27. 在"停课不停学"期间，您在实际教学过程中，存在哪些困惑？您有什么好的意见、建议或经验？[填空题] *

附录四："停课不停学"期间高校学生"大学英语"课程网络学习情况调查

学生问卷

亲爱的同学们：

您好！为了解目前高校"停课不停学"期间"大学英语"课程网络教学的现状，为英语生态课堂研究提供参考，我们特设计了本问卷。请您先详细阅读填答说明后，再根据每一题所述，选择您认为最符合自己实际情况的选项，然后逐题填写。本问卷为匿名问卷，结果只用于学术研究，请按照您的实际情况填写。

非常感谢您的支持与配合！谢谢！

1. 您的性别是（　　　）。［单选题］*

A. 男　　　　　　　　B. 女

2. 您认为目前学习"大学英语"最主要目的是（　　　）。［单选题］*

A. 掌握这门语言用于沟通交流

B. 喜欢，了解英语国家文化

C. 通过四、六级，为将来工作做准备

D. 应付期末考试

E. 出国求学或考研

F. 其他

3. 在"大学英语"学习中，您哪方面技能需要进一步提高？（　　　）［单选题］*

A. 听力　　　　　　B. 阅读和词汇　　　　C. 写作和翻译

D. 口语　　　　　　E. 其他

4. 在英语学习中，您认为"大学英语"教师开展的哪些活动对您的学习最有效？（　　　）［多选题］*

A. 课堂合作小组展示

B. 角色扮演或情境模拟练习

C. 课堂面对面讨论

D. 开展游戏和竞赛

E. 利用多媒体课件，教师讲解词汇和语法等

F. 讲解四六级模拟试卷

G. 通过学习平台开展讨论

H. 词汇及句型操练

I. 教师提问，学生回答

J. 其他

5. 您"大学英语"课程的学习情况是（　　）。[单选题] *

A. 完全依赖课堂　　　　　　　B. 完全依赖自主学习

C. 课堂学习为主，自主学习为辅　　D. 自主学习为主，课堂学习为辅

6. 您认为以下哪些因素最影响您的学习效果？（　　）[单选题] *

A. 学习态度　　　　　　　　　B. 自律性

C. 学习基础　　　　　　　　　D. 班级学习氛围

E. 教师的监督与考核办法　　　　F. 学校课程考核机制

G. 其他

7. 您认为目前"大学英语"课程评价方式（　　）[单选题] *

A. 成绩评价合理，能反映学生英语学习水平

B. 成绩评价单一，不能反映学生英语学习水平

C. 希望改革成绩评价方式，加大过程性考核力度

D. 希望改革成绩评价方式，加大学生听力和口语方面的考查力度

E. 不太清楚成绩评价方式

8. 在"停课不停学"期间，您的整体网络学习状态是（　　）。[单选题] *

A. 专业相关课程和公共课程都积极参与

B. 专业相关课程积极参与，公共课程比较不上心

C. 专业相关课程和公共课程都不怎么参与，依赖期末好好复习

9. 本次"停课不停学""大学英语"课程网络学习是从何时开始？（　　）[单选题] *

A. 2 月 17 日之前　　　　　　B. 2 月 17 日—2 月 23 日

C. 2 月 24 日—3 月 1 日　　　　D. 暂时还没开始

10. 在"停课不停学"期间，您认为以下哪个教学平台最适合"大学英语"课程的网络学习？（　　）[单选题] *

A. 腾讯会议/腾讯课堂　　　　　B. 超星学习通

C. U 校园　　　　　　　　　　D. 慕课

E. QQ 群或微信   F. 微助教

G. 蓝墨云班   H. 钉钉

I. 智慧树   J. 其他

11. 在"停课不停学"期间，您认为哪种网络教学方式最适合您的"大学英语"课程学习？（ ）［单选题］＊

A. 教师在线（直播）上课 + 课后在线答疑

B. 教师发布资源到平台 + 学生自学

C. 发放教师自己录制的教学视频或相关教学资源 + 在线答疑

D. 发放平台建设的在线课程资源 + 在线答疑

E. 没有开展网络教学

F. 其他

12. 在"停课不停学"期间，您认为"大学英语"课程网络学习的主要内容应该是（ ）［单选题］＊

A. 根据教材进度进行教学为主

B. 为学生进行与考试有关的专项训练

C. 以答疑指导和辅导学生为主

D. 根据个人需求进行英语学习

E. 其他

13. "停课不停学"期间，在"大学英语"课程的网络学习中参与度怎样？（ ）［单选题］＊

A. 积极参与，主动提问，按时完成任务

B. 被动参与，在多次通知或提醒后完成教师指定任务

C. 消极参与，仅完成打卡任务

D. 偶尔参与

E. 根本没参与

14. 在"停课不停学"期间"大学英语"课程网络学习中，遇到的主要问题有（ ）。［多选题］＊

A. 平台拥堵   B. 要运用的学习平台或软件太多

C. 网络支撑条件不好   D. 没有教材，网络学习有困难

E. 每天上网课时间太长 F. 缺乏面对面交流的学习氛围

G. 作业布置太多   H. 学习基础不好

I. 自身自主学习能力缺乏 J. 老师布置的学习任务不明确

K. 老师信息化操作不熟练 L. 没有遇到什么问题

M. 其他

15. 在"停课不停学"期间,"大学英语"课程网络学习过程中,您的班级存在以下哪些情况?( )〔多选题〕*

　　A. 不停在交流群抱怨"打卡"失败

　　B. 直播时,有同学随意开麦聊天

　　C. 直播时,大家过于安静,互动不积极

　　D. 群内交流时,随意聊天,发表情包

　　E. 老师发布学习任务或通知时,"视而不见"

　　F. 抱怨网络不好,不愿意通过其他渠道学习

　　G. 打完卡就干与学习无关的事情

　　H. 只顾"刷网课",并没有认真参与学习

　　I. 借口网络不好,心安理得干其他事情

　　J. 以上情况都没有

　　K. 其他

16. 在"停课不停学"期间,您更倾向于哪个时间段进行网络学习?( )〔单选题〕*

　　A. 1～4 节课　　　　　　　　　B. 5～8 节课

　　C. 9～12 节课　　　　　　　　D. 12 节课以后

17. 在"停课不停学"期间,您最希望看到哪种类型的学习资源?( )〔单选题〕*

　　A. 速课(自己任课教师录制)　　B. 精品课程视频

　　C. 音频　　　　　　　　　　　D. 教师上课课件

　　E. 在线测试　　　　　　　　　F. 电子文档资料

　　G. 其他

18. 您觉得"停课不停学"期间,网络学习效果怎样?( )〔单选题〕*

　　A. 特别好　　　　　　　　　　B. 很好

　　C. 一般　　　　　　　　　　　D. 很差

　　E. 特别差

19. 您认为怎样才能提高网络教学课堂效率?( )〔单选题〕*

　　A. 自己应有积极的学习态度

　　B. 老师要及时调整教学形式和方法

　　C. 学校要积极完善网络课程评价制度

　　D. 网络学习平台应该更加优化

20. 您认为本次"停课不停学"网络学习期间，老师对学生学习情况的评价应该主要依据（　　）。[多选题] *

　　A. 作业完成质量　　　　　　　　B. 在线教学期间测验情况

　　C. 课堂参与度（讨论区互动）　　D. 平台学习资源完成情况

　　E. 复课后学习效果检测成绩　　　F. 其他

21. 整体而言，您认为目前使用网络学习平台（　　）。[单选题] *

　　A. 为学生自主学习提供学习素材

　　B. 为教师平时成绩管理提供参考

　　C. 与学生实际学习需求存在差距

　　D. 频发故障，影响学生学习效果

　　E. 学生为了完成任务而去刷资源，并未真正发挥作用

　　F. 其他

22. 您对以后网络课程学习的期待是（　　）。[多选题] *

　　A. 能够多渠道给学生提供更优质的资源

　　B. 明确网络学习的目标、要求与重点

　　C. 必做和选做任务合理分配，满足不同学习基础学生的需求

　　D. 建立完善的网络教学课程评价制度

　　E. 加大对学生过程性学习（平时成绩）的监督力度

　　F. 能够根据自己的时间和进度错峰学习

　　G. 控制直播上课时间，适当安排师生互动

　　H. 其他

23. 通过这段时间的网络学习体验，您觉得哪种类型的课程更适合网络学习（　　）？[单选题] *

　　A. 公共基础课程　　　　　　　　B. 专业基础课程

　　C. 专业核心课程　　　　　　　　D. 选修课

24. 您对目前"大学英语"网络学习最不满意的地方是什么？为了提高网络学习的效果，您有什么好的意见和建议？[填空题] *

附录五：访谈提纲

访谈提纲设计

（一）学生部分

（所访谈高校的 2018 级和 2019 级在校大学生若干）

1. 您的老师在教学过程中是否经常运用教学平台上课？您觉得老师运用网络教学平台进行授课对您的学习有帮助吗？存在的最大问题是什么？

2. 除了上课时间外，您平常还会通过网络平台自主学习吗？您在使用网络教学平台进行课后自主学习时，遇到什么困难？

3. 您了解"大学英语"成绩评价方式吗？您认为什么样的"大学英语"成绩评价方式较为合理？

4. 您能适应"大学英语"教师的上课方式吗？教师在上课过程中最需要改进的方面是什么？

5. 您了解"大学英语"的课程设置吗？关于课程设置您有什么好的建议？

6. 关于教师的上课内容、授课方式您有什么看法或建议？

7. 在班级中，"大学英语"课堂中存在哪些方面的问题？大多数同学能积极参与课堂活动，完成课后教师布置的作业吗？

8. 您在周末或者其他空闲时间，进行哪些与学习有关的活动？

9. 您认为您所在班级的学习风气怎样？同学们学习的积极性和学习态度方面是否存在一些问题？您有什么好的建议吗？

10. 您对"大学英语"学习中最不满意的地方是什么？您有什么好的意见和建议？

（二）教师部分

（所访谈高校的"大学英语"教师若干）

1. 您在"大学英语"教学中采取网络平台教学吗？您认为网络平台教学的优势和不足有哪些？

2. 您认为在"大学英语"课程设置中，基础英语与专业英语课程该如何分配？

3. 您觉得在"大学英语"基础阶段教学中，教师的课堂教学是否要考虑学生四级通过率的问题？您在教学中具体是怎么安排的呢？

4. 贵校在学生听、说、读、写、译能力的提高方面，课程设置与课时分配是否合理？主要存在哪些方面的问题？

5. 您在教学过程中有关注学生的学习行为吗？学生在学习行为方面存在哪些方面的问题？

6. 学生利用网络学习平台时存在哪些问题？在促进学生自主学习方面，您有什么好的建议？

7. 您对目前贵校教师评价方式满意吗？贵校教师评价由哪些部分组成？您认为目前的教学评价是否合理呢？您是否能在学期末或学年末收到关于您的评价反馈？

8. 您的课堂上是否经常出现学生学习兴趣不高、激情不够、玩手机或者课堂沉默现象呢？遇到这种情况，您通常是怎么做的？

9. 您在教学过程中是否发现一些亟待解决或者自己感兴趣的教学问题呢？是否有教学团队一起开展信息化教学或类似的教学研讨？开展教学研讨的过程中，您遇到最大的困难是什么？

10. 您对目前"大学英语"教学最不满意的地方是什么？您有什么好的意见和建议？

附录六：课堂观察记录表

任课教师		职称		学历	
班级		应到学生		实到学生	
授课时间		授课地点		授课内容	
观察目的					
教学过程记录					

项目	项目观测指标	课堂具体情况记录	分析与建议
教师教学行为	教学准备（备课等）		
	教学方法与手段（是否采取翻转课堂）		
	教学模式（包括教学组织）		
	教学理念（是否以能力培养为核心）		
	教师语言输出质量		
学生学习行为	课前预习		
	课堂参与活动（听课或做笔记等）		
	小组活动及互动情况		
	学生语言输出质量		
	学习投入状态（是否玩手机等）		
教学环境	物理环境（座位编排和多媒体设备等）		
	人文环境（课堂气氛和师生关系等）		
总体评价			

后 记

博士毕业以后，由于工作实际需要，我选择运用网络教学平台开展线上线下混合式教学，于是很自然地也以"网络空间教学"作为研究对象，并结合自身几年来的混合式教学和教改工作经历，以"高校英语空间教学行为"作为本书的研究问题域。

在王键教授的引领下，我积极参加了"空间教学设计"讨论班，并参与编著《高校空间教学设计》一书，主讲"基于大数据分析的高校英语空间教学设计"沙龙。在沙龙结束后，我初步确定了本书的研究框架。随后，我去往湖南化工职业技术学院和湖南机电职业技术学院进行了空间教学的前期调研，并在现代商贸职业中专组织了一个专题研讨班。在我进行研究的过程中，王键教授给我提供了许多宝贵的学习和交流的机会。在学习过程中，师姐彭靖一直给我提供各方面的建议和指导。同时，于我而言，与团队成员交流的过程既是一种很好的学习机会，也会引发对自己研究的问题的思考。随着我家中二胎的出生，我忙于家庭和工作的各种事宜，与导师的直接交流比以前更少，但是无论是参加导师的讲座，还是与导师的日常交流，都能让我吸收到很多新的东西，老师的点拨经常让我"脑洞大开"。

也许是博士期间参加学术沙龙的"惯性"使然，或是钟爱于学术沙龙的氛围，我一直坚持参加学术沙龙。不得不说，学术沙龙为我的研究提供了许多思想火花，每一次交流与碰撞都会让我看到不同学科在研究方法上存在的相通之处。我认为，无论是定量研究还是定性研究，都是为了对研究问题的本质的探究，都需要科学的论证方法。每一次沙龙研究主题都不同，但是研究问题过程中需要把握的关键是相似的：研究的问题是什么？问题研究的价值和意义是什么？要解决的核心问题是什么？主要研究方法是什么？研究结论是怎么得出来的？每一次我都带着对不同学科、不同问题的学习与思考，明白了我们的研究不是"为了问题去研究问题"，而是要通过我们的研究找到解决问题的思路与方法。每次沙龙，导师张放平教授都能给出精彩点评，让我学会从宏观上去把握问题，在明白问题研究意义的同时，去探究合适的研究方法。也是他一次又一次的"点拨"，让我从学术沙龙中获益不少。我十分感谢在沙龙中给予我启发性思考的各位博士、博士后同学，在这样一个集体中，我感受到的是同学们对学术研究探索的热情，也收获了同学们之间相互帮助、共同进步的友情。谢泉峰博士在问卷设计中帮我挑出了许多问题，博士后吴斐、博士张点、周瑞英老师等在问卷访谈中也给我提供了许多帮助。

本研究得以顺利开展，需要感谢帮助我完成问卷的同学们和老师们，每一次问卷的发放与收集，都是一个不断学习的过程。在问卷反馈中，一些老师直接提出"问卷内容"太多，所以，我十分感谢老师们和学生们能耐心回答我提出的问题。基于此，我也不得不反思自己：要问的问题太多反映了我对这个问题的研究还不够透彻，没有厘清最本质的问题。在研究这个问题的过程中，我也感受了太多的"真实"，例如，在访谈过程中就有老师表示："我为什么要用平台教学？我就觉得传统方式挺好的，用教学平台，'翻转教学'实在太浪费时间了。"还有的老师更加"现实"："我开展平台教学，工作量怎么计算？花在线上的时间与我的投入是不成正比的。"还有的老师表示："除非学校硬性规定使用网络教学平台，不然我还是会选择'观望'的。"当然，也有一些一直在使用教学平台的老师表示："我真的觉得使用教学平台很好，能够在课前搜集到学生对于这个问题的理解，在课堂上讲解或者组织活动，能够针对学生的'疑难杂症'，课堂效率提高了，学生也受益了。"因此，也会出现"停课不停学"期间一些在平台建课的老师"得心应手"，能够从容面对，心里惦记的是"怎样提高线上课堂的教学效率"，而一些老师则是"手忙脚乱"地去学习各种教学平台和软件，还有个别老师会消极应对，"应付着完成了线上教学的课时任务"。面对平台教学的不同态度，也激发了我在以后的研究中，要更加系统地关注网络空间教学行为，去更加深入地探究教师教学行为和学生学习行为。

在研究过程中，我自己一直在使用网络教学平台开展教学。在第一次问卷调查时，许多教师"几乎很少"或"从不使用"教学平台，而使用教学平台的老师都说"很方便"，其关键在于记录学生的"学习痕迹"时，平台提供的数据是客观的。有些老师说"再也不用每天拿着本子来记录学生的表现"，以及"再也不用担心漏记了学生的成绩"，有的老师则表示"学生考试不及格，自己恨不得给他加上几分"的情况也不再发生。在"停课不停学"期间，所有老师都使用在线教学，因此，我又"趁机"发放了一批线上教学调查表，收到了 6554 份学生答卷和 204 份教师答卷。和第一次问卷不同的是，在"不满意"的方面里，教师和学生的矛盾都指向了"网络"——各种网络卡顿以及教师面对网络的不适应。该结果反映出线上教学过程中仍存在各种问题。然而在面对"疫情之后，您是否还会采取在线教学方式"这个问题时，仍有很大一部分教师愿意"继续采用"。因此，在疫情防控常态化趋势下，混合式教学还将继续存在，网络空间教学平台的研究和探索也会一直"在路上"，这些问题的后续研究会激励着我不断前行与探索。

在研究与摸索的过程中，虽然进程较慢，但是我对于网络空间教学的反思一直在进行中。特别是在对网络空间教学开展行动研究的过程中，我关注学生的学习行为，努力提升网络空间教学的效率，通过几年对网络空间教学的探索，我主讲的课程被评为省线上线下一流本科课程，但同时，我也在课程建设的过程中发现了自己的不足。例如，在对学生网络空间学习行为的数据分析中，我发现学生"虚假性学习行为记录"；在一些互动数据中，学生的参与行为比较被动，有些"学习痕迹"的生成只是为了完成网络空间教学评价中的应有的时间或者次数。因此，如何提高网络空间的教学效果，解决网络空间教学中"网络教学素材丰富、教学效果不佳、学生学习存在感缺失"的问题，以及如何完善网络空间教学评价体系，是以后研究中需要关注的重点。我将怀着对这些未完成的问题的探究之心，走向更深层次的研究之中。